实用主义研究

PRAGMATISM STUDIES

第二辑

刘放桐　陈亚军◎主编
陈　佳　孙　宁◎副主编

华东师范大学出版社

本书由复旦大学哲学学院资助

目 录

杜威及实用主义

自然主义哲学：杜威路线　／朱志方　／3

自然主义视域中的杜威"共同体"概念及其伦理推演　／徐　陶　罗宁芝　／27

从现当代哲学发展看马克思主义与杜威实用主义　／刘华初　／45

现代性哲学话语的实用主义资源：哈贝马斯与实用主义　／孙　宁　／59

艺术经验乃连续性之典范：杜威实用主义艺术观对哲学二元论的弥合
　／陈　佳　／90

再思实用主义的实践概念：基于布兰顿和哈贝马斯之争　／周　靖　／101

刘易斯的"所予"问题与概念实用主义　／杨兴凤　／116

经典译文

实践判断的逻辑（节选）　／约翰·杜威　著　冯　平　译　／127

实用主义的转向（节选）　／理查德·J.伯恩斯坦　著　马　荣　译　／159

威尔弗里德·塞拉斯：规范与理由　／谢丽尔·米萨克　著　王　玮　译　／198

《杜威选集》导读

《哥白尼式的革命——杜威哲学》编者序　/王成兵　/211

《经验的重构——杜威教育学与心理学》编者序　/李业富　/215

《批评之批评——杜威价值论与伦理学》编者序　/冯　平　/232

《民主之为自由——杜威政治哲学与法哲学》编者序　/张国清　/241

《超自然的自然——杜威宗教观与艺术论》编者序　/王新生　陈　佳　/247

《中国心灵的转化——杜威论中国》编者序　/顾红亮　/261

杜威及实用主义

自然主义哲学：杜威路线

朱志方
武汉大学哲学学院

摘要：当代自然主义哲学的核心信条是物理主义。这种物理主义有三个核心论题。第一，万事万物最终归结为物理的事物；第二，物理领域和心理领域严格区分；第三，世界遵循因果闭合原则。这些论题导致对物理主义的激烈批评，物理主义的最大难题，是意识或感受、规范性和逻辑-数学对象不可还原为物理的对象和运动。杜威是一个坚定的自然主义者，但他的自然主义并不采取物理主义的形式。杜威坚持连续性原则并把身心看作一个整体，把因果过程看作一个历史发展过程。沿着杜威的思想路线往前走，我们可以对当代反自然主义的挑战有一个很好的回应。

关键词：杜威，自然主义，物理主义，因果过程

贯穿当代思想文化，自然主义的世界观是公认的信条。帕皮诺（David Papineau）大胆地宣称："当前几乎每个人都要做'自然主义者'。"金在权（Jaegwon Kim）走了同一条路线，他说今天多数哲学家都接受了一条基本信念，这就是自然主义——更具体地说，是物理主义，这是最佳的当代自然主义形态。金在权说，这

条信念承认自然主义"是帝国主义的,它要求'全覆盖'并强迫我们付出高昂的本体论代价"①。

一、当代自然主义的论题及其困难

当前,自然主义哲学可以说是如日中天,哲学家们提出了形形色色的自然主义主张。其中,有本体论的自然主义和方法论的自然主义,本体论的自然主义细分为取消论的本体论自然主义、非取消论的本体论自然主义、非取消论的非还原的本体论自然主义,方法论的自然主义细分为取消论的方法论自然主义、非取消论的方法论自然主义、非取消论的非还原的方法论自然主义;②有严格的自然主义,即科学的自然主义,与之对立的是宽容的自然主义(broad naturalism);③有科学的自然主义与非科学的自然主义,非科学的自然主义又有多种表现,迪普雷(John Dupré)赞成多元自然主义,霍恩斯比(Jennifer Hornsby)主张朴素的自然主义,麦克道尔(John McDowell)支持自由的自然主义,斯特劳德(Barry Stroud)倾向于"更开明或更博大"的自然主义;④还有与题材或学科相关的自然主义,如伦理自然主义、数学自然主义、美学自然主义等等。

虽然自然主义并不是铁板一块,但正如开篇的引文所表明的,公开声明主张自然主义的哲学家大多把自然主义理解为物理主义。"从唯物主义到自然主义的转移,主要是由物理学的一些发展造成的,旨在避免陷入久已弃置的、大体上属于牛顿一脉的物理学。大致说来,自然主义是由反对超自然主义来解释的,而

---

① William Lane Craig and J. P. Moreland, eds., *Naturalism: A Critical Analysis*, London: Routledge, 2000, p. xi.
② See Paul K. Moser and D. Yandell, "Farewell to Philosophical Naturalism," in *Naturalism: A Critical Analysis*, ed. William Lane Craig and J. P. Moreland, London: Routledge, 2000.
③ See Stewart Goetz and Charles Taliaferro, *Naturalism*, Grand Rapds, Michigan: Wm. B. Eerdmans Publishing Co., 2008.
④ See Mario De Caro and David Macarthur, eds., *Naturalism in Question*, Cambridge: Harvard University Press, 2004, p.14.

反对超自然主义又具体地表现为唯物主义;自然科学的全新物质概念的发展引导人们从唯物主义走向物理主义。"①

于是,当代自然主义采取了物理主义的形态,概略地说,它有以下主要论题:

第一,万事万物最终归结为物理的事物。

按照主流解释,自然的就是物质的,物质的就是物理的,所谓物理的事物,就是由自然科学(或物理学)确定的事物,而宏观物理是由微观物理决定的。这个解释链条的终点就是原子物理学。例如,特纳(Jason Turner)在论述自然主义的时候说:"自然主义的论题主张,一切事物最终都归结为基础物理学……这是一个关于什么依赖于什么的论题:所有的事件和因果关系都依赖于——因此依附于(supervene on)——基础物理学层次上的事情……自然主义由以下命题组成:(N1)所有的事件依附于微观物理事件。(N2)所有的因果关系依附于微观物理关系。(N3)在形而上学方面,所有的(非微观)事件依赖于它们所依附的微观物理事件。"②

第二,物理领域与心理领域严格区分。

虽然笛卡尔主义的二元论如今不再盛行,但多数哲学家预设或公开宣称物理领域的事物,包括物理对象、事件、状态和过程,与心理领域的事物有着明确的区分界线。正是由于假定了这种物理与心理的分别,许多自然主义者力图将心理的东西还原为物理的东西,或者阐明心理的东西依附于物理的东西,否则他们就感到心理的东西处于自然领域之外。

在讨论意识问题时,查默斯(David Chalmers)同样隐含地划出一条明确的界线,界线的一边是物理的,另一边是心理的。他认为关于意识有两类问题,即容易解答的问题(easy problems)和难以解答的问题(hard problems)。所谓难以解答的问题,就是用物理的东西来说明意识。他断言,容易解答的问题原则上是可以由自然科学来解答的,但难以解答的问题,即关于感受(qualia)或现象经验

---

① John Dupré, "The Miracle of Monism," in *Naturalism in Question*, ed. Mario De Caro and David Macarthur, Cambridge: Harvard University Press, 2004, pp. 38-9.

② Jason Turner, "The Incompatibility of Free Will and Naturalism," *Australian Journal of Philosophy*, 2009(87): 568.

问题,是无法由物理来说明的。按照他对难以解答的问题的解答,"现象状态之间的差别有一个结构,与处于物理过程中的差别直接对应;……这就是说,我们可以找到相同的抽象信息空间,它们既处于物理过程中,也处于有意识的经验中。这就导致一个自然的假说:信息(至少有些信息)有两个基本的方面:一个物理的方面和一个现象的方面。这个假说具有基本原理的地位,它是现象得以从物理领域产生的基础并对此给予说明。经验之所以产生,是由于它是信息的一个方面,而另一个方面则体现在物理过程中"①。

正是由于或明显或隐性地认定了物理与心理的区分,在心物关系问题上,物理主义者可选择的观点受到极大的限制。实体二元论可事先排除,因为它与物理主义相对立。由于物理具有优先的本体论地位,因此心理的东西要么被取消(取消论的自然主义),要么还原为物理的东西(还原论的自然主义),要么编织一种奇怪的心物关系,如依附(supervenience)或附属(epiphenomena)。

第三,世界遵循因果闭合原则。

哲学家们一直相信世界是由因果律支配的。因果联系就是物理的因果联系。密尔(John Stuart Mill)承认,他追寻的是"物理原因",而不是其他原因类别,如动力因。首要的或基本的科学目的是发现因果律。"归纳科学的主要支柱就是认识因果律。"但密尔抛弃了必然联系的观念,而代之以不变序列。"我们相信,某些事实总是跟随某些事实之后发生。这个不变的前件叫作原因;不变的后件叫作结果。"②基于必然的或不变的因果联系,哲学家们把世界编织成一个因果系统。可以说,因果闭合原则就是这样一个拉普拉斯式的宇宙观的当代形态。物理领域的因果闭合性论题断言,对于铀原子衰变或两个恒星相撞之类的物理事件,追溯它们的原因序列绝不会使我们走到物理领域之外,绝不会使我们进入非物理的心理或观念的领域。"如果 x 是一个物理事件,y 是 x 的一个原因或一个结果,那么 y 也必定是物理事件。"按金在权的说法,物理领域的因果闭合原则

---

① David Chalmers, "Facing Up to the Problem of Consciousness," *Journal of Consciousness Studies*, 1995, 2(3): 200 – 19. http://consc.net/papers/facing.html., §3.

② John Stuart Mill, *A System of Logic, Ratiocinative and Inductive*, books I – III. Toronto and Buffalo: University of Toronto Press, 1973, p.326.

就是:"如果一个物理事件有一个[发生]在时间 t 的原因,那么它有一个在时间 t 的充分的物理原因。"①金在权认为,因果闭合原则是物理主义不可缺少的,"如果闭合原则居然不成立,就会有一些物理事件,为了说明这些事件,我们就不得不去寻找非物理的原因动力,如时空之外的精神和神力"②。

正是这三个信条将物理主义置于进退两难的境地。拥有这三个信条的物理主义显然是假的。这样自然主义就别无选择:它要么放弃物理主义,要么建立没有物理主义信条的自然主义。

我们断言物理主义是假的,至少是不可信的,是基于物理主义所受到的一些不可逃避的批评。

首先是第一人称视点和主观感受问题。贝克尔(Lynne Rudder Baker)指出,第一人称视点是基本实在的一个不可消除、不可还原的部分。这一见解导致她退向近似的自然主义(near-naturalism):接受科学但不接受科学主义。近似的自然主义旨在成为"常识世界的形而上学",在这里,我的存在是实在世界中的一个基本事实。③

主观感受问题的挑战更加严峻。杰克森(Frank Jackson)的黑白房间中的玛丽的思想实验④表明,物理学并不穷尽我们关于世界的知识,而且我们对于世界的意识经验或主观感受无法得到物理学的说明。因此,查默斯将意识经验的物理说明看作难以回答的问题。

其次是关于数学和逻辑对象的问题。自然主义主张,凡是存在的都是自然的一部分,所有的知识都是基于经验方法而知道的。但数学和逻辑真理似乎很难纳入这一图景。弗雷格(Friedrich L. G. Frege)等数学柏拉图主义者求助于物理和心理之外的第三领域,这个领域拒绝经验观察的进入而只能由心灵之眼

---

① Jaegwon Kim, ed., *Philosophy of Mind*, 3rd, Boulder, Co.: Westview Press, 2011, p. 214.
② Jaegwon Kim, ed., *Philosophy of Mind*, 3rd, Boulder, Co.: Westview Press, 2011, p. 214.
③ See Lynne Rudder Baker, *Naturalism and the First-Person Perspective*, Oxford: Oxford University Press, 2013, p. 208.
④ See Frank Jackson, "Epiphenomenal Qualia," *Philosophical Quarterly*, 1982(32): 127-36.

去掌握。布朗(James Robert Brown)总结了数学柏拉图主义的几个基本信念，其中四条是："(1)数学对象和数学事实是独立于我们而存在的。(2)数学对象是处在时空之外的，它们不是自然的、物理的世界的一部分。……(4)我们可以直观数学对象和数学真理。(5)数学是先天的而非经验的。"[1]数学对象无法通过经验观察来认识，数学真理只能有逻辑证明而无法做经验的检验和辩护，这些似乎都是事实。如果所有的事物都是物理的或可还原为物理的东西，如果只有使用自然科学的方法才能够获得知识，那么数学和逻辑真理就是意识之外的另一类难以解答的问题。

物理主义所面临的第三类问题是关于规范与价值的问题。语义学、认识论、方法论、伦理学、美学以及人文科学的每个领域，几乎都涉及价值和规范问题。休谟曾经指出，从是到应该的跳跃是突兀的，需要说明；摩尔认定，把好看作事物的自然属性是犯了自然主义的错误。如果物理主义是对的，那么价值和规范就能够还原为物理事实，或者至少能以物理的方式或用物理的原因来说明。但是，道德事物与物理事物之间存在着说明缺口。"我们具有合乎道德的兴趣和顺应这些兴趣的规范，对这些兴趣和规范的本性做恰当的说明，必定依赖于实质性的道德判断。这些判断实际上采取了伦理学上的规范立场。它们运用而不只是描述或指称我们的评价概念。这些判断的经验还原不能够完全实现，因此，对道德规范的辩护做经验还原最终是做不到的。"[2]

总而言之，物理主义者看来没有希望将意识经验、数学对象与真理、价值与规范还原为物理的事物。我们看到，说这些事情依附于物理的事物，完全是徒劳的。你可以说一切物理的属性和关系都依附于物理实体和结构，但这种空洞的概括无助于我们理解那些属性和关系。同样，说心理的东西依附于物理的东西，并不能为物理主义提供支持。面对第一人称视点的挑战，贝克尔退向近似的自然主义(她所理解的自然主义就是物理主义)；面对意识经验的挑战，查默斯退向

---

[1] James Robert Brown, *Platonism, Naturalism, and Mathematical Knowledge*, New York: Routledge, 2012, p.98.

[2] Erin I. Kelly, "Against Naturalism in Ethics," in *Naturalism in Question*, ed. M. de Caro and D. Macathur, Cambridge: Harvard University Press, 2004, p.262.

属性二元论,而金在权则被迫承认,有那么一点心理余留,即作为内在性质的感受,是"物理主义没有触及和不可触及的"①。可以推测,再加上数学与规范问题,物理主义一定会垮台。

二、杜威的自然主义

与当代自然主义相比,杜威(John Dewey)的自然主义更加彻底,也更加谨慎。说它更加彻底,是因为它具有更广阔的视野,它不仅针对物质的自然,而且针对具有感觉、意志、情感、愿望和信念、伦理和审美的人类;说它更加谨慎,是因为它并不吹嘘它能够完成只有具体的科学研究才能够完成的工作,例如将特定的神经状态与特定的信念、推理、伦理和审美判断活动对应起来。

对于杜威,自然主义是一个与超自然主义相对立的框架性的理论。"自然主义反对唯心论的唯灵论,但它也反对超自然主义及其弱化的形式,后者求助于自然之上和经验之外的超越的先天原则。"②从方法论上说,杜威并不将求知的方法限定为科学方法,不像基厄尔(Ronald N. Giere)那样把自然主义的说明限定为科学说明,将科学说明限定为"当前认可的科学所准许的说明"③,而是在接受科学知识的前提下进而主张经验能够为我们提供科学之外的知识,例如,"关于倾向和态度的一般知识与关于物理常量的知识一样能够为我们提供理智和实践服务"④。因此,杜威所说的自然主义是一种反对超自然主义、唯灵论和先验主义的哲学主张,他完全没有将心理还原为物理的想法。

---

① Jaegwon Kim, ed., *Philosophy of Mind*, 3rd, Boulder, Co.: Westview Press, 2011, p.333.
② John Dewey, "Experience, Knowledge and Value: A Rejoinder," in *The Philosophy of John Dewey*, ed. P. A. Schilpp & L. E. La Salle Hahn, IL: Open Court, 1939, p.580.
③ Ronald N. Giere, "Naturalism," in *The Routledge Companion to Philosophy of Science*, ed. Stathis Psillos and Martin Curd, London: Routledge, 2008, p.213.
④ John Dewey, *Experience and Nature*, London: George Allen & Unwin, Ltd, 1929, p.238.

杜威的自然主义是进化式的。他采纳了生物学的进化思想并将之转换成一个哲学的基本概念。杜威认为，世界的基本性状不是生物有机体如何从祖先演化而来以及那些祖先具有什么性状，而是多种多样的存在、相互作用和变化。进化不是一个单一的同质事物以因果连续性的方式将其潜在的东西展现出来。所谓潜在性的展示，是指事物与周围新因素相互作用，展现出以前没有出现的性质。"潜在性标示当前的力量有局限，这是由于这些力量是与有限多的条件相互作用，再加上新力量在另一些条件下的展现这个事实。"①例如，说一个苹果具有腐烂的潜在性，并不是说其中有一种隐蔽的因果原理，这种因果原理必将产生腐烂，而是说现有的变化与某些目前还没有起作用的条件相结合，苹果将会腐烂。

杜威将这个变化概念用到心理的起源上，描述了一幅世界进化的图景。当前的世界是一个有生命、有智慧的世界。这个世界有组织，这种组织是由早期没有组织的世界进化出来的，这种进化的特点就是变化是有方向的，变化的方向就是生命和智慧组织。根据世界向着智慧组织的进化，杜威得出了反物理主义的自然主义结论。"实际上，以化学-物理的方式来陈述一个有组织的存在物的过程，既是可能的，也是值得的。但这个事实并不取消有生命的存在物的独有特征，而是事先肯定了这些独有特征的存在。它并不意味着将有生命、有思维的存在物的独有特征转化为无生命事物所具有的特征，从而消解那些独有特征。用物理-化学术语所陈述的，恰恰是这些独有特征的出现。而我们已经看到，试图对任何[事物的]出现做出说明的做法，都包含着被说明事物的真正的、不可还原的存在。"②进化对于哲学具有根本的意义。"没有进化学说，我们原本可以说，不是物质产生了生命，而是在某些高度复杂、高度强化的相互作用的条件下，物质就是有生命的。有了进化学说，我们可以对这个陈述做一条补充：物质的相

---

① John Dewey, "The Subject of Metaphysical Inquiry," in *The Essential Dewey*, Vol. 1., ed. Larry A. Hickman and Thomas M. Alexander, Bloomington: Indiana University Press, 1998, p.179.

② John Dewey, "The Subject of Metaphysical Inquiry," in *The Essential Dewey*, Vol. 1, ed. Larry A. Hickman and Thomas M. Alexander, Bloomington: Indiana University Press, 1998, p.179.

互作用和变化本身就是那种产生高度复杂、高度强化的相互作用的东西,这种高度复杂、高度强化的相互作用就是生命。"①

连续性原则是杜威哲学的一个基本原则。实在就是成长过程本身。杜威对人的成长的分析显示了他理解连续性的方式。他把儿童期和成年期看作一个连续体的两个阶段,因为这是一个历史过程,没有早期的历史阶段,后期的历史阶段就不会存在,而后期阶段运用了早期阶段产生并积累起来的结果。真实的存在是历史的整体,这个历史就是历史本身的样子。把它分割成两个部分的做法是任意的、毫无道理的,先把它们分割开来然后再用因果力把它们统一起来,同样是任意的、毫无道理的。"儿童期是一定的连续变化过程的儿童期并处于这个过程之中,成年期也是如此。赋予其中一个阶段某种独立存在,然后再使用挑选出来的形式去解释或说明这个过程的其余部分,这是一种愚蠢的复制:说它是复制,是因为我们所拥有的只是同一个本来历史的一部分;说它是愚蠢的,是因为我们幻想我们基于其中任意选择的一部分就说明了这个历史。"②杜威以同样的方式说明了从物理到心理的进化:"将这样的成长替换为一个更广博的自然史并称之为从物质到心灵的进化,所得结论并无不同。"③传统的形而上学理论违背了连续性原则,因此是错误的。形而上学家们把生命与自然、心灵与有机生命分割开来,招致诸多不可克服的困难。只要恢复它们之间的联系和连续性,多数形而上学问题就会迎刃而解。

为了改进我们对实在的理解,杜威引入了一些新用语来取代旧式的形而上学概念,其中特别值得注意的两个用语是"心理-物理"(psycho-physical)和"身-心"(body-mind)。

"'心理-物理'指称需要-需求-满足活动中的联合存在……在这个合成词

---

① John Dewey, "The Subject of Metaphysical Inquiry," in *The Essential Dewey*, Vol. 1, ed. Larry A. Hickman and Thomas M. Alexander, Bloomington: Indiana University Press, 1998, p.180.
② John Dewey, *Experience and Nature*, London: George Allen & Unwin, Ltd, 1929, pp.275-6.
③ John Dewey, *Experience and Nature*, London: George Allen & Unwin, Ltd, 1929, pp.275-6.

中,前缀'心理'是指物理活动获得了新增的属性,即有能力从周围介质取得一种特有的、相互作用式的对需要的支持。心理-物理不是指取消化学-物理物,也不是指物理的东西与心理的东西形成一种独特的混合(如同马身人是半人半马)。"①杜威使用了需要、欲求、满足等概念,但它们并不表达某种主观的东西,杜威是在生物学的意义上使用这些概念的。所谓需要,杜威是指能量的张力分布条件,在这个条件下,身体处于不安定或不稳定平衡的状态。欲求或争取是指这种状态在运动上显示出来,以身体对周围物体做出反应的方式改造周围物体,从而使主动平衡的特征模式得到恢复。而满足则是指这种平衡模式的恢复,这是环境与有机体的主动欲求相互作用而发生变化的结果。②

当一个物理系统展现出感觉、情绪和思维等性质时,它就是一个心理-物理系统。以这种方式来看,就不会出现"物理与心理的关系问题"。这种心理-物理系统出现的确切条件是什么,这种系统具有哪些具体的形态,其运行方式是什么,这些都不是不可解答的哲学之谜,而是可以通过具体的科学研究逐步加深了解的。

具有杜威特色的另一个用语是"身-心"。它意指"当一个生命体处于谈话、交流和参与的情境时实际发生的事情。在这个带连字符的词组中,'身[体]'是指某些因素的连续的、守恒的、沉积的和累积的运行,这些因素是自然界的其余有生命和无生命部分的延续。而'心[灵]'是指某些细微的特性和后果,标示某些特征,它们是'身体'进入更广泛的、更复杂和相互依赖的情境时出现的"③。杜威引入"身-心"这个词组,是为了克服在讨论心灵问题时传统语言设置所带来的困难。"我们的语言渗透着各种理论所带来的后果,这些理论把身体与心灵分割开来,为它们制造了各自的存在领域,致使我们没有词语来指称实际存在的事实。于是,我们迫不得已去使用的那些措辞——前面的讨论中做了举例说

---

① John Dewey, *Experience and Nature*, London: George Allen & Unwin, Ltd, 1929, p. 255.
② John Dewey, *Experience and Nature*, London: George Allen & Unwin, Ltd, 1929, p. 253.
③ John Dewey, *Experience and Nature*, London: George Allen & Unwin, Ltd, 1929, p. 285.

明——诱使我们认为自然界存在着类似的分离。"①

世界或实在中的一切事物都处在与环境事物的相互作用之中,并经历连续的变化。而传统的因果性概念是不适合描述这种变化的。

在杜威看来,自然界的相互作用领域可以取三个平面或三个层次来描述。在物理层次上,它的特有属性是由物理学所发现的数学-力学系统来描述的。第二个层次是生命层次。第三个层次是联络、交流和参与的层次。"每个具有它自己的特征经验性状的层次都拥有它自己的范畴。然而,这些范畴只是描述的范畴,是陈述有关事实所需要的概念。就人们有时对说明的理解而言,这些概念并不是说明性的范畴;这就是说,它们并不指称作为'原因'的力的运行。它们忠实于经验事实,记录和指称各相互作用层次所特有的特征性质和后果。从这种观点看,传统的'力学的'和'目的论的'理论有一个通病,可以说,这两种理论都旨在成为一种说明性的理论,即以旧式的、非历史的方式来理解因果性。"②因果说明的概念意味着历史过程的连续性的断裂,这种断裂造成一个缺口,然后用力的释放和转移去弥合。

杜威认为,形而上学唯物论的弱点不在于它不能处理道德和审美陈述,而在于它的因果性概念。旧式的唯物主义是机械论的,它主张物质是生命和心灵的动力因,而在实在的世界"原因"重于"结果"。杜威反对这种物质观和因果论,因为它们违反事实。他更重视"结果"概念。因果性概念的引入是出于控制的观念。"对复杂事物的控制依赖于把它分成更基本的元素,因此,生命、情绪和心灵对'物质'的依赖是实践的和工具的。……如果生命和心灵没有机制,教育、修养、矫正、预防、建设性的控制就是不可能的。出于崇尚精神而贬损'物质',不过是颂扬目的而蔑视达到目的之手段这种旧习惯的另一种表现罢了。"③

因此,对于杜威来说,真实的实在并不是相互分离的元素及其因果联系,而

---

① John Dewey, *Experience and Nature*, London: George Allen & Unwin, Ltd, 1929, pp. 284-5.
② John Dewey, *Experience and Nature*, London: George Allen & Unwin, Ltd, 1929, p. 273.
③ John Dewey, *Experience and Nature*, London: George Allen & Unwin, Ltd, 1929, pp. 262-3.

是进化和连续的变化。实在就是历史。沿着这条思路,杜威就不难阐明感觉性质、感怀、思想、语言和交流、道德和审美价值与规范等心理存在的起源和本质。

杜威把感受(qualia)叫作感觉性质或内在性质,他完全无意将感受还原为物理事件或状态,也无意寻求其中的物理因果联系,他所关心的是感受在高度复杂的相互作用系统中的地位或位置,对它们进行描述的方式以及它们在生命和心灵中所起的作用。对于杜威,"感觉"一词指向一种新近实现的性质,以前发生在物理层次上的事件进入更广泛、更细微的相互作用关系时,这些新性质就出现了。事物是基于其特性上的差别而得到界定、区分和个体化的。红色与蓝色的区分是由振动和光谱线的区别来认定的,因此可以由自然科学来描述。即使在这个事例中,由于描述是一个事件,只有经由心理事件才能发生,这就依赖于显性的或现实的红色性质,只有这样,才能对数学-力学陈述所描述的现象做出界定。实际上,在心理-物理情境中,性质变得特别有效力,颜色、气味、声音之类的性质可以引发确定的行动方式;它们具有选择效力,支持某种能量组织模式。有生命的事物对性质做出反应的方式是无生命事物所不具备的。在这种反应中,性质可以产生结果,因此具有潜在的重要性。由于性质能够产生结果,因此与后果相联系,这样性质就是可以理解和认识的。"因此,情怀的特征性质是宇宙事件的性质。正是由于它们原本如此,才有可能由自然科学在数字和空间位置的序列与感觉性质的序列和谱线之间建立起一一对应的关系。"[1]

一般认为,人是有理性的动物,人有理性就在于人的行动可以由人的信念和愿望来说明,而信念和愿望又是由预期和目的来解释的。按照杜威的论述,高级有机体拥有发达的远程感觉器官,如耳朵和眼睛,于是,将具有准备地位与完成地位的活动区分开来就有了更多的物质基础。物理层次的事件具有起点和终点,这使事件在性质上和个体性上各不相同。感觉性质通过有机体的行动得到实现,产生了利用、适应的行动或对性质的反应,行动转变成一个序列,其中有些行动是准备性的,有些是完成了的。这意味着准备性的行动是达到完成了的后果的手段,而完成了的后果就是终点或目的。从准备性的行动到完成了的行动

---

[1] John Dewey, *Experience and Nature*, London: George Allen & Unwin, Ltd, 1929, p.267.

的过程,如果是有规律的并意识到的,就构成一个预期。

具有意义的语言也发生在自然的相互作用的一定阶段。进化的过程就是自然事件相互作用的复杂性和紧密性日益增加,物理、心理-物理和心理就是这个过程的不同发展阶段,它们也可以有不同的描述层次。我们获得的经验知识表明,动物常常采取集体行动,传递信号的手段使联合行动成为可能。人类传递信号的活动产生了语言、交流和谈话,语言使多种多样的关于生活形式的经验及其后果合为一体。文字极大地扩展了这种一体化。"一些后果对于一个行动者是未经历的和未来的,而对于另一个生命是经历过的和过去的,正是通过交流,有机体的谨慎变成有意识的预期,未来事态变成活生生的实在。于是,人类的学习和形成习惯的活动呈现出来的有机体-环境联系的一体化远远地高于没有语言的动物,以至于人的经验看起来像是超有机的。"①

这种事件和行动的序列是思想的直接材料,它也塑造了具有意义(meaning)、内涵(sense)和符号指示(signification)的语言。对于杜威,意义是话语所蕴含的或从话语推导出来的。一个序列的起点具有一个意义,即随后的活动朝向一个后果,起点是后果的第一个元素,而终点保留了整个准备过程的意义。行动的性质或感觉的差别是行动的迹象或行动后果的符号,因此,这些差别由于是某个东西的迹象或符号而意指某个东西。在远程活动中,接触型的活动受到抑制,于是有机体的活动就摆脱了直接呈现物的束缚,基于有机体的记忆和预期使已经发生的和将会发生的事情成为有意义的。摆脱单纯的直接给予物的束缚,抽象、概括和推理就产生了。当谈话发生的时候,表达意义的东西与被表达的东西之间的关系就得到了实现,于是就产生了内涵与符号指示之间的区分。

内涵是直接的意义。感觉构成内涵;感觉就是感官知觉,是事件或对象的直接意义。通过语言,疼痛、快乐、气味、颜色、声音、语调等感觉或感觉性质得到细分和辨别,于是被"对象化"了;感觉性质不是某种处于有机体之内并被注入事物的东西,而是有机体之外的事物与有机体共同参与的相互作用的性质。性质既是有机体的性质,也是参与其中的事物的性质,性质的符号也是如此。例如,如

---

① John Dewey, *Experience and Nature*, London: George Allen & Unwin, Ltd, 1929, p.280.

果结果表明一种颜色并不是外部事物的可靠的符号,那么它就成为视觉器官有缺陷的符号。

符号指示"是指后来获得直接占有或享有事物内涵的可能性",它包含内涵与远程意谓(significance)两个方面。在意谓中,有些感觉由于被置于远程活动的条件之下而被转换了,在远程条件下的活动中,前期活动的后果构成它的一个有机的成分。通过语言,感觉性质转换成一个符号系统。饥饿是有机体与环境的某种积极关系的性质,而这个名称则指称某个对象,指称食物。污秽的气味可能引起恶心,"红色"则可能导致不安。

内涵、感觉、意谓并不是一回事情。内涵不同于感觉,它是某种东西的特征性质,它不只是被淹没的不明性质,它有一个被认识到的指称。内涵也不同于意谓。在意谓中,一个性质被用作另一个东西的符号或标示。红灯意谓危险和需要停车。而一个事物的内涵是一个直接的和内在的意义,这个意义是被感觉到或直接拥有的。一个单一的简单性质,如甜味或红色,指称一个最小内涵,内涵涉及整个情境的性质。如果一种情境有这种双重的意义功能,即既有意谓也有内涵,那么那里一定有心灵或理智。

如同语言和意义,数学也是自然的。按照自然主义的观点,数学是对事物的经验性质进行特殊抽象的产物。富有成效的科学始于忽略直接性质,即事件的"内涵",而专注于"第一"性质或与符号相应的性质,科学家把这些性质看作关系。这种新立场就是数学方程和函数的辩证法。"不再是一种颜色与另一种颜色的简单联系和分类,而是考虑到与变化的节律相联系的所有事件。于是,在大覆盖式公式表达与预测的原理之下,迄今互不联系的事件统一起来了。时间性质被陈述为空间速度;于是数学函数可直接应用到空间位置、方向和距离上,这就有可能将事件序列归化为可计算的项式。忽略时间性质使我们可以专注于思考序列的顺序,而顺序则可转换为同时存在的东西。"[①]

自然主义为我们提供了一种关于生命、心灵和自然其余部分相互适应的理解,由此驱散了关于秩序、美丑和对错的迷雾。按照传统的理论,人居然具有思

---

① John Dewey, *Experience and Nature*, London: George Allen & Unwin, Ltd, 1929, p.264.

维和认识的能力,于是人被提升到自然之上并与天使同列。"但这种神奇和神秘与另一些神奇和神秘并无二致,如居然存在自然、事件这样的东西,它们居然就是它们那个样子。"[1]杜威否认把心灵与自然分割开来的传统做法,认为心灵是在自然中发展出来的,身-心是依照它所属的世界的结构发展起来的,因此它自然具有某些与自然协调融洽的结构,自然的某些方面由于自身的协调融洽,因此是美丽的、适宜的。意义的使用与艺术和美丽相联系。有些意义由于是辩证的和非实存的,因而是纯理性的和观念的,因此它们可以成为纯美学的。

杜威把意识和道德的、美学的和数学的属性看作自然界复杂的相互作用的性质,因此心灵的处所问题是一个不得要领的问题。从这种观点看,有些当代自然主义者把心灵定位在神经系统或大脑之中的做法是一个错误。杜威指出,当前关于有机体的概念虽然有了些许的措辞改变,但基本上是关于灵魂与肉体的旧观念的残留,那时人们设想灵魂以外来的方式寄居在肉体中。现在人们的想象中神经系统成了替代者,以神秘的方式居于身体之内。但是,正如灵魂是"简单的"因此不能散布于肉体之内,神经系统作为心理事件的居所同样被定位到大脑中,进而被定位到大脑皮层中。如果大脑皮层的某个特定区域被确定为意识的居所,许多心理学家会大大地松口气。所有有机体的结构和过程都有着紧密的、微妙的、细致的相互依赖性,而那些谈论有机体最多的人,那些心理学家和生理学家,却对此熟视无睹。这个世界似乎充满先入之见,在医药、政治、科学、工业、教育领域中,到处是专门的、特殊的、没有联系的东西。为了对全面的整体进行有意识的控制,就必须寻找那些把关键立场联结起来并产生重要联系的环节。但是,健全心智的恢复有赖于把这些可辨别的东西看作一个过程中具有重要功能的环节并以这种方式使用它们。看到有机体处在自然中,神经系统处在有机体中,大脑处在神经系统中,皮层处在大脑中,我们就能找到那些让哲学惴惴不安的问题的回答。这样,就会看到它们处在永不停止的运动和增长过程之中,不同于珠子放在盒子中,而像是事件处在历史中。直到在实践中有了展现这种连续性的方法,我们才不会依然祈求另外一些专门的东西,一些断裂的事态,用以

---

[1] John Dewey, *Experience and Nature*, London: George Allen & Unwin, Ltd, 1929, p.276.

恢复联系性和统一性——把专门的宗教、改革或其他东西叫作专门的,这是这个时代的时髦药方。于是我们为治疗疾病所采取的手段反到加重了病情。①

三、自然主义的杜威路线

杜威非常了解自然主义哲学所受到的批评。他指出,非自然主义者和反自然主义者都把自然主义等同于[力学]唯物主义。"他们运用这个等式指责自然主义者把一切道德的、审美的、逻辑的人类价值还原为物质实体的盲目的力学拼接——一种实际上导致自然主义完全毁灭的还原。"②杜威的言论告诉我们,他的自然主义并不是还原论的。如果我们要捍卫自然主义,就必须走杜威那样的路线。可以承认,机械唯物主义曾经是自然主义的先导,而当代很多自然主义者信奉物理主义。当代自然主义是形形色色的,"自然主义"之前加上的不同形容词将各式各样的自然主义区别开来。为了回答自然主义所受到的挑战,我们应该对自然的与非自然的或超自然的、物理的与物质的等词语有一个恰当的理解。"自然主义可以——大致地——定义为这样一种哲学:凡是存在的都是自然的一部分,没有自然之外的实在……近来,'自然主义'和'自然'等用语的模糊性产生了一些疑惑。我们正处在一种思想气候下,在这里有一种共识,即对于几乎所有哲学研究的领域,自然主义是一种正确的主流框架,但对于'自然主义'和'自然'到底是什么意思,人们并没有达成共识。"③

自然主义的意义,要与对立的立场相对照才能够澄清。自然主义断言,凡是存在的都存在于自然之中。但是,要明确什么是自然,如何确定某个对象、事件

---

① John Dewey, *Experience and Nature*, London: George Allen & Unwin, Ltd, 1929, pp. 295 - 6.
② John Dewey, "Anti-Naturalism in Extremis." in *The Essential Dewey*, Vol. 1, ed. Larry A. Hickman and Thomas M. Alexander, Bloomington: Indiana University Press, 1998, p. 163.
③ Stewart Goetz and Charles Taliaferro, *Naturalism*, Grand Rapds, Michigan: Wm. B. Eerdmans Publishing Co., 2008, p. 6.

或状态是不是自然，还有大量的工作要做。这种问题的当代表达是：如果一个词语有指称，那么它是否指称自然对象；如果一个陈述是真的，那么它是否符合自然的状态或事件。这种问题会进而引出关于道德的、审美的、逻辑的和规范的词语和陈述的大量难以回答的问题。18世纪的唯物主义者会说，凡是自然的都是力学的或机械的；当代物理主义者则企图把道德和审美价值、逻辑和数学对象还原为物理状态或事件。面对意识问题，物理主义者会说，意识只不过是神经事件，感受随附于微观物理状态。对于这些问题，各种回答相互冲突，自认的自然主义者各持一端。例如，我们看到有身心同一论，有功能主义，有还原论的物理主义，有随附性理论，有属性二无论，等等。但不论各个自然主义者给予的答案是什么，他们都反对超自然主义和先验哲学。

因此，我们必须区分两类不同的问题，即内部问题和外部问题。人类居住和生活在这个世界中，自然主义是关于世界的全局性的观点，它是一个框架，一条总体的思想路线。借用库恩（Thomas S. Kuhn）的用语来说，它是一个范式，一个学科母式。当一个科学理论取得范式的地位之后，它还留下大量的扫尾工作要做，这样的工作库恩称之为解难题。就自然主义来说，解难题的工作有：说明和详细澄清意识经验的本质及其与大脑的关系和与环境相互作用的方式、规范词语和陈述意义。这些问题是自然主义的内部问题，这就是说，自然主义者之间关于某个具体问题的分歧并不是反对自然主义的证据，如同把冥王星排除在大行星之外并不是反对现代天文学的证据一样。

外部问题是，与有神论、唯灵论、先验论、唯心论等对立的哲学纲领相比较，自然主义是否更优越，更有希望？神创论与进化论的长久争论就是关于自然主义与超自然主义哪一个提供关于世界的最好的哲学说明的争论。

意识问题是自然主义哲学的内部问题。科学的发展使这个问题更加突显。早在1872年德国第45届科学与艺术大会上，杜·布瓦-雷蒙（Emil du Bois-Reymond）就在题为"论科学知识的界限"的演讲中，宣称拉普拉斯主义的数学-力学范式是最完美的知识形式，因此它也标志着人类知识的界限或极限，其中一个极限就是意识与大脑的物理状态之间的关系问题。杜·布瓦-雷蒙认为，生命的起源问题是可以回答的，他反对对意识做神创论的和二元论的说明。而在拉普拉斯主义的背景下,他认为意识不可能得到说明。"我们也许能够有一门完美的大脑科学,在那里我们也许能够根据神经和组织中活动的化学元素来确定我们的感觉和思想的基础;我们也许甚至能够把某些化学相互作用与某些感觉和思想对应起来。但是,碳、氢、氧的某种结合如何恰恰产生了意识,这个问题是我们永远无法设想的。"[1]为什么某种元素组合产生意识?这显然是一个内部问题,它预设了意识是由元素的组合产生的,而不是由上帝或柏拉图世界中的某种神秘力量制造的,这个问题显然是在自然主义的框架之内提出来的。正如杜威所指出的,原本就存在自然和自然的事件。将这个观念稍加推广,我们可以说,物理物体原本就有广延和重量。为什么物体有广延,有重量?为什么物体处在时间空间中?这样的问题根本不是恰当的问题。就意识来说,什么样的复杂元素组合产生了意识,意识与一些复杂的相互作用关系如何对应,这是科学可以回答的问题;而为什么某种特定的物理系统具有意识,为什么意识与某种环境-生理活动相对应,这是科学不能回答的。科学之所以不能回答这样的问题,不是因为科学的局限性,而是因为这些问题根本不是问题。科学回答不了这样的问题,哲学同样回答不了。

  自然主义的立场要通过它对外部问题的回答来澄清,而它对外部问题的回答进而要通过它与其他对立的思想路线的争论来把握。前文说到,杜威把自然主义看作超自然主义、唯心主义、唯灵论、先验论的对立面,其中先验论是超自然主义的弱化的形式,它求助于自然之上和经验之外的另一个领域的先天的、超越的原则。我们可以进一步说,如果自然主义是对的,那么柏拉图主义、先验主义、方法论的权威主义就是错。杜威否认任何自然之上和经验之外的东西。这意味着自然中的一切事物原则上都是可以通过经验认识的,这一方面是对科学方法的肯定,另一方面又隐含着有效的认识方式并不限于科学,尤其不限于自然科学。作为自然主义者的定义的一部分,杜威声明他"必定尊重自然科学的结论"[2]。是否存在某些实在而不属于科学发现的东西呢?回答是肯定的。早期

---

[1] Frederick C. Beiser, *After Hegel: German Philosophy 1840-1900*, Princeton, NJ: Princeton University Press, 2014, p.101.
[2] John Dewey, "Anti-Naturalism in Extremis (1943)," in *The Essential Dewey*, Vol. 1, ed. Larry A. Hickman and Thomas M. Alexander, Bloomington: Indiana University Press, 1998, p.163.

的自然主义者,如皮尔士(Charles Peirce)和桑塔亚那(George Santayana)都认为科学是常识的继续,培里(Ralph Barton Perry)也认识到这个特征。当培里谈到"科学与常识一致时"①,他是指科学与常识相容。皮尔士曾经把他的科学逻辑叫作"批判的常识主义",由此告诫我们,科学接受了大部分的常识知识并对常识做批判的提升。这表明有一部分常识并没有进入科学之中。如果不能证明凡是没有纳入科学之中的常识都是错的,那么至少有可能有些常识是对的而又不属于科学。可以说,杜威的"经验"概念正是有着这样的含义。

杜威通过对照反面立场来阐明自然主义的方式还有一个含义,就是自然主义在本体论上与唯物主义和物理主义处在一条路线上,而在方法论上与经验主义、实用主义、实证主义同源,这些哲学立场都否认自然之上的存在和经验之外的知识。然而,这些与自然主义同源的哲学都有其自身的缺陷,因此必须加以重构和改造。杜威赞赏詹姆斯(William James),因为詹姆斯表示"他的实用主义在很大程度上是受洛克、贝克莱、休谟、密尔、佩恩(Alexnder Bain)、霍奇森(Shadworth Hodgson)等英国哲学家的启发而提出来的。但是,他把他的方法摆在德国先验主义的对立面,尤其是康德哲学的对立面"②。杜威的直率的经验主义断定,事物就是它们出现在经验中的样子,这既有贝克莱式的经验主义的印迹,也表明他反对先验哲学。"按照这里的用法,经验主义既是感觉主义的经验主义的对立面,也是先验主义的对立面。"③杜威指出:"总体看来,自称先验论的哲学家比自称经验论的哲学家更多地意识到一个事实,即语言标志着禽兽与人的区别。问题是,关于这种区别的起源和地位,他们都缺乏自然主义的观念。他们正确地认定逻格斯就是心灵,但是他们超自然地看待逻格斯,因而也这样看心灵。于是他们以为逻辑的基础在人的行为和关系之外,结果,物理与理性、现实

---

① Ralph Barton Perry, *Present Philosophical Tendencies*, London: Longmans, Green, and Co., 1912, pp. 48 – 50.
② John Dewey, "The Development of American Pragmatism," in *The Essential Dewey*, Vol.1, ed. Larry A. Hickman and Thomas M. Alexander, Bloomington: Indiana University Press, 1998, p.13.
③ John Dewey, "The Postulate of Immediate Empiricism (1905)," in *The Essential Dewey*, Vol.1, ed. Larry A. Hickman and Thomas M. Alexander, Bloomington: Indiana University Press, 1998, p.119.

与观念就取得了它们的传统的表达方式。"①

在本体论问题上,对立的两面一面是自然、物质和物理的东西,另一面是非自然的东西。我们已经看到,自然主义与超自然主义相对立,而后者体现为有神论、先天说、先验论、唯灵论等等。反对立场可以采取唯物主义、物理主义等形式,但不一定要采取这样的形式。唯物主义和物理主义都反对超自然主义,但这两种立场的有些解释存在极大的困难,因此它们并不是自然主义的最佳形式。为了阐明这一点,我们首先要说明什么自然的。

"自然的"一词有多种意义,混淆这些意义是许多哲学误解的根源。在这里我们可以区分两种基本意义,一种是狭义,一种是广义。在狭义的意义上,"自然的"与文化和人工相对照。列维-斯特劳斯(Claude Levi-Strauss)曾经提到,人类世界普遍存在的东西与自然秩序相关,其特征是自发性;而受规范制约的东西是文化,既是相对的,也是特殊的。德里达(Jaques Derrida)进一步深化了这个区分:"关于自然与规范、自然与技术相对立的陈述,由整个历史链条传递给我们,它把'自然'与法律、教育、艺术、技术对立起来,也与自由、任意、社会、心灵等等对立起来。"②这里,德里达是在狭义的意义上使用"自然的"一词的。按狭义的用法,我们可以说,文学艺术作品、工业技术产品、社会规范和习俗等等是人工的、人造的、技术的,而不是自然的。然而,"自然主义"中的自然是广义的自然,在这个意义上,自然中的一切事物,它们的属性、关系和相互作用以及相互作用的后果,都是自然的。

这里可以描画一幅基本的宇宙图景。存在着宏观和微观的自然事物。具体地说,存在着行星和恒星,存在着树木和石头,存在着原子和中微子。自然的物体具有属性,包括关系。具体地说,它们有颜色、大小、冷热、重量、形状,一些物体比另一些物体更冷,它们处于运动或静止的状态,它们由更小的部分构成并发

---

① John Dewey, *Experience and Nature*, London: George Allen & Unwin, Ltd, 1929, p.169.
② Jaques Derrida, "Structure, Sign and Play in the Discourse of the Human Sciences," in *Writing and Difference*, Jaques Derrida, London: Routledge & Kegan Paul, 1981, p.283.

生相互作用。有些属性是可以度量或测量的,但并不是有所的属性都是如此。人是宇宙的自然演化过程的产物。人具有感觉、情感、意志、理智、意识等能力,这些能力是人的自然属性。因此,人类自然具有欲望或愿望,由此发展出目的和意图。人与人之间的相互作用产生了社会存在,进而产生了道德规范和社会制度。这幅图景与杜威的自然主义是一致的。自然概念是一个分界概念,它把神和鬼、柏拉图主义的理念和形式排除在自然之外,而把物理对象及其属性和相互作用以及道德的、审美的、逻辑的属性和关系等都包含在自然之内。自然的世界大于物理的世界,因为事物是它们在经验中出现的样子,而不限于物理测量的结果。因此,事物自然有好坏、美丑。当然,事物也受自然律的支配,可以用数学-力学公式来描述。

人具有建立概念、推理和想象的自然能力,因此人创作小说和艺术品,制订未来行动计划。人的创作中,有一些在自然中有相应的存在,有一些则没有。于是我们可以做出另外一个区分,即我们语言中有些实词有指称,有些没有。如果有人硬要给那些没有指称的实词指定一个指称,那么他就设定了超自然的存在。

撇开鬼神不谈,哲学史上许多哲学家认为存在一个自然之上和经验之外的纯概念、思想或形式的领域。这些哲学家认为,这个科学和科学方法不可触及的领域比自然界更真实地存在着,而纯粹观念的哲学据说比自然主义的哲学更深刻、更深邃。似乎设定这个领域,道德和逻辑真理的来源就可以得到说明。但是,杜威否认这个领域的存在:"由观察所确认的事情是,人自然地钟爱某些事物和关系,他们自然地制定价值。他们具有愿望,必须用目标和目的来指引他们,此外不可能有别的途径。标准和目的及其所获得的对人的行为的效力,是以各种各样的相对偶然的方式产生的,这也是得到大量验证的观察事实。"[1]

柏拉图主义者设立了一个纯形式的领域,他们认定哲学就是追求某种自然之上和经验之外的东西。假定这样一个领域存在,我们如何认识它呢?由于它对我们的感官没有任何影响或因果效力,因此我们不可能通过感觉或经验来认

---

[1] John Dewey, "Anti-Naturalism in Exremis (1943)," in *The Essential Dewey*, Vol. 1, ed. Larry A. Hickman and Thomas M. Alexander, Bloomington: Indiana University Press, 1998, p.169.

识它。我们是否要用心灵之眼来观察它呢？心灵之眼的概念显然是一个虚构或者一个比喻。作为一个虚构，这个概念显然没有指称任何实在的东西。而作为一个比喻，它是含糊的，这就需要对它做重新定义并指明心灵之眼认识那些纯形式的机制。如果有哲学家认为纯形式与自然事物的形式是同一种形式，并且可以用自然的方法来认清，那么这种想法就是自相矛盾的并且是毫无作用的。说它自相矛盾，是因为自然事物的形式不可能是纯形式；说它毫无作用，是因为自然的形式可由自然的方法来认识，由心灵之眼去认识纯形式的说法纯属多余。如果我们基于经验概念和陈述并依靠我们自然的分析和推理能力得到了"纯自我"的概念，那么这个认识过程是一个自然的过程，而纯自我的设定就是一个科学假说，可以由更多的观察来验证或反驳。因此，这个过程中没有任何先验的东西。

应该再次申明，自然并不限于物理。"不做计数和测量，我们就无法引导相互作用的进程。但是，相互作用不只是数、空间和速度，它还有更多的东西。"① 在哲学史上，曾有哲学家将自然的东西等同于物质的东西，物质的东西又进而被等同于牛顿力学所描述的东西。物理主义对此并无实质性的改进，因为它只是用原子物理学取代了牛顿力学。自然的属性和关系比用物理手段可以确认的东西更多，因为后者仅限于可用物理手段测量的属性和关系。用杜威的话说，我们感受到的经验是一种性质，但它是具有心灵（psycho，桑塔亚那把心灵看作一个物理系统）的人与其环境之间的一种相互作用关系，因此无疑是自然的却不是物理的。当我看见蓝色的天空时，不能说我的眼睛、我的心灵或者我的大脑看见了蓝色的天空。应该说，它是我与天空之间的一种相互作用；我是一个人，而天空是我看见为蓝色的天空。

在设立了相互独立的心灵实体与物理实体之后，心理与物理之间的因果联系问题似乎是不可解的。这导致把物理主义与自然主义等同起来的金在权断言，物理主义并不是全部真理，而只是接近全部真理。这隐含地承认了物理主义在某个地方错了。沿着杜威的路线思考，我们看到，它的错误之处就在于它的因果性概念和因果闭合原则。如前文所述，杜威把世界理解为一个连续的相互作

---

① John Dewey, *Experience and Nature*, London: George Allen & Unwin, Ltd, 1929, p.284.

用过程,把因果联系解释为一个历史,而不只是机械力产生一定的结果。有些哲学家注意到,因果性概念本身就是可疑的。罗素论证说,原因概念是过时的遗迹,"物理学从来不寻求它们"[①]。物理学所寻求的,是物理量之间的数学关系,例如引力理论就是如此。按照麦基(John J. Mackie)的论述,我们所说的原因,只不过是一定事件的 inus 条件,即该事件发生的充分而不必要的诸多条件中必要而不充分的部分(inus 指 an insufficient but necessary part of a condition which is itself unnecessary but sufficient for that event)。[②] 因此,我们所说的某个事件的原因,对于那个事件的发生既不是充分的,也不是必要的。我们常常分割出一个一个的事件,这样看起来一个事件是另一个事件的充分条件。但是,如果我们从一个过程来考虑,那么所谓的充分条件就是不充分的。人们说艾滋病是由于感染 HIV 病毒而产生的,但从感染到发病是一个很长的过程。最初感染之后发生的事情是一系列生理变化,例如有一个较短时期出现类似感冒的症状,然后有个较长的时期没有任何症状,再后来是免疫系统受损,接着是各种肺病,体重下降等等。如果这个过程的任何一段被阻止,就不会得艾滋病。虽然 HIV 病毒感染与艾滋病有着规律性的联系,但我们不能说前者是后者的原因。正是出于这样的考虑,萨尔蒙(Wesley Salmon)放弃了作为分离概念的原因和结果,而采用了因果过程的概念,而这正是杜威的过程概念的宗旨。

传统的因果概念把原因和结果看作单个的事件或对象之间的关系,抛弃这样的因果概念,我们就不会把身体看作不同部分和属性的堆积。乍看起来,物理学寻求身体的某些方面之间的规律性的联系,它把一些方面当作另一些方面的原因。这样的解释会引出难以解决的困难。例如,我举起手,这种物理学会说,我举手的原因要么是我的神经活动,要么是我的心理意图,但前者把人的行动等同于单纯的力学运动,后者被因果闭合原则排除了。这种运用因果性概念的方式导致荒诞的结论。试问,如果一颗子弹击中玻璃窗,玻璃破碎了,那什么是玻

---

① Bertrand Russell, "On the Notion of Cause," *Proceedings of the Aristotelian Society*, 1913(13): 1.
② John L. Mackie, "Causes and Conditions," *American Philosophical Quarterly*, 1965(2): 245.

璃破碎的原因？我们得到的回答是：子弹的冲击。但是，那颗子弹具有颜色、大小、重量、形状、长度等属性。也许可以说，它的颜色、材料、气味等属性是无关的，但什么是有关的呢？也许是子弹运动的动量？如果同时有另一颗子弹发射并击中了第一颗子弹，改变了它的运动方向，于是玻璃没破碎，我们是不是可以说另一颗子弹没有发射是玻璃破碎的原因呢？如果我们分离出一个个单独的事件，然后寻找它们之间的因果联系，这样的问题就会产生。只要我们抛弃传统的因果性概念，心理-物理因果性问题就不会产生。

我们看到，杜威的自然主义路线不会遭遇物理主义和机械唯物主义所遭遇的困难。当然，自然主义会受到别的批评。例如，普兰丁格（Alvin Plantinga）提出了一系列反对自然主义的论证。对此，这里只做简要的评论。普兰丁格的主要问题是预设了有神论的正确性，而在论证技术上则错误地使用了概率论。他论证说，如果自然主义是真的，那么我们的信念大部分为真和我们的认知能力是可靠的都只有很低的概率，但后件是假的，由此推出自然主义是假的。① 普兰丁格把概率论的无差别原理运用到基本信念上并假定每个基本信念的概率是0.5，然后他计算出，对于1 000个相互独立的信念，"其中3/4或更多信念为真理的概率小于10^{-58}"，因此，假定自然主义是真的，那么我们的认识能力是不可靠的。很显然，普兰丁格的前提是含糊的，他的计算也是错误的。柯维（Roberta Corvi）指出，普兰丁格的理论是建立在可疑的前提上的。② 斯特劳森（Peter F. Strawson）论证了相反的论题，即自然主义使我们免于怀疑论的困惑。③ 我要进一步指出，普兰丁格错误地把自然主义等同于物理主义，并错误地以为自然主义必定把信念等同于神经事件。

---

① Alvin Plantinga, "How Naturalism implies Skepticism," in *Analytical Philosophy without Naturalism*, ed. Antonella Corradini, Sergio Galvan, and E. Jonathan Lowe, London: Routledge, 2010.
② Roberta Corvi, 2010, "Methodological and/or Ontological Naturalism: Comment on Plantinga's Paper," in *Analytic Philosophy without Naturalism*, ed. Antonella Corradini et al, New York: Routledge, 2006.
③ Alvin Plantinga, "The Evolutionary Argument Against Naturalism," in *Science and Religion in Dialogue*, ed. Melville Y. Stewart, West Sussex: Blackwell Publishing Ltd., 2010, Vol.1, p.330.

自然主义视域中的杜威"共同体"概念及其伦理推演

徐 陶 罗宁芝
中南大学哲学系

摘要:"共同体"是杜威乃至大多数实用主义者的重要概念或理论视角,杜威把共同体看作人类各种形式的联合体。通过哲学与生物学、历史学、社会学、政治学的跨学科研究,可以对杜威的共同体思想进行自然主义解读,从而论证杜威共同体思想的合法性与深刻性,并且从更基本的维度来为杜威的价值理论、社会理论和政治理论辩护。这种自然主义解读的基本理论框架是:自然演化以种群为基本单位,而人类的演化是以共同体为基本单位,共同体的生存和发展是客观价值指向,而主观价值(个人价值和社会价值)则是服务于客观价值。
关键词:杜威,共同体,价值,社会

一、实用主义谱系中的"共同体"概念

在实用主义谱系中,"共同体"(community)概念是一个非常重要的理论基

石,很多实用主义者都对其进行了理论阐发。

第一,皮尔士(Charles Peirce)的"科学认知共同体":那些注定最终要为所有研究者(科学共同体)一致同意的意见,就是我们所说的真理,而这种意见中表现出来的对象就是实在。或者反过来说,由于我们朝向一个客观的实在世界,因此我们的科学知识由于这种朝向而获得真理性,科学共同体也趋向于获得相同的结论。

第二,詹姆斯(William James)的"真理-知识共同体":人除了拥有被直接证实的真理,还拥有很多"潜在真理"。真理可以是潜在的或者储存的。我们之所以相信这些观念是真理,是因为别人证实了它们,真理大部分是靠一种信用制度而存在下去的。

第三,米德(George Herbert Mead)的"心灵-语言共同体":心灵和自我是在社会过程中形成的,如果没有社会交流的需要,就不会有表意的符号,而表意的符号意味着符号并非仅仅对其他个体产生作用,而且对自身起到相同的作用,这时表意符号就作为一种普遍的、共通的东西而存在,即形成了意义,而这些意义的特定综合就形成个体的心灵。

第四,杜威(John Dewey)的"社会共同体":个人或者个体并非独立于社会的孤立体,而是在社会中的反应者和行动者。共同体对我们来说是不可缺少的,我们需要群体来使我们成为人,我们的价值观、行为方式都是在特定的群体中形成并习以为常。杜威的诸多哲学理论都涉及"共同体",例如认知是社会探究,语言是社会性的而非私人性的,宗教是共同体的最大化的共同信念,民主是共同体内部的自由交流与观念共享,个人与社会的统一,等等。

第五,当代共同体主义者或者社群主义者的"社会共同体"。泰勒(Charles M. G. Taylor)认为,人不是原子式的个体,而是共同体中的成员,是由共同体所塑造的,人也不能脱离共同体的传统;共同体决定了社会的理想和价值取向,个体在共同体之中的归属感优先于个体自由。桑德尔(Michael J. Sandel)概括了自由主义和社群主义之间的冲突:"一些人重视个人自由(权)的价值,而另一些人则认为,共同体的价值或大多数人的意志永远应该占压倒性地位;或者,表现为另外两部分人之间的论战:一部分人相信普遍人权,另一部分人则坚持认为,不存在任何批评或判断不同文化和传统之价值的方式。"①值得一提的是,大多数当代社群主义者都以杜威为理论先驱。

第六,新实用主义的"语言共同体"。刘易斯(Clarence Irving Lewis)认为经验包括两个部分,一个是先验图式,一个是经验材料,先验图式是社会的产物。普特南(Hilary W. Putnam)在论述事实与价值的时候,强调认知和价值评价都以社会共同体为基础,但是普特南并没有走向文化相对主义。塞拉斯(Roy Wood Sellars)、布兰顿(Robert Brandom)等人也阐述了语言共同体、语言对话的重要意义。

共同体的概念可以追溯到黑格尔和马克思的共同体观念,又可以进一步追溯到启蒙时期的社会理论。霍尔巴赫(Paul Heinrich Dietrich)说:"人在社会中生活,因为正是大自然注定他要在那里诞生。他爱这个社会,因为他认为社会对他是必需的。"②"只有有益于联合成社会中的人的行为才是合乎道德的。合乎道德的行为意味着热爱社会,增进同我们命运相关的人们的幸福,以期促使他们也乐意增进我们的幸福。"③启蒙时代的这种共同体主义还可以追溯到以城邦共同体为核心的亚里士多德的政治学以及西塞罗在《论共和国》中阐述的国家学说。当代更是在各个领域出现了共同体概念的复兴。④

本文主要关注杜威的共同体概念及其伦理意义。在共同体的定义方面,杜威的共同体概念比较宽泛,他有时用它来指所有种类的"社会、联系和群体",有时又称作"分散的共同体",有时则谈到"商业共同体""街头团伙""工会"。杜威是在描述意义和颂扬意义上使用共同体一词的。共同体可以在描述意义上指各种社会团体,包括商业集团、政治集团等,也可以在颂扬意义上指各种民主或者

---

① 〔美〕迈克尔·J.桑德尔:《自由主义与正义的局限》,万俊人等译,译林出版社 2011年版,第 2 页。
② 〔法〕霍尔巴赫:《自然政治论》,陈太先、眭茂译,商务印书馆 2002 年版,第 3 页。
③ 同上书,第 9 页。
④ 社会学领域中,有本尼迪克特·安德森(Benedict R. O. Anderson)的作为"想象的政治共同体"的民族共同体,斐迪南·滕尼斯(Ferdinand Tönnies)的"作为自然联合体"的共同体,齐格蒙特·鲍曼(Zygmunt Bauman)的生活共同体;后现代哲学领域中,布朗肖(Maurice Blanchot)、让-吕克·南希(Jean-Luc Nancy)、埃斯波西托(Roberto Esposito)、阿甘本(Giorgio Agamben)则从生命政治的角度来论述共同体。

道德的共同体,即"好的"共同体。

杜威的共同体概念的理论来源是:第一,经验自然主义主张人和自然(外界自然环境)的有机统一,这种观点为社会领域的人与社会(外界社会环境)的有机统一奠定了哲学基础。第二,赫胥黎的生物有机体的概念。杜威说:"从这门课程中学习到一种相互依赖和相互联系的统一体观念。……我所期望的这种生活将具有与赫胥黎所描述的人类有机体生活的同样特点。"①第三,杜威所生活的美国的新英格兰地区的新黑格尔主义。黑格尔主义者莫里斯(George S. Morris)说:"整体的有机统一大于其任何特定的成员,也不是其所有成员的简单汇总。它是或标志着所有部分的共同生活、激发性或凝聚性原则。"②第四,美国早期的清教思想中蕴含的共同体观念:"没有谁会发现自身是完满的。我们在基督那里才会趋近完美的人和境界,而且只在群体的生活中才会出现。人们必须克服自己,同心同德,才有可能拥有真正的群体生活。"③第五,米德的社会心理学。

本文将从跨学科的自然主义视角,来为杜威的共同体主义提供一个自然主义的更为强有力的辩护和阐释。

二、从动物的种群到人类的共同体

杜威思想受到了进化论的深刻影响,自然选择和适者生存是进化论的基本法则,杜威有一个隐含的价值预设:"价值的最终指向是人的生存与发展,或者说生存和发展是最高的价值目的。"实用主义的表层理论是关注"问题-解决",而深层理论则是"问题-解决"所服务的更高目的:人的生存与发展。但是,杜威的共同体主义中仍然有一些问题是悬而未决的:

---

① 〔美〕简·杜威等:《杜威传》,单中惠编译,安徽教育出版社2009年版,第45页。
② 转引自〔美〕斯蒂文·洛克菲勒:《杜威:宗教信仰与民主人本主义》,赵秀福译,北京大学出版社2010年版,第82页。
③ 转引自〔美〕斯蒂文·洛克菲勒:《杜威:宗教信仰与民主人本主义》,赵秀福译,北京大学出版社2010年版,第30—31页。

第一,价值的最终指向是人的生存与发展,那么其中的"人"到底是指人的个体,整个人类种族,还是一个国家的人民呢?

第二,杜威认为个人和社会是统一的,个人价值和社会价值也是统一的,但两者是到底是如何统一的呢?

第三,杜威认为伦理的目标是促进人的共同幸福,那么这个目标到底是一种理想主义的乌托邦理念,还是具有客观根据?

第四,杜威论述了共同体,也论述了社会,那么共同体和社会是什么关系?

严格说来,作为价值出发点的"人"并不是个体,也不是人类整体或者一个国家的人民,尽管在现实生活中,我们在不同的情况下以它们中的某一个作为价值的主体:个人利益、集体利益、团体利益、国家利益、人类命运共同体的利益。为了阐明这个问题,我们必须回到更为基础的层次来进行探讨。

生命的自然形式或本质是物质世界自发演化出了某种特定的存在形态(构成基因的特定分子结构),基因的自我复制塑造了生命的基本存在形态。杜威说道:"想一想生命的事实如何给予人们以深刻的印象。……突然,在某些条件下,这些事物——它们后来被称为种子、卵或者微生物——开始发生变化。"①作为特定分子结构的基因的出现意味着生命的诞生,基因的复制则表现为生命的延续和繁殖,正如杜威所言,"努力使自己继续不断地生存,这是生活的本性"②。或者说,"生物和无生物之间最明显的区别,在于前者以更新维持自己"③。生命的存在形式不仅仅限于生物体内部的基因复制,而且与外界环境发生相互作用(与外界的能量交换),正如杜威所言,"生活的延续就是环境对生物需要的不断的重新适应"④。

如果从基因(分子生物学)的层面转到生物体(生物学)的层面,那么基因的复制与外界环境的相互作用表现为自然选择的过程。自然选择是以个体为单

---

① 〔美〕约翰·杜威:《达尔文学说对哲学的影响》,载涂纪亮编译:《杜威文选》,社会科学文献出版社2006年版,第51页。
② 〔美〕约翰·杜威:《民主主义与教育》,王承绪译,人民教育出版社2001年版,第14页。
③ 同上书,第6页。
④ 同上书,第7页。

位,还是以群体为单位呢？达尔文主要以个体为自然选择的单位,他认为个体生物之间会争夺生存资源,那些处于竞争优势的生物个体会得到保留,而那些不能处于生存竞争优势的生物个体则被淘汰。但是,个体选择说很难解释某些生物体的利他行为。20世纪50年代,很多进化生物学家开始关注群体选择。生物学家赖特(Sewall Wright)和温-爱德华兹(Wynne-Edwards)认为,群体选择是自然选择的重要方式。随着分子生物学对于基因的研究深入,后来一些生物学家提出了基因选择说,其中的代表人物是拉克(David Lack)、威廉姆斯(George C. Williams)、汉密尔顿(William Hamilton)、史密斯(John Maynard Smith)和道金斯(Richard Dawkins)等生物学家。他们认为生物体的利他行为会发生在具有亲缘关系的群体之间,因为亲缘群体具有最大程度的相似基因,因此,亲缘群体中的利他行为同样是为了延续自己的基因。20世纪80年代,美国哲学家埃利奥特·索伯(Elliott Sober)和生物学家大卫·威尔逊(David Sloan Wilson)在《选择的本质》《利他：非自私行为的进化论和心理学》等书中重新捍卫群体选择说。①

当代演化生物学主要是持群体选择说,即以种群(population)为自然选择和生物演化的基本单位。种群又可以译为"群体"或者"居群",指的是存在于一定时间和空间的能够交配的同一物种之和,同一群体内部的个体间彼此可以交配,实现基因交流,同一群体的所有成员所携带的所有基因构成该群体的基因库。杜威反对个体选择说而支持群体选择说,他说:"生活过程的延续并不依靠任何一个个体的延长生存。其他生物的繁殖不断地进行着。"②

不同种群的空间格局是不同的,有的生物种群(人工栽培的水稻)采取的是均匀分布型,有的生物种群(例如森林中的蜘蛛)采取的是随机分布型,而大多数生物种类采取的是集群型。集群(aggregation 或 society、colony)指的是同种生物以聚集的方式生活在同一区域,就像我们看到的成群结队的大雁,草原上的狮

---

① 参见李建会:《自然选择的单位:个体、群体还是基因?》,《科学文化评论》2009年6期。
② 〔美〕约翰·杜威:《民主主义与教育》,王承绪译,人民教育出版社2001年版,第6页。

群和象群,地上的蚁群,森林里的猴群。人类的集群又被称作社会(society)。对于人类种群而言,最早的集群生活形式同黑猩猩的集群生活形式本无差别,这也是人类社会产生的母体。人类最早的社会形式是原始群(primitive horde),原始群有其他生物集群的共同特点,即有利于提高捕食效率,共同防御敌害,有利于改变小生境,有利于提高学习效率,促进繁殖;原始群的人类相比于黑猩猩,在大脑进化、双手运用、工具制造、语言交流方面有了巨大的飞跃,但是在社会组织形式方面则大致相同。

随着生产水平的提升,原始群逐渐转化为氏族社会。氏族是按同一祖先的亲属关系结合在一起的社会集团,它是原始人的社会组织和经济组织的基本单位。一个氏族一般有十几个人,由共同的祖先繁衍而来。几个有共同血缘关系的氏族往往联合成为一个大氏族,即所谓的胞族。几个大氏族又常常联合成一个部落。每个部落都有自己的名称与领土,具有共同的语言、经济、宗教与祭祀仪式。虽然氏族和部落产生了图腾、语言、宗教信仰、经济生产,但是归根结底还是以亲缘关系为基础,而亲缘关系又是以基因在氏族或者部落内部的复制和延续为基础。在这些阶段,人类的联合本质上还是以自然属性为主。关于这种以血缘关系为基础的家族共同体,杜威说道:"家族比它的成员是较为持久些、重要些和真实些,家族授予它的组成者以他们的地位和特征。"①

在部落发展后期,具有血缘关系的部落发展为具有地域联系的部族,部族在共同地域、独特语言和特定经济影响下,形成了特殊的文化结构,产生了自己属于某一部族的共同意识。部族意味着人类社会突破了血缘关系的纽带,而以文化构建、经济协作、共同的语言为纽带,建立了新的共同体形式。随着社会分工的出现,社会协作更加广泛,出现了更大规模的共同体——民族。民族是指经长期历史发展而形成的稳定共同体,即一群基于历史、文化、语言与其他人群有所区别的群体。由于社会经济和组织形式变得更加复杂,出现了专门进行管理的机构即政府;政府的出现,意味着国家的诞生,因为国家的定义是"有专职公管人

---

① 〔美〕杜威:《经验与自然》,傅统先译,江苏教育出版社2005年版,第135页。

员的社会"或者"国家是有常设公管机构的社会"①。从部族到民族再到国家,这意味着人类联合体的构建不再直接以血缘关系为基础,而是在血缘关系之上建立起更为复杂的社会组织形式,以地域、社会协作和文化理念为主,并且建立了更为复杂的政治制度。

人类社会发展到现在,形成了各种各样的共同体形式,从最早的黑猩猩式的原始群,到家族式的氏族社会,到部落和部落联盟,到以文化和社会协作为基础的民族,再到形成政府管理机构的国家。在这张宏大的蓝图中,早期的社会组织形式并没有消失,而是以新的形式出现在现代社会中。例如:氏族联合体转化为家庭或者家族的形式;早期的生产协作转变为各种各样的公司、企业、单位、跨国企业;处于某一政治和生产地位的集团转化为阶级或阶层;原始社会的图腾和宗教信仰,转化为当今社会的各种教派;人类兴趣活动形成各种组织,例如俱乐部、社团等。最早的单一民族国家在复杂的政治环境中形成了多民族国家,而同一个民族也可以分属于不同国家。同一个国家可以有不同的文化共同体,而同一个文化共同体也可以分属于不同国家。

总而言之,在漫长的人类历史演化进程中,人类社会的种群生活形成各种各样复杂的组织形式,这些组织形式我们现在称之为"共同体"或者"社群"(community)。正如杜威在分析"人类联合的含义"时所说的,"人们为各种各样目的,以各种各样方式进行联合。……每一个较大的社会组织之内,有无数小集体:不仅有政治上的小团体,而且有工业、科学和宗教上的联合。有目的不同的政党,社会派别,小集团,帮派,法人,合股,血缘关系结成的亲密团体,等等,等等。……所以,社会、共同体这些名词的涵义是含糊的"②。共同体的本质是人类的联合,通过这种联合才能更有效地促进生存和发展,而共同体的组织形式或者制度形式并不是最基本的。杜威指出:"可见组织本身永远不是目的。它是促

---

① 参见韩东屏:《国家起源问题研究》,《华中师范大学学报(人文社会科学版)》2014年第4期。
② 〔美〕约翰·杜威:《民主主义与教育》,王承绪译,人民教育出版社2001年版,第91—92页。

进联合,增加两人间有效接触点,指导他们的交流使其获得最大成果的方式。"①或者说,共同体作为促进生存与发展的人的联合形式,才是共同体的根本意义和重要性之所在,而共同体的外在形式,例如组织、国家、社团等,则是附属的。杜威指出:"社会是联合的过程,在这个过程中,经验、观点、情感、价值被传达而成为共同的东西。个人和制度性组织真正可以说是从属于这个积极过程的。"②

综合本节所述,从生物学和人类早期历史的演化③,我们可以大致形成一个理论猜想:人类是以共同体为基本的演化单位——这个命题刻画出本文的核心观点。

三、共同体与客观价值

生命的本质是基因复制(生命延续),生命演化的基本单位是种群(生物)或共同体(人类),这两个基本命题可以得出一个推论:生命所追求的客观价值指向是种群或者共同体的生存和发展;在这里,发展仅仅意味着更好的生存条件。尽管个体可能意识不到客观价值指向,因为这是隐藏在无数个体背后的自然规则。在种群演化过程中,无数生物个体都在努力地拼搏着,为生存而战,为抚育后代而呕心沥血,并在进化之力的推动下,演化出各种各样的生物形态。正如杜威所说的,"目的不再是要达到的终点或极限。它是改造现存状况的积极过程。……发展本身是惟一的道德'目的'"④。

随着知识和技术的扩展,人类社会逐渐摆脱了血缘关系的基本纽带,其中最重要的联系就是经济协作。内部成员的社会分工和商品交换能够促进该种群的

---

① 〔美〕约翰·杜威:《哲学的改造》,张颖译,陕西人民出版社2004年版,第118页。
② 同上注。
③ 对此可能的反驳是:从生物学和人类早期历史的演化中,并不能推导出我们现在的社会也以共同体为演化的基本单位,也有可能是现在人类以个体为演化的基本单位。但是如同生物学中对"个体演化论"的反驳一样,在人类生活中,现在依然存在大量的利他主义行为模式。
④ 〔美〕约翰·杜威:《哲学的改造》,张颖译,陕西人民出版社2004年版,第101页。

生存和发展。除了经济协作所结成的共同体,另外一个重要因素是文化,文化虽然产生于经济、生存等现实条件基础之上,但是也获得了某种相对的独立性。在这种情形下,共同体表现为文化圈或者文明圈。除了生产分工和生产专业化,资源的互补和不同共同体之间的交流协作,也决定了人类的共同体形式呈现不断扩大之势。正如杜威所说的,"在人类历史上,每一个开拓的时代,都和过去各民族和阶级之间从相互封闭到消除隔阂相应"①。

共同体分为各种层次,小到一个家庭或家族,大到一个公司或企业,再大到一个民族或国家,进而扩展到某些文化圈(例如东亚儒家文化圈)或者某些国家联盟(例如欧盟)。不同成员之所以能结成共同体,是因为它们具有共同的利益或互惠性。一个民族之所以能结成共同体,是因为其成员分享了共同的生存资源(地域、生产资源和文化信仰、生活习俗、语言等),每个成员都作为共同体的成员而获得生存保证。而一个国家联盟之所以能够成为共同体,是因为其成员国之间具有共同的利益,例如共同抵抗另一个强国的威胁。当这些互惠性利益不再存在时,该共同体又会出现分裂的趋势。

国家共同体的建立在于成立了某种常设性的政府管理机构,并且建立了军队、监狱、警察等国家机器。国家共同体是当今人类最主要的共同体形式,也是当今人类演化的最重要的单位。正如杜威所言,"对现代领土民族国家极为重要的作用是不能怀疑的。这些国家的形成是现代政治历史的中心"②。但是由于共同体的复杂性,很多国家虽然基于文化、经济协作、语言、生活习俗建立了作为共同体的国家,但是在国家内部存在着各种各样的共同体,当国家内部的共同体存在分裂,而作为更高共同体的国家无法协调这些矛盾,即无法形成更有力的国家共同体时,国家就面临着分裂和冲突。例如,一些非洲国家没能形成真正统一的国家共同体,内部种族战争持续不断,国家共同体名存实亡,在该地区社会演化的基本单位仍然是种族。对于国家内部的各个共同体,杜威认为我们应该采取两个评价标准:第一个标准是共同体内成员有意识的利益参与程度;第二个

---

① 〔美〕约翰·杜威:《民主主义与教育》,王承绪译,人民教育出版社2001年版,第96页。
② 〔美〕约翰·杜威:《哲学的改造》,张颖译,陕西人民出版社2004年版,第115页。

标准是这个共同体同其他共同体的合作程度。① 对于国家共同体与其内部的各种更小共同体之间的关系,杜威进行了详细的阐述。他说:

> 在过去几个世纪中发生了因为蒸汽和电力的集中和联合力量而加速的社会统一和巩固的伟大运动,"国家"就代表其明显顶峰。……当民族国家已经稳固建立并且不再同强敌斗争时,它是否就是促进和保护其他更自愿的联合形式的工具……增加各种各样联合的运动:政党、实业联合、科学和艺术组织、工会、教会、学校、俱乐部和协会……国家就越来越成为它们中间的管理者和调整者;界定它们行动的界限,防止和解决冲突。②

杜威认为:"每一个家庭和它接近的朋友构成一个社会;乡村或街道上的一群游戏伙伴是一个共同体;每一个经商的集体,每一个俱乐部,都是一个共同体。……正像一个教会、一个工会、一个商业团伙或一个政党一样。它们每一个都是一种联合的或共同生活的模式,正如一个家庭、一个城镇或一个国家一样。也还有许多共同体……"③根据杜威的思想,我们得知,共同体就像一个圆圈,最早的共同体就是具体的、可识别的地域圈④和生物种群圈,随着人类社会的出现,出现了家族圈或者血缘圈(氏族和部落),之后出现了各种更为复杂的共同体,例如种族圈(汉族、土家族、藏族、印第安人等),经济圈(生产作坊、商铺、企业、公司、行业、跨国公司、国际经济组织等),政治圈(各级政府、城邦、国家、国家联盟、统一战线等),文化圈(地区方言、地方习俗、民族文化、东亚儒家文化圈、基督教文化圈等),活动方式圈(俱乐部、体育活动组织、慈善机构等)。人类社会非

---

① 〔美〕约翰·杜威:《民主主义与教育》,王承绪译,人民教育出版社2001年版,第93页。
② 〔美〕约翰·杜威:《哲学的改造》,张颖译,陕西人民出版社2004年版,第115—116页。
③ 〔美〕约翰·杜威:《民主主义与教育》,王承绪译,人民教育出版社2001年版,第27页。
④ 正如杜威所言,"在旧时代,群体的多样性大体上是地理上的关系"。参见〔美〕约翰·杜威:《民主主义与教育》,王承绪译,人民教育出版社2001年版,第27页。

常复杂,这些共同体圆圈之间不断扩大、分层,并且相互交叠。每个共同体都以维护自己的生存与发展为价值指向,于是它们的价值观相互交叠,从而形成了人类社会纷繁复杂的价值观。

由于共同体的相互交叠,而价值则以共同体生存和发展为旨归,因此价值观呈现出冲突、对立、融合的动态形式。例如,一个人可能会主张"对他人友善",但是可能不会运用到其他国家的人身上;一个人主张"要对世界所有的人都友善",可能不会运用到曾经伤害过他的国家或者群体中。价值观有时候是冲突的,例如一个人为了快饿死的妻子而进行抢劫,出于家庭的共同体利益,他这样做是好的,而出于该地区的共同体的利益,这样做则是不好的。道德困境往往出现在这种情形中:不同共同体的利益有时是冲突的,而某一个体恰好处于冲突的焦点中,例如电车难题。对此杜威进行了论述:"一群窃贼,也有他们的道义;一股强盗,对成员也有共同利益;一个帮派,也有友好的感情。狭隘的小集团强烈地忠实于自己的准则。"①由此,通过消除各个共同体之间思想与利益的隔阂,可以逐步消除价值观的冲突。

从历史的角度来看,人类社会的共同体呈现出扩大的趋势:从几十个人的原始群和氏族,到数百人的部落联盟,到上千人的社会,到数万和十数亿的民族和国家,再到地球村的概念。共同体随着经济、文化、政治的协作和联结而越来越大,全球化已经成为当今时代的主流。但是,到底地球上的整个人类能否成为一个共同体,杜威虽然没有提出"人类命运共同体"的概念,但是他预示到了这一方向,例如杜威明确指出:

> 任何现代国家的祸福都是同其他国家的祸福密切相连。……数学家、化学家、天文学家的联合、商业团体、劳工组织、教会都是跨民族的,因为他们代表的利益是世界性的。在这样的方式中,国际主义不是一种愿望,而是一个事实,不是感情的理想,而是一种力量。②

---

① 〔美〕约翰·杜威:《民主主义与教育》,王承绪译,人民教育出版社2001年版,第92页。
② 〔美〕约翰·杜威:《哲学的改造》,张颖译,陕西人民出版社2004年版,第117页。

人类共同体的真正实现,需要更密切的经济协作、文化融合,以及逐渐消除种族和国家之间的隔阂,构建全球化的、更具效力的国际政治制度(甚至走向汤因比所构想的世界联合政府),并且需要恰当的时机。

四、个人价值与客观价值

既然共同体的生存和发展是客观的价值指向,那是否意味着每个人都应该遵循集体主义和利他主义(altruism)的价值观呢?为何在日常生活中,大多数人还奉行利己主义的价值观?是否存在一种独立于共同体之价值的个人价值?共同体价值是否与当今世界所倡导的自由主义和个人主义相悖?

为了说明这个问题,我们先从一个例子入手。在狮群中,雄狮们会进行一场竞争,最强壮的雄狮最终成为狮群的首领,它和一群母狮子生活在一起,通过和这些母狮子交配,它可以最大限度地延续自己的基因。雄师争夺首领地位的行为无疑是"利己主义"的,它们是为了自己的利益而争夺首领地位,从而能够繁衍自己的后代。但是从这个种群的利益来说,这种带有"利己主义"的争夺首领的模式,却能够最大程度地促进该种群的延续,确保最强壮的雄狮的基因在该种群得以传播,从而促进该种群的生存和延续。反之,如果这些雄狮相互谦让,强壮的狮子甘愿让出首领地位,那么这个种群会逐渐衰亡。

生物种群为了适应外界环境,自发地演化出了"利己主义"和"利他主义"的行为倾向。生物学家汉密尔顿提出了一个理论,那些具有利他行为的个体,它们的个体牺牲能够换取种群的更大利益,因此这些利他行为被选择并保留下来。在生物界有很多利他主义的现象,例如放哨的大雁或鼠兔,一旦天敌临近,它就高声呼叫,它会暴露自己而被天敌猎杀,其他成员则得以逃脱。在鸟类当中,有一种"保姆鸟"的现象,"保姆鸟"的任务是帮助爸妈或者弟弟妹妹去照顾它们的后代,而它自己终身不育,其原因是:有"保姆"照顾的小鸟的存活率为35%,而没有保姆照顾的小鸟的存活率为7%。这种利他主义行为模式同样可以在人类生活中看到:保卫国家的志愿牺牲者,抚养后代的呕心沥血者,服务集体而甘愿奉献者……

共同体的生存与发展是基本的、客观的价值指向，而表现为个体之意愿、冲动、意志、愿望、理想、目标的所谓"个体价值"仅仅是一种主观形式的价值观，社会价值也是一种较为普遍的、集体化的主观价值。个人价值和社会价值都是主观价值，它们的辩证关系表现在：个体总是植根于特定的群体中，获得作为该共同体之文化传统或者道德习俗的某些价值观。但是个人有超越共同体的能力，他能够根据社会环境的变化而反思身处其中的习俗与传统，提出某些新的价值理念，当该价值理念被广泛传播和接受时，个人价值便转化为社会价值。杜威详细分析了个体价值与社会价值之间的辩证关系：一方面，"一个人是一个集团整体的一个成员……从出生起，他就为集团的传统习俗所类化和感染，对他个人的衡量就视其成为体现这些传统习俗之工具的程度如何而定"[①]；另一方面，"某一个人在某一时候倡导着离开习惯的模子和标准……在一个新的工具和习俗创出之前，必先有某一个人观察到和利用着这些意外的变化……人们不是完完全全地和单纯地服从于习俗的要求"[②]。

在人类社会，利己主义和利他主义同样必须基于对于共同体的生存和发展之作用来进行考察，它们自身并不是最终的根源。在特定条件下，某一社会共同体演化出了具有特定行为模式的个体，这些行为模式以某种隐藏的方式对该社会起到有益的作用。当一个民族或者国家面临外敌入侵而将要亡国亡种时，那些愿意牺牲自己的生命而奋勇抗敌的人，就成为维系该民族或者国家之延续的重要力量。当一个社会发展到一个较为发达的稳定阶段，那些追求个人利益的人反而会促进该社会的整体繁荣。亚当·斯密在其《国富论》中提出这样的观点：如果允许个人自由地去追逐利润，从长远观点看，这种利润是国民财富总增加的一部分。虽然个人追求的是个人利益，但最终的结果是带来了社会的普遍福利。杜威也独立地提出了这种观点，他说："只有当所有社会成员都能尽量发挥其能力时，社会在变故面前才能强壮、有力、稳定。"[③]

---

① 〔美〕杜威：《经验与自然》，傅统先译，江苏教育出版社 2005 年版，第 135 页。
② 同上书，第 136 页。
③ 〔美〕约翰·杜威：《哲学的改造》，张颖译，陕西人民出版社 2004 年版，第 118 页。

这个经济学原理同样具有伦理学的意味，一群持有利己主义思想的人，在恰当的时候，并且在保证公平竞争（例如罗尔斯所强调的"机会均等"或平等原则）的前提下，反而能促进共同体的整体利益。相反，在特定情况下，如果每一个人都毫不利己、专门利人，却可能造成社会的停滞不前甚至倒退，例如"人民公社"时期。正是出于这个原因，现代经济学以"自私的理性人"来构建经济学模型，尽管这个模型忽视了其他行为模式。

利己主义和利他主义都不具备独立自足的意义，它们仅仅是主观性的个人价值或者社会价值，它们的合理性和效用性是基于对共同体的生存和发展而被评价的，并且随着特定环境的变化而变化。在和平年代，遵守法律的利己行为是对共同体有益的，但是在抵抗外来入侵时，如果利己主义还处于主导地位，那么该共同体有可能被敌国所击败，这时候需要召唤出大量的利他主义者，即为保护国家和民族而自愿牺牲者。召唤出种种利他主义行为模式的重要因素是情感，例如爱国主义情操、疼爱幼仔、效忠和服从情感等，这些都在维护着社会的利他主义行为模式，从而保障该共同体的延续和发展。当利己主义的发展超过一定的限度时，就需要限制利己主义。例如英国学者哈丁（Garrett Hardin）提出的"公地的悲剧"和赫尔曼·戴利（Herman E. Daly）的"看不见的脚"的概念，"看不见的脚"是指私人的逐利行为会不自觉地把公共利益踢成碎片，因此社会道德宣传需要宣扬利他主义和集体主义来制衡利己主义。

五、重回杜威

现在我们可以来回答杜威伦理学乃至社会政治哲学中一些悬而未决的疑问：第一，价值的最终指向是人的生存与发展，那么其中的"人"到底是指人的个体，整个人类种族，还是一个国家的人民呢？"人"指的是共同体。第二，杜威认为个人和社会是统一的，个人价值和社会价值也是统一的，但两者是到底是如何统一的呢？个人和社会统一于作为人类演化基本单位的共同体，个体价值和社会价值（文化）统一于共同体的生存与发展之客观价值指向。第三，杜威伦理学的预设是促进人的共同幸福,那么这个预设到底是一种理想主义的乌托邦理念,还是具有客观根据?共同体的生存与发展是自然规律,而不仅仅是一种空洞的乌托邦理想,我们是以理想的方式来表达自然对人类生命的无言规定。第四,杜威论述了共同体,也论述了社会,那么共同体和社会是什么关系?如果社会是指普泛意义上的群体生活,那么社会就是共同体;如果社会特指国家共同体,那么社会仅仅是共同体的一个子集。杜威持前一种立场,因为他明确地把社会定义为各种社会联合形式。①

通过这种实证化的、自然主义的阐释,我们能够更好地理解杜威的共同体理论及其伦理思想和社会思想。杜威指出,在个人与社会的关系问题上,如果把个人和社会看作两个分离的东西,我们就会陷入一些悖论之中:个人必须依赖社会才能生活,社会制度又是对个人自由的一种限制,不管是以契约形式还是以利维坦的形式出现,社会制度都是一个天使同时又是一个魔鬼,利维坦就是这样一个既保护人又吃人的怪物。杜威认为,个人与社会制度的悖论在于,我们在概念上把两者相分离,而实际上两者是统一的:

> 正如"个人"不是一件事物,而是总括了在共同生活影响下产生并被认可的各种各样人性的特殊反应、习惯、性情和力量,"社会"一词也同样。社会是一个词,也是不确定的许多事物。它包括人由于联系在一起而共同分享经验,建立共同利益和目标的所有方式。②

杜威从共同体主义的立场批判了古典的个人主义、原子主义的社会契约论和自由主义:个人主义实际上是"把过去表示种类、种族、共相的那些具有颂扬意义的宾词(predicates)转变成为一个一个有意识的单位"③,而原子式的社会契约论是一种神话,它没有看到"国家乃是自然的存在"。杜威重新阐释了社会

---

① 参见〔美〕约翰·杜威:《哲学的改造》,张颖译,陕西人民出版社2004年版,第114页。
② 〔美〕约翰·杜威:《哲学的改造》,张颖译,陕西人民出版社2004年版,第114页。
③ 〔美〕杜威:《经验与自然》,傅统先译,江苏教育出版社2005年版,第139页。

契约论的真正意义：在社会条件的变化下，人们的心灵从现存的秩序中解放出来，并且产生了特定的后果。脱离这种现实语境以及相应后果，而从理论上论证国家或社会起源于自由个体间的契约是一种错误。① 对自由主义来说，"如果自由主义接受实验方法，它同时就会接受个性和自由观念将随着社会关系的改变而不断改造这样一个观念"②。这种批判式的重构对于古典和当代自由主义者来说是非常深刻的。

从人类起源和演化的角度来讲，人类作为特定的生物，就是以种群和集群的方式而生存的，而且不断扩大社会协作，并且在此过程中发展了我们的智能。人的语言、思想、文化、经验、知识在根本上是社会性的，尽管是以主观和私人的形式而出现。正如杜威指出的，"语言是至少在两个人之间交互作用的一个方式……它要预先承认一个组织起来的群体"③。"人格、自我、主观性乃是伴随着复杂地组织起来的交互作用，即有机的和社会的交相作用而发生的一些后来的功能。"④因此，个人和社会是统一的。由于自然选择和人类演化都是以共同体为单位，因此在严格意义上，社会高于个体，尽管社会必须以个人为其组成单位。在本质属性方面，人的社会性是最根本的，而个体性则是附属的。由此我们可以经由杜威通向马克思的经典命题："人的本质是一切社会关系的总合。"马克思在《德意志意识形态》中指出，个人的全面发展（以及个人自由）的实现离不开共同体，并且区分了真正的共同体和虚假的共同体。⑤

关于教育，杜威指出："社会群体每一个成员的生和死的这些基本的不可避免的事实，决定教育的必要性。"⑥"一个共同体或社会群体通过不断的自我更新维持自我，这种更新的进行，依靠群体中未成熟成员的教育成长。"⑦关于民主，

---

① 〔美〕杜威：《经验与自然》，傅统先译，江苏教育出版社2005年版，第140页。
② 〔美〕约翰·杜威：《自由主义的前途》，载涂纪亮编译：《杜威文选》，社会科学文献出版社2006年版，第410页。
③ 〔美〕杜威：《经验与自然》，傅统先译，江苏教育出版社2005年版，第120页。
④ 同上书，第134页。
⑤ 参见《马克思恩格斯选集》第1卷，人民出版社1995年版，第119页。
⑥ 〔美〕约翰·杜威：《民主主义与教育》，王承绪译，人民教育出版社2001年版，第7页。
⑦ 同上书，第16页。

民主就是一个紧密团结的共同体内部的平等且自由的交流与协作,正如杜威所言,"民主主义不仅是一种政府的形式,它首先是一种联合生活的方式,是一种共同交流经验的方式。人们参与一种有共同利益的事……打破阶级、种族和国家之间的屏障,这些屏障过去使人们看不到他们活动的全部意义"[①]。

实用主义的这种个人和社会相融合的观点,可以为那些个人主义式的悲观主义者提供一个避难所。萨特的"他人即地狱"和加缪的个人主义很容易走向虚无主义和荒诞主义:在萨特看来,个体的死亡是荒谬的,因为死亡将剥夺这个人的一切生命意义;而加缪则把个人生命看作无意义的西西弗斯式劳作,加缪甚至认为人的存在并没有意义,唯一严肃的哲学问题就是自杀。然而一旦我们认识到人类社会演化是以共同体为单位,那么个体将融入共同体而获得较为永恒的意义,个人价值服务于种群或共同体的更基本、更底层的价值。正如杜威所说的,"每一个个体,作为群体生活经验载体的每一个单位,总有一天会消灭。但是群体的生活将继续下去"[②]。

进一步来说,共同体追求生存和发展的客观价值是自然演化的结果,因此,个人遵循自己的本性和潜能而行动、奋斗、思维和设定理想,正是种群适应外界环境的展开的自然进程,同宇宙、自然、生命等世界基本要素及其运作融为一体。正如杜威在《经验与自然》中说的,"人类追求理想的对象,这是自然过程的一种继续,它是人类从他所由发生的这个世界中学习得来的,而不是他所任意注射到那个世界中去的。……从事于新的善和恶,这些都是人为的,而所表现的进程乃是自然界的进展过程"[③]。个体的冲动、意愿、奋斗由此具有了某种超越自我而融入世界自然进程的深层意味。

---

① 〔美〕约翰·杜威:《民主主义与教育》,王承绪译,人民教育出版社2001年版,第97页。
② 同上书,第7页。
③ 〔美〕杜威:《经验与自然》,傅统先译,江苏教育出版社2005年版,第267页。

从现当代哲学发展看马克思主义与杜威实用主义[*]

刘华初

复旦大学马克思主义学院

摘要：从现当代哲学发展的趋势看马克思主义与杜威实用主义哲学，不是简单地罗列其异同，也不是单纯地解释这些异同，而是把它们置放在现当代哲学发展的语境中来把握：一方面，现当代哲学的发展趋势内在地体现在马克思主义哲学与杜威实用主义哲学的内涵之中，发展的总体趋势是它们二者都内在蕴含的；另一方面，由于发展的分化性表现形式也是它们所各自拥有的，因而这种分化性表现与总体趋势构成一种内在的张力，丰富并继续驱动着现当代哲学的发展。

关键词：实践转向，实践，经验

一

作为马克思主义思想的开创者，马克思对现代资本主义的批判影响深远，即

---

[*] 本文是上海市社科联一般项目"马克思实践观与杜威新经验论的比较研究"（编号：2019BZX011）的研究成果。

使在当今资本主义国家,马克思也具有普遍的影响力,例如,在西方社会极具影响力的英国广播公司在1998年评选马克思为千年最伟大的思想家。学术界充分认识到,马克思主义的生命力不在于某个具体的结论,而在于其社会现实性与哲学的整体分析方法,运用马克思主义哲学来分析现实问题的可能性与能力。同样,以杜威为代表的古典实用主义的复兴——在当代分析哲学发展遭遇到瓶颈时发生的实用主义转向,也表明古典实用主义在当代哲学发展中的重要价值。作为现当代哲学中两支重要流派,马克思主义与实用主义之间的相互关系一直是学界探讨的热点论题。比较两者之间异同的论著不少,但是从比较哲学的深度来探究其异同的根源而获得有效解释的则不多,从现当代哲学发展的趋势中来审视的就更少了,因为对现当代哲学发展的趋势进行宏观的把握仍然是一个未完成的哲学论题,而且,把这种视点聚焦到马克思与杜威的哲学内在逻辑的条分缕析,也是一项有待学界推进的时代重任。

当然,随着新时代的发展,我国学术界越来越展现出文化自信,在某种意义上,也开始展现出独具特色的学术创新能力。近年来,复旦大学杜威中心名誉主任刘放桐教授在这方面发表了一些富有开创性的学术成果,在对马克思主义与西方哲学各流派的对比研究中总结现当代哲学的发展趋势方面深有洞见:"马克思在哲学上的革命变更的根本意义,在于他把社会实践、或者说社会现实生活置于整个哲学的核心地位,自觉地适应了哲学发展从认识论的转向前进到实践的转向这一客观趋势,由近代进入了现当代的新阶段。这一点主要是通过对马克思主义哲学的形成和发展的研究而获得准确的认识,但也可以而且应当通过揭示西方哲学从近代到现代的变更具有实践转向的意义而获得更为丰富和全面的认识。这两方面实际上又是统一的。"①

二

我们首先需要对现当代哲学做一点说明。一般认为,现代西方哲学是指19

---

① 刘放桐:《从认识的转向到实践的转向看现当代哲学的发展趋势》,《江海学刊》2019年第1期。

世纪 30 年代黑格尔去世之后,随着德国古典哲学的终结,以叔本华、尼采与克尔凯郭尔等人开辟的唯意志论、存在主义等为先导的一系列哲学流派,其中当然包括马克思恩格斯开创的马克思主义哲学。它们体现了一种共同的发展趋势,那就是从近代笛卡尔、培根开始的认识论转向,到以康德、黑格尔为代表的德国古典哲学的完成之后,另辟蹊径,把人超出认识理性之外的情感、意志、情绪,乃至基本生存、社会存在与生活实践作为更基本的研究对象与哲学基础。这就是以刘放桐为代表的国内学者所提出的"实践转向"(语言转向事实上可以归化到实践转向)。它是界定现当代哲学发展的一条基本线索,也是区分近代基于理性与经验二元分离的分界线。可以说,我们划分现当代哲学与近代哲学不能离开这个思想的转变,而反过来,这个转向也标定了现当代哲学的基调与未来发展趋势。

当然,马克思主义思想在全球的传播,尤其是在苏联、中国等国家的传播,并取得了革命成功而成为其官方的主导哲学思想,深刻改变了现当代世界的政治版图乃至文化思潮的图景,因此,简单把整个世界的现当代哲学等同于现代西方哲学及其当代发展,不足以囊括全部,甚至会遗漏重要的内容。特别是中国当代的经济崛起并没有简单地遵循西方资本主义市场经济模式与政治制度,而让许多人认为,中国通过改革成功走出了一条社会主义市场经济的道路。它在相当程度上有别于美国、英国等西方发达资本主义国家,而其中一个重要区别就是有关意识形态的,就是马克思主义的人民群众路线,就是动员最广大人民群众参与到改革开放的大潮,从农村承包责任制到全面市场经济的展开,所取得的成就离不开人民群众的积极和共同的参与。虽然中国在实践中还存在这样那样的问题,但在这个根本性的问题上,坚守了马克思主义,确保社会结构没有发生灾难性的动荡。当然,坚持"最终共同富裕"的初心这样的马克思主义信条仍然具有合理性,我们仍需要警惕美国那样最近二十多年来中产阶级规模越来越小,下层人民相对越来越贫困,而极少数资本家拥有越来越多的财富,并导向社会阶层分裂的危机趋势。西方资本主义从经济到政治、再到社会结构的阶层分化是整体性的,是制度性的,而中国的贫富分化问题虽然也很严重,但还没有蔓延到政治与社会结构的全部社会生活层次或领域,至少我们的意识形态并不认同这样的蔓延与转化。我们所看到的一些不太理想的社会表象仍然只会停留于局部,而不会成为实质性的发展趋势,不会成为社会的主导。

既然马克思主义,甚至西方现当代哲学各流派都存在实践转向,那么转向实践怎么可以忽视中国发展与崛起这一重要现实呢?既然理论不能脱离现实,那么离开马克思主义发展的现实实践,如何谈论马克思主义呢?而且,有充足的材料表明,杜威的形而上学立场的转变与其访华经历以及中国传统道家思想有直接关系。因此,现当代哲学及其发展不能把中国排除在外。这一点虽然对于哲学史阶段的划分来说并不很重要,但对理解现当代哲学的发展趋势却有"本体论"的意义,是解释当代哲学发展趋势中一些问题的实践基础。正如马克思所说的,"全部社会生活在本质上是实践的。凡是把理论引向神秘主义的神秘东西,都能在人的实践中以及对这个实践的理解中得到合理的解决"①。

为什么说实践转向是现当代哲学的基本特征,乃至其未来发展的趋势呢?

绝对的主客之分是人类思维传统而朴素的形式。现代西方哲学对传统哲学的批评,就是针对心物二元划分,凸显现实生活中的实践与行动的重要性,弥合物质与意识之间的二元分离,从而解决困扰传统哲学的问题。实践外在表现为一种行动,但它不是简单的无意识的机械动作,而是渗透着人的有意识的倾向性、能动性的参与乃至理论的指导,因此实践既不是纯粹外在于心灵与精神的客观,也不是单纯的思维。当然,由于实践显然的外在表现特征及其不可剥离的场景的存在,它发生在一定的历史背景与社会情境之中。

黑格尔之后的现代西方哲学大体上有两条主要发展路线:一是把理性限定于经验科学领域的实证主义路向,主要表现为延续近代哲学的理性认知,认识论和方法论界域内的哲学活动;二是反对理性知识的独断,张扬各种情绪、意志等非理性因素的自我意志主义,主要表现为对古希腊哲学蕴含的存在论界域的彰显。前者有孔德的实证哲学、法国唯物主义、20世纪初的逻辑实证主义运动和基于语言逻辑研究的分析哲学等,后者的代表有叔本华的意志表象理论、尼采的超人学说、弗洛伊德的潜意识精神分析等等。但无论哪一流派,都有这样一个基本趋向,即放弃永恒不变的范畴与法则,不管是柏拉图的共相、中世纪反复论证

---

① 《马克思恩格斯选集》第1卷,人民出版社1995年版,第56页。

的上帝,还是康德的物自体、黑格尔的绝对精神。所有那些曾经被认为具有永恒特性和终极价值的概念被证明不过是理性本身的意识建构产物,绝非外在客观的不朽实体。

实践转向是并将继续是现当代哲学发展的主要趋势,但这个趋势并不是自然而然地发生的,它是包括马克思、杜威在内的许多哲学家与哲学流派推动的结果。时代的变迁呼唤思想的改革,然而哲学却不同于具有强烈依赖于直观经验的科学技术,无法进行直接验证的特征极大地阻碍了哲学家的集体协作,这使得哲学在外在与现象层面必须依靠科学技术来延展世界以及对世界的追问与探究,而不是摒弃科学技术。但总有思想家逆潮流而动,为数理哲学做出巨大贡献的怀特海就是一例,他宁愿逃回柏拉图的精神世界,也不愿接受这个世界的发展趋势。与马克思、杜威类似,过程哲学家怀特海也是吸收了现代物理学、进化论的成就,试图建构自己的哲学体系的;不同的是,他最终没有超越唯物主义与唯心主义的传统二元划分模式,孤独地继续着他的基础追寻,对"过程"的执着与绝对化让他最终回到了黑格尔的命题:"上帝是最终的限制,而且上帝的存在就是最终的非理性。"[1]罗素也被广泛地看作传统哲学的继承者,他对经验知识的重视和对外部世界的关注还是对休谟式经验主义的发展,仍不愿走出传统哲学的二元模式。[2] 海德格尔远离胡塞尔的先验意识形象路径,而走向人的生存论现象学路径,恢复了对"存在"的正当追问,不过这不能抛弃科学技术这个可能带来异化的危险之物,而是必须踏着科学技术之路进行,就像马克思的资本辩证法,对资本的批判,必须是踏在资本的成果之上进行一样。总之,哲学史上的种种经验表明,人类精神是从纯粹的理论世界与纯粹的行动这两个极端来回摇摆地走向实践。现实的生活世界里的实践才是一切的"上帝",是真正的价值之源和哲学思考的立足点。对一种对象化的"存在物"的迷恋已经一去不复返了,但对哲学史思想来源的追寻与反思能够让我们保持警惕,不再回到过去的窠臼。

---

[1] 〔英〕A.N.怀特海:《科学与近代世界》,何钦译,商务印书馆2009年版,第257页。
[2] 江怡:《西方哲学史(学术版)》第八卷《现代英美分析哲学》上,江苏人民出版社2005年版,第133页。

三

当然,更多的哲学家合乎时宜地看到了剧变时代的精神嬗变,成功地实现了观念上的实践转向,体现了这个时代精神的主流。其中,最有代表性的就是杜威实用主义与马克思主义哲学。而且,两者在许多方面是相通的,特别是从现当代哲学的发展来看,两者具有内在的融通性,它表现在不同的方面。

其一,表现在存在论意义上的"实践观"(重视实践)与"新经验观"(重视行动与其效果)之相似性。在这一点上,前面已经谈论了很多,因为它是现当代哲学发生实践转向的最基本主张,就是从那种基于主客分离的二元论的基础来僵化地探寻物质还是意识更为基础的传统模式中解脱出来,对问题本身的前提进行了颠覆性的批判,结论自然就有了不同的回答。

其二,表现在认识论上的真理观。马克思的真理观是一种实践真理观:"人的思维是否具有客观的真理性,这不是一个理论的问题,而是一个实践的问题。"[①]而且后来也得到了发展,例如毛泽东提出"实事求是""实践出真知""人民群众的实践是检验真理的标准";邓小平也提出"理论联系实际",赞成"实践是检验真理的唯一标准",还用更通俗的话语说,"不管白猫黑猫,抓住老鼠就是好猫",在中国改革开放的特定语境下,这是有效融合了马克思主义真理观与实用主义真理观的表达。与许多人的误解不同,实用主义真理观也是这样一种基于实践与行动效果的真理观。"日本'万世一系'……当然,他们自己并不完全是从理智上相信这些东西,只是从感情上,从实用出发,相信了这套话而已。印在书上的那些爱国传说简直值得任何一个教师去质疑。然而他们说,大学里的历史教授们在口头演讲中是批判这些传说的。"[②]显然,杜威这里的"实用"是指与"理智"相对的词语,如果说理智指向观念、心灵,那么这里的实用则是指向生活,指

---

① 《马克思恩格斯选集》第 1 卷,人民出版社 1995 年版,第 55 页。
② 〔英〕约翰·杜威、爱丽丝·C.杜威著,伊凡琳·杜威编:《杜威家书:1919 年所见中国与日本》,刘幸译,北京师范大学出版社 2016 年版,第 144 页。

向人生,它不是指商业利益的属性,而是情感上的效果,情感的愉悦是人幸福的重要内容,甚至比外在的功利性的商业利益更重要。杜威对此有深刻的认识:"显而易见的是,这样一种宗教是某种必需品,因为这个国家是如此的分崩离析,他们事实上再没有别的东西可以团结所有人了——天皇成为一个统一而现代化的日本的象征。"①为何认识论意义上的非真理判断却可以成为伦理、情感上的"真理"?就因为其效果,这就是"实用主义真理观"——一种超越认识论与各具体层次的,具有整全层次性质的真理观。

其三,在社会政治、道德、价值观、文化等各方面,两者都展现出对传统观念的革新之处。即便在个人与社会的关系方面,本属于英美传统自由主义阵营的杜威却有着更多的马克思那种"社会之中的人"的观念。

对于杜威与实用主义,我国历史上有过一段时期进行了片面的批判,以政治立场扭曲学术争端的方式,把实用主义归属到与马克思主义相对立的资产阶级唯心主义哲学的阵营。在刘放桐1983年发表《重新评价实用主义》一文之后,学术气氛逐渐改观。现在我们认识到,杜威实用主义更接近马克思唯物主义的基本立场。杜威认为人的行动、行为和实践优先于概念观念与知识,杜威的"经验"或者"文化"清楚地表达了实用主义的相似立场,我们甚至可以用内容分析的方法得到它们的许多异形表达,如马克思的"实践""社会实践""活生生的人的活动"。第二代实用主义代表人物之一胡克(Sidney Hook)曾说:"当今世界,拥有马克思思想中最好元素的最杰出人物是杜威。"②如果杜威认真读过马克思,他会看到马克思对感性生活的实践更多的论断。

当然,马克思与杜威也有实质性的不同。这主要表现在历史观念、社会政治主张、哲学方法论以及对待科学技术的态度与方法等方面。例如,马克思更多地把人的"自由而全面的发展"置放在"人是全部社会关系的总和"之基础的社会这个前提下探究人的解放,包括政治解放与社会解放,社会基础却在于经济基础;

---

① 〔英〕约翰·杜威、爱丽丝·C.杜威著,伊凡琳·杜威编:《杜威家书:1919年所见中国与日本》,刘幸译,北京师范大学出版社2016年版,第145页。
② Sidney Hook, "What is living and dead in Marxism," in *Reason, Social Myths and Democracy*, NY: Harper and Row, 1966, p.79.

而杜威更多地从自由主义的单个人的生活所关涉到的不同方面进行思考。马克思对社会的分析是基于资本主义社会生产力与生产关系之间的矛盾，并外推到其他社会形态，所谓"人体解剖对于猴体解剖是一把钥匙"；而杜威的社会分析则是基于人与人之间的伦理关系，表现出更强烈的自然主义。马克思与杜威都受到进化论的深刻影响：马克思希望在人类社会的历史发展过程中寻找到类似的演化规律性，从而提出唯物主义历史观；而杜威则从进化论中寻找到改革旧的、朴素自然主义的科学力量，并以进化的观念、连续性原则把两者有机结合起来，奠定实用主义的哲学基础，一种新经验的、进化自然主义。因此，两者的哲学方法论也不相同，马克思坚持唯物辩证法，而杜威则倾向于科学研究范式的逻辑探究方法（被胡适简单地概括为"五步法"）。

马克思把实践所依托的世界放置在社会与历史之中，强调世界的社会性质；因为人是社会的，人的一切活动都是社会的、历史的。马克思通过对作为一个整体的人类社会进行的结构性分析，运用生产力等概念及其层次结构关系，剖析了资本主义社会的基本矛盾，以社会有机整体的结构观实现了对黑格尔绝对精神的辩证历史观的颠覆，即所谓的"头脚倒置"，将黑格尔唯心史观改变为唯物史观。"现在的社会不是坚实的结晶体，而是一个能够变化并且经常处于变化过程中的有机体。"[①]在历史唯物主义看来，社会作为一个有机结构体，其基本要素之间的矛盾与辩证作用既包含一种整体观的社会内容，也是社会有机结构体在历史中运行的现实结果。正是由于面向客观现实的社会有机结构体，历史唯物主义就不再是康德那种以某种先验的自由之类的自然意图为理性基础的、普遍必然的总体历史观，也不是黑格尔所谓世界精神的外在显现的、带有神秘色彩的历史辩证法，而是一种科学的社会解释理论。因为它从复杂的社会结构局面中辨识出最根本的因素，并以一种科学的模式论证了人类社会在历史发展过程中的一般性客观规律，一种对社会有机结构体的规律性解释。历史唯物主义坚持人类社会在历史发展过程中的规律性，但这种规律性表现为有机整体的社会结构各要素之间相互协同作用、相互制约的规律。又由于社会有机结构体归根结底

---

① 《马克思恩格斯选集》第 2 卷，人民出版社 1995 年版，第 102 页。

是由人组成的,因此历史规律性最终是基于人类的历史性实践,即社会化的生产这个基础上的。就像阿尔都塞(Louis Althusser)所说的,历史唯物主义运用结构主义的"结构因果性",对社会形态、生产力与生产关系、经济基础与上层建筑等各种社会形态中的基本要素之间的关系做出的解释,是社会科学中发现的"新大陆"。① 这种动态性的社会有机结构的整体观为我们正确处理各种社会矛盾,建设和谐社会的实践提供了坚实的理论基础,对于我们正确理解党的群众路线,理解我国当前在继续深化改革之中解决社会结构体各种交叉矛盾的政策至关重要,也为反对历史虚无主义提供了有力的理论武器。

随着哲学理论问题逐渐退让给各种具体的文化问题探究,文化研究越来越重要。虽然马克思与杜威都认为哲学反思深深地嵌入其文化背景之中,但两者有着本质不同。杜威认为"哲学与文化史维持着最近的关联、文明转变的连续性",这种关联还是内在本质的;②哲学理论主要在与经验的参考中得到检验(不是个人经验,而是共享的文化经验)。即使马克思为历史找到了一个唯物主义的经济和生产力根基,他对这个标尺的使用也不是固定不变的。在革命需要时,这个基本标尺可以发生弹性变化。例如,他曾主张在欧洲物质和生产力比较发达的国家和地区开始革命,也不排斥他对俄国出现革命苗头的激动,"任何真正的哲学都是自己时代的精神上的精华"③。显然,他希望塑造一个全新的时代精神。杜威与马克思一样都是倡导积极行动、充分发挥人的能动性作用的乐观主义者,认同真理在实践中得到检验,而且知识最终服务于实践的目的。一如马克思在《哥达纲领批判》一文中所指出的,一步实际行动比一打纲领更重要。

静谧的世界追求宁静的生活,流变的时代呼唤流变的思想;反过来,流变的思想也参与塑造着我们流变的时代的现实特征。杜威虽然没有马克思从黑格尔那里继承的强烈历史感,但他也不忘追溯思想的发展脉络而获得新的启示:"古希腊……把知识看作是观察和注意的整个观念,在环境优美、生活恬静的地方,

---

① 〔法〕路易·阿尔都塞、艾蒂安·巴里巴尔:《读〈资本论〉》,李其庆、冯文光译,中央编译出版社 2008 年版,第 171 页。
② William J. Gavin, ed., *Context Over Foundation: Dewey and Marx*, Portland ME: University of Southern Maine, 1988, p.11.
③ 《马克思恩格斯全集》第 1 卷,人民出版社 1995 年版,第 220 页。

基本上是一种与美的享乐和鉴赏相关的思想……对于各种新的可能性和想要达到的目的来说,变化变得重要起来了,它成为一个预示更好未来的先知者。变化与进步相关而非与退步和没落相关。"①在变化的世界里,我们不能再视变化为障碍,而要以它为实现目的的工具,因此,认知本身就具有深刻的实践性,而不再是静观沉思的。这多么像马克思著作中随处可见的辩证法运用,思想不能僵化,是因为我们能够进行反思,并辩证地提出改革的主张,有了"人化自然",有了"知行合一"等基础概念,才能有对实践转向的深刻理解。

这里还要特别指出,杜威实用主义对现当代语言哲学仍然产生着重大的影响力,因为语言转向也被广泛认为是现当代哲学的一个重要研究转换,并仍在持续发展中。杜威与基于语言分析的哲学流派大异其趣,虽然他并不反对语言的技术性分析可能对哲学的许多问题有澄清作用,但意义就其本质而言不是语言层面上的东西,而存在于人的目的性活动中。杜威的语言观显然不是存在论意义上的,他认为语言和文字是认识和社会交往的工具,是一种自然的历史产物,由于认识和社会交往是实现预期目的、圆满经验的工具,因此"语言是一种工具的工具"②。杜威重视社会性和文化,强调语言在社会建构意义上的内在化功能,但是,对于杜威来说,沉溺于语言分析就像研究一张地图,那只是地图制作者的工具,将哲学研究的中心转向语言分析就可能没有足够地关注到那个要开发的领地,而变成面对地图的纸上谈兵。在这一点上,新实用主义与分析哲学一样,仍然不是去触及领地,而只是满足于地图和对这个工具的兴趣。③ 以杜威为集大成者的美国古典实用主义在20世纪30年代之后遭遇到逻辑实证主义、分析哲学等也很契合美国精神的哲学流派的冲击,但是分析哲学最终在奎因(Willard Van Orman Quine,也译作蒯因)对逻辑实证主义有关经验类型区分的批判中丧失了"意义之源",只能重新回到杜威实用主义的母体之中,从而催生出

---

① 〔美〕约翰·杜威:《杜威全集·中期著作》第十二卷,刘华初、马荣、郑国玉译,华东师范大学出版社2011年版,第116页。
② Jim Tiles, *John Dewey: Critical Assessments*, London: Routledge, 1992, p.103.
③ Randall Auxier, "The Decline of Evolutionary Naturalism in Later Pragmatism,"in *Pragmatism: From Progressivism to Postmodernism*, ed. Robert Hollinger and David Depew, Westport CO: Prarger Publisher, 1995, p.122.

新实用主义的思潮。奎因坦言,行为主义语义学的产生要归功于实用主义,行为主义语义学只是实用主义的一个显著特征。①

现当代哲学中的实践转向不是哲学思想的断裂,更不是后现代主义者夸大其词的所谓"整个哲学事业的失败",而是对近代认识论转向的反转,并超越式地结合了古典哲学本体论。实践转向不是对传统哲学的完全否定、彻底颠覆或断裂,由于杜威的经验已经不再是旧经验主义的单纯感性的、与理性对立的那个"经验",因而基于行动效果的实用主义自然不能在传统的二元论层面上来理解。马克思的实践观也是如此,是基于社会的现实的活动,而非单个人的行为,因而在快速变幻的现时代,恰当地理解现代西方哲学中的实践转向,仍然是对当下社会表现出来的各种现代性进行合理评判的准则。对杜威实用主义的误解之一,就是把实用主义的反思性的"实用原则"当作一种肤浅的工具,当作重新回到扁平的主客二分模式的对立世界中的一个简单调节工具,而不是当作一条反思原则与澄清意义的基本方法。对此,胡适对杜威的哲学解读就有很大的偏见。②同样,对马克思主义哲学的实践观的一个误解是用实践来排挤思维和自然,排除一切,似乎除了实践,就没有意识、潜意识的地盘,而走向教条化的道路。一个典型的例子就是苏联斯大林时期对马克思主义的教条化理解,带来了意识形态的混乱与政治最终解体的后果。

四

众所周知,与杜威曾经激烈地反对传统形而上学一样,马克思也曾声称要"消灭哲学",因为黑格尔在意识领域完成了革命,而他希望在现实世界中完成真实的革命。马克思敏锐地把握到时代的精神,现代哲学的主题领域是实践理性,

---

① 蒯因:《实用主义在经验主义中的地位》,载陈启伟主编:《现代西方哲学论著选读》,北京大学出版社1992年版,第526页。
② 刘华初:《透过胡适对杜威实用主义的解读看中西文化差别》,《学术研究》2015年第10期。

而不是理论理性。马克思与杜威的哲学有力地推动了现当代哲学关注行动、行为、实践、社会现实、日常生活世界的基本走向,并尝试为理论积极参与实践树立了榜样。他们都不是书斋里的理论家,而是积极参与社会实践与改造的活动。杜威还把自己的理论运用到教育中,提出"做中学""学校即社会"的新理念,积极推动进步教育运动,对现代教育影响深远。马克思的哲学更是被直接运用于对资本主义的社会批判,指导改造社会的政治革命。

当然,就如马克思所指出的,发挥人的主观能动性很重要,但能动性的发挥进而创造历史,是要有一定的历史条件与现实基础的。根据杜威的哲学,变动的具体情境需要变动的理论,行动如果忽视理论发挥实践效果的适用范围,其效果自然难以预料,这是杜威在经验概念中反复强调的。过分宣扬实践容易让人联想到革命的号角,过度张扬行动而贬低沉思和静观知识的焦虑,容易导致这样一种"行动悖论":越是急切地把某种哲学理论运用到有具象特征的时代性的社会与政治活动中,就越是容易导致偏离理论预期的令人失望的后果,理论与行动之间异质性和距离越大,结果偏差越大;原因在于两者之间缺乏足够明确的中间环节。因此,不恰当地不顾现实条件地套用理论,会导致悲剧的结果。

另一方面,杜威与马克思都没有建立起完整的哲学体系。马克思虽然曾经想写一部系统性的著作,但最终未能实现;同样,杜威最终也放弃了这样的想法。不过,他们的思想极大地拓展了现当代哲学发展的空间,学术研究的兴趣可能会有不同的取向,但一波又一波"重新回马克思""回到实用主义"的呼声表明他们的哲学所具有的强大生命力,这种生命力不在于某个狭小的具体时间段,而在于它在多个层次上为现当代哲学发展开拓未来空间的超越性。只要资本主义的基本制度不终结,马克思主义就会有不停地展现其批判力量的地盘。同样,分析哲学最终必然要回到语言之外的行动与经验世界,在行动中获取词语的经验意义。可以说,马克思主义哲学仍将是社会批判的主导思想,而杜威实用主义也是包括分析哲学在内的哲学前沿不可逃避的思想资源。

杜威对近代哲学二元论的批判并不是顺着二元论的内在逻辑进行的逐条、分层次的批判。这样,就有一个问题:同马克思主义一样,实用主义从外在看似乎站在后现代主义之后,但从内部逻辑看,由于没有实质性地直接面对二元论留下的问题的深入解决方案,因此哲学的思想还会重新回过头来进行清理,弥补这些进程,即包括语言分析在内的各种分析、面对现象的思考,然后再进行"弥合",才是最终圆满可能的;否则,会造成简单的跳跃与遗漏。分析哲学家们继承了康德明晰思维的批判路径,紧紧抓住语言现象层,追问本体、语言与思想知识之间的层次角色。譬如,他们经过语言逻辑的推理而断定,试图跨越语言层,不受语言逻辑检验而直接谈论本体的句子都是没有意义的,这就相当于将语言层与生活世界关联起来的结果。现象学派不甘示弱,通过拷问人的生存、生存所展现出的"现象"事实世界,在"大地"与主体意识之间辨析出生活世界的存在。皮尔士并没有刻意地寻找康德现象层的替代者;詹姆斯的"纯粹经验"如果不是太具心理学气质的话,简直就是现代的"阿派朗",所不同的是,古典的理性还不能将"一"表述成多层次的复杂结构,这既是因为其本身结构简洁,也是因为古代生活世界相对简单。

  杜威、马克思都反对传统哲学,但是我们并不因为他们的反对就完全抛弃哲学传统。这里有一个"反卷":虽然无人再僵化地坚守经院哲学的样式,但宏大的传统哲学潮流反卷了现代哲学,把它变成超出现代层次的更宏大历史中的一个环节(对此,黑格尔与马克思都深度涉及,甚至带有"负反馈")。我们自身的定位:今天是在这个更宏大潮流之中,而不是简单地单层次地沉浸于现代哲学层次之中;是继承了两个层次的传统,并且沿用更宏大层次的哲学传统的术语。当然,你也可沉浸:暂时放置一下这个基本哲学立场,而感兴趣于现代哲学层次中的某个逻辑或者问题。当然,你可以一头扎进其中,使用他们的术语,谈论他们的问题,仿佛在和现代哲学家交流一样,毫无"本体""认识"之类的术语,而全是"经验""语言""行动"之类的术语。但是,一旦从这个层次超拔出来,你就会自然而然地进入这个哲学潮流的层次,就需要有一个从小到大层次的情境变迁的意识。或者,进入另外一种反卷:你希望研究当前的哲学发展前沿问题,那么你又需要把整个宏大哲学潮流(假定你完全了解)反卷到你的研究地盘中来,把它与当前的现实问题(这个问题一定是所谓哲学前沿与现实之间的"矛盾")关联起来,甚至变成一个视角、要素,创造出新的思想或者方法。

  生活世界发生的变化,要求我们的思想观念以及作为反思性知识体系的哲学与时俱进。哲学如果不能引领时代与历史发展的潮流,对世界与现实的变迁置若罔闻,就不能占据思想的王座。马克思主义哲学的理论品质就是把握时代发展的脉搏,根据现实的需要实现理论的创新,把理论的创新运用于改造现实的行动之中,这才是"时代精神的精华"。杜威如果不能面对20世纪初美国的社会巨变,理解与思考人类一系列的科学成就,就不能集实用主义之大成,把知识与真理看作架通认识与认识目的之间的桥梁,①与作为新崛起的资本主义新星的黄金时代一道成功地塑造了美国实用主义的精神气质。从根本上说,哲学认识的目的就在于改造人类生活的效果,或长远或现实,或未来或当下,既然与现实根本抵触的永恒价值并不存在,那么当下现实就比任何虚幻的理念更值得把握。事实胜于雄辩,当今世界仍然充满各种不确定性,民粹主义兴起,暴力与贫富分化,对于我们来说,漠视这一点就不能说是活在现实世界中。我们不仅要让生活世界得到理性的把握,更需要付诸改变社会的有效行动。

---

① 〔美〕约翰·杜威:《杜威全集·中期著作》第十二卷,刘华初、马荣、郑国玉译,华东师范大学出版社2011年版,第165页。

现代性哲学话语的实用主义资源：
哈贝马斯与实用主义

孙 宁

复旦大学哲学学院

摘要：虽然早期法兰克福学派对实用主义的解读多为负面的，但实用主义始终处于法兰克福学派的理论视野中并成为后者的主要思想资源。较之于老一代法兰克福学派，新一代法兰克福学派对实用主义的解读要正面很多。它们试图阐明，通过理性获得解放本身就是一个理性的希望，而实现这种解放的基本方案就是在规范性的交往中寻求和建构共识。基于这样的理论诉求，它们和实用主义中强调规范性和共同体建构的阵营产生了强烈的共鸣，而正是这种共鸣从根本上扭转了新一代批判理论家对实用主义的看法。如果我们仔细考察新一代法兰克福学派的理论方案，会发现它们的工作与实用主义存在着大量实质性的交集。本文将考察哈贝马斯对皮尔士、米德和杜威的阐释和借鉴，并通过比较交往行为理论与实用主义社会理论这两条路径来呈现社会建构主义内部的理论张力。

关键词：哈贝马斯，皮尔士，米德，杜威，社会建构主义

引　言

　　法兰克福学派的早期社会哲学理论是以辩证法和政治经济学批判为基础,围绕对现代性的批判展开的。这一理论方案的原始构架可以追溯至韦伯(Max Weber)对"形式理性"(formal rationality)和"实质理性"(substantive rationality)的区分。① 韦伯指出:"无论用哪种价值标准去衡量,形式理性和实质理性的要求总是在原则上互相冲突,不管它们可以在多少个别情况下保持经验性的一致。"② 法兰克福学派采纳了这一区分,并以此作为自己的基本理论预设。可以说,马尔库塞(Herbert Marcuse)的《单向度的人》(1964年)、阿多诺(Theodor Adorno)的《否定辩证法》(1966年)、霍克海默(Max Horkheimer)的《工具理性批判》(1967年)都是以这个理论预设为基本前提展开的。③

　　在法兰克福学派的理论语汇中,形式理性统治下的负面图景突出体现在下面这些概念中:被监控的国家(administered state)、极权民主(totalitarian democracy)、专家文化(expert cultures)、在交流中孤立(isolation through communication)、被媒体扭曲的话语(media-distorted discourse)等等。然而,到了20世纪40年代和50年代,随着无产阶级运动的希望在法西斯主义、斯大林主义和文化工业的威胁下逐渐暗淡,早期法兰克福学派的理论在实践上遭遇了死胡同(cul de sac)。④ 作为新一代法兰克福学派的主要代表,哈贝马斯(Jürgen Habermas)试图阐明,这一困境背后的成因不仅是历史性的,还是范畴性的,换

---

① Max Weber, *The Theory of Social and Economic Organization*, New York: The Free Press, 1964, pp. 184-6.
② Max Weber, *The Theory of Social and Economic Organization*, New York: The Free Press, 1964, p. 212.
③ Herbert Marcuse, *One-Dimensional Man*, Boston: Beacon, 1964. Theodor Adorno, *Negative Dialectics*, London: Routledge, 2004. Max Horkheimer, *Critique of Instrumental Reason*, London: Verso, 2013.
④ Albrecht Wellmer, *Critical Theory of Society*, New York: Herder & Herder, 1971, pp. 51-4, pp. 128-39.

言之,它是一系列错误的理论预设所引向的必然结果。比如,早期法兰克福学派认为,为了摆脱西方历史的遭遇困境,我们必须摆脱当下的异化状态,与自然达成某种"和解"(reconciliation)。而在哈贝马斯看来,完全脱离自然的异化状态不过是一种未经论证的理论虚构,甚至是一种末世论的幻觉。另一个更为关键的错误预设是将主体的自律性作为理论的基点,而哈贝马斯则建议批判理性将重心从探讨理性的自律性转移到探讨理性的社会性。他在第一本理论著作《理论与实践》(1963年)中就明确指出,批判理论是"以实践意图为考量的社会理论"①。

因此,哈贝马斯的"批判理论"在很大程度上是一种"重建理论",即在对启蒙精神、工具理性、文化工业、单向度文明进行系统批判之后,通过交往行为理论重建批判理论的规范基础。"通过理性获得解放本身是不是一个理性的希望?"哈贝马斯对这一问题的回答是肯定的。他告诉我们,通过理性获得解放并不是一个乌托邦式的构想,而是一个可以通过重新激活公共空间、创造流动的公共话语而实现的切实目标。这样一来,哈贝马斯的核心问题就变成了给出这一回答的合法性。持与哈贝马斯相近立场的布鲁门伯格(Hans Blumenberg)将"现代的合法性"作为自己的书名。② 可以看到,布鲁门伯格的问题也是哈贝马斯的问题。

回答这个合法性问题的关键在于,必须对理性做重新界定。哈贝马斯试图阐明,对理性的重新界定意味着哲学范式的根本转型,也就是说,我们不但必须从知性(Verstand)进展到理性(Vernunft),还必须将社会性维度引入封闭的理性,将理性视为基于交往的公共事务。这样一来,探讨理性的真正语境就必然从"意识哲学"的层面进展到"相互理解"(Verständigung)的层面。哈贝马斯在《现代性哲学话语》(1985年)中指出,如果我们无法做出这个根本的范式转型,无法从意识哲学进展到交往哲学,对理性的批判就一定会产生述行矛盾(performative contradiction),即不得不用理性的方法去批判理性,用哈贝马斯

---

① Jürgen Habermas, *Theory and Practice*, Boston: Beacon, 1973, p.1.
② Hans Blumenberg, *The Legitimacy of the Modern Age*, Cambridge, MA: MIT, 1983.

的话来说就是,"以主体为中心的理性只有通过诉诸自己的工具才能确立自己的权威性"①。在哈贝马斯看来,福柯(Michel Foucault)对主体的消解、阿多诺诉诸理性的连续自我否定的否定辩证法以及德里达(Jacques Derrida)的解构主义方案都没有真正脱离意识哲学的阶段。他试图阐明,如果我们将探讨理性的视角从主体层面转化为主体间的层面,那么福柯的"无主体"、阿多诺式的"否定"或德里达式的"延异"就不再是理想的最后归宿,换言之,理性的建构不但是可能的,也是必然的。他指出:"从孤独的理性目的性到社会互动的视角改变旨在阐明,相互理解的进程——而不只是知性——让当下的世界呈现为主体间相互分享的生活世界背景。"②

哈贝马斯指出,为了真正在"相互理解"的层面上把握理性,我们还必须超越"实践哲学"的视域,进展到一种"交往行为理论"。哈贝马斯在《理论与实践》中提出两个要点。首先,并不存在为知识而知识的情况,知识必须和实践直接相关,只有这样,从认知理论到解放理论的进展才是可能的。其次,我们必须像亚里士多德那样区分实践(praxis)与技术(techne):实践涉及行动的规范,而技术只是"由社会技术的建议所引导的有目的的行动";③技术涉及主体与对象的关系,而实践涉及的主体间的关系,是在交往中形成规范性的理解。但是到了《交往行为理论》(1981年),哈贝马斯认识到,如果要探讨行动的规范,并在此基础上实现一种理性的解放,我们就必须将理论的基本范畴由宽泛的实践更新为能够得到明确的规范性刻画的交往。为了说明交往的基础性地位,哈贝马斯区分了人的四种行动类型:目的论行动(teleological action)、规范性行动(normatively regulated action)、戏剧性行动(dramaturgical action)和交往行动(communicative action)。前三种行动分别涉及客观世界、社会世界和主观世界,而交往行动作为"至少两个有言语和行动能力的主体之间的互动"则同时涉

---

① Jürgen Habermas, *The Philosophical Discourse of Modernity*, Cambridge, MA: MIT, 1987, p.185.
② Jürgen Habermas, *The Philosophical Discourse of Modernity*, Cambridge, MA: MIT, 1987, p.149.
③ Jürgen Habermas, *Theory and Practice*, Boston: Beacon, 1973, p.3.

及以上三个世界。① 根据哈贝马斯的构想,交往的基础性在于,在交往维度下得到明确界定和合理展开的规范性为"共识"(consensus)提供了根本保证,而只有在获得理性共识的基础上,理性的解放才是可能的。在这个意义上,现代性的合法性最终必须落脚于现代性的"规范内容"(normative content)。

本文的任务是探讨这个现代性建构方案背后的实用主义资源。当然,相比于其他法兰克福学派的成员,哈贝马斯更像是一只柏林(Isaiah Berlin)所说的"狐狸"。他从韦伯那里吸收了不同价值领域之间的区分,从涂尔干(Emile Durkheim)那里吸收了社会进化理论,从帕森斯(Talcott Parsons)和卢曼(Niklas Luhmann)那里吸收了系统论的要素,从维特根斯坦(Ludwig Wittgenstein)、奥斯汀(John Austin)和塞尔(John Searle)那里吸收了言语行为理论,从乔姆斯基(Noam Chomsky)那里借鉴了一般性语法的方案,从科尔伯格(Lawrence Kohlberg)和皮亚杰(Jean Piaget)那里吸收了道德的生成性理论,从舒茨(Alfred Schütz)那里吸收了现象学社会学的方法和洞见。所有这些要素都被整合进他的交往行为理论中,并和实用主义一起作为建构以规范性为导向的社会批判理论的理论资源。

但是,在如此众多的理论资源中,我们要特别关注哈贝马斯与实用主义的关系。哈贝马斯在《现代性哲学话语》指出,其他思想已经在不同程度上触及了从"意识哲学"进展到"相互理解"的关键洞见。比如,黑格尔和马克思试图跳脱认识和行动主体的语境,将伦理总体性理解为受到限制的交往共同体所达成的不受限的共识;又比如,海德格尔和德里达不是将创造意义的解释视域归属给此在,而是归属于以交往为基本结构的生活世界。但黑格尔和马克思并没有完成从意识哲学到交往理论的范式转型,而海德格尔和德里达尽管抛弃了主体性形而上学,但一种关于原初哲学(Ursprungsphilosophie)的构想阻止他们将交往作为最终的理论落脚点。② 哈贝马斯认为,真正完成这一范式转型的是实用主义

---

① Jürgen Habermas, *The Theory of Communicative Action*, Vol. 1, Boston: Beacon, 1984, pp. 86 ff.

② Jürgen Habermas, *The Philosophical Discourse of Modernity*, Cambridge, MA: MIT, 1987, pp. 295-6.

者。他在 1984 年的一次访谈中告诉我们,他对实用主义发生兴趣最早可以追溯至 20 世纪 60 年代早期,在阿佩尔(Karl-Otto Apel)的建议下,他读了皮尔士(Charles Peirce)和其他实用主义者的著作。他将实用主义视为继马克思和克尔凯郭尔(Søron Kierkegaard)之后对黑格尔的第三次创造性回应。在这个意义上,实用主义是"青年黑格尔主义的彻底民主化分支"。哈贝马斯还指出,实用主义这种美国式的实践哲学可以补充马克思主义在民主理论上的缺陷,也正是出于这个原因,他和美国实用主义者伯恩斯坦(Richard Bernstein)结下了深厚的友谊。他还告诉我们,1964 年回到法兰克福接替霍克海默的系主任位置时,他"已经在盎格鲁-撒克逊的讨论中找到了坚实的立足点,从而帮助自己远离来自于黑格尔的超过限度的理论概念"①。

事实上,我们在哈贝马斯的第一本理论著作《理论与实践》中就已经看到明显的实用主义倾向。不过,哈贝马斯阅读实用主义的直接成果反映在他第一本涉及实用主义的著作《知识与人的兴趣》(1968 年)中。在此书中,哈贝马斯没有提及米德(George Herbert Mead),提到了几次杜威,作为实用主义代表的皮尔士则得到了系统的研究(尤其是皮尔士的溯因推理法)。② 借助实用主义的资源,哈贝马斯试图从认识论的角度出发,通过一种"双重反思理论"(doubly reflexive theory)让社会理论摆脱黑格尔式的总体主义。所谓的双重反思,就是同时考虑生成的语境和应用的语境。实用主义对这一思路产生了明显的影响。到了《交往行为理论》,哈贝马斯对皮尔士的思考更加深入,并在此基础上加入来自米德的实用主义资源。他在《现代性哲学话语》中指出,皮尔士和米德首次在哲学上将"共识的真理理论"和"交往的社会理论"结合起来,而他的交往行为理论正是在这个意义上"加入了实用主义传统"。③ 综观交往行为理论的总体理论形态,我们会发现皮尔士为这一方案提供了大的框架,而米德则提供了具体的运

---

① Jürgen Habermas, *Autonomy and Solidary: Interviews*, New York: Verso, 1986, p.151.
② Jürgen Habermas, *Knowledge and Human Interests*, Boston: Beacon, 1971, pp.113 ff.
③ Jürgen Habermas, *The Philosophical Discourse of Modernity*, Cambridge, MA: MIT, 1987, p.325.

作机制。我们有理由相信,哈贝马斯本人并不会反对这个判断。相比于皮尔士和米德,詹姆斯(William James)从来没有作为哈贝马斯的直接思想资源,尽管哈贝马斯曾指出,他被哈佛大学詹姆斯楼中的铭文深深触动:"没有个体的冲动,共同体就会停滞;没有共同体的同情,冲动就会消逝。"①这背后的原因并不难理解:从根本上来说,詹姆斯是一个追求个体性而非共识的思想家。哈贝马斯和杜威的关系则更加复杂。尽管哈贝马斯对杜威提出了诸多批评,但他在更深的层面上和杜威分享着共同的理论诉求。正如伯恩斯坦所指出的,"哈贝马斯通过创造性地吸收了皮尔士和米德的著作发展了他对交往行为、话语和理性的理解,但在美国实用主义者中,是杜威和哈贝马斯分享了最深层的亲和性"②。

下面,我们将依次考察哈贝马斯对皮尔士、米德和杜威的阐释和借鉴。最后我们将通过比较交往行为理论与实用主义社会理论这两条路径来呈现社会建构主义内部的理论张力。

哈贝马斯与皮尔士:从心理表征到符号表征

前面提到,哈贝马斯最初是在阿佩尔的提议下阅读皮尔士的,他对皮尔士的解读也就不可避免地受到阿佩尔的影响。哈贝马斯曾指出,从他1971年所做的法兰克福就职演讲《知识与人的兴趣》到1999年的《真理与证成》,皮尔士的真理理论对他产生了"最强烈的影响",并且和阿佩尔一样,他认为皮尔士的实用主义方法是"在一条祛先验化和分析的脉络中保留康德的洞见"。③ 哈贝马斯在1984年的另一次访谈中指出,皮尔士的逻辑社会论(logical socialism)对当时的他产

---

① Jürgen Habermas, "Reflections on Pragmatism," in *Habermas and Pragmatism*, ed. Mitchell Aboulafia, Myra Bookman, and Catherine Kemp, London: Routledge, 2002, p.228.
② Richard Bernstein, *Philosophical Profiles*, Philadelphia: University of Pennsylvania Press, 1986, p.91.
③ Jürgen Habermas, "Postscript: Some Concluding Remarks," in *Habermas and Pragmatism*, ed. Mitchell Aboulafia, Myra Bookman, and Catherine Kemp, London: Routledge, 2002, p.227.

生了巨大的吸引力。① 我们知道,逻辑社会论正是阿佩尔对皮尔士的界定。

在哈贝马斯看来,皮尔士的逻辑社会论包含两个重要面向。首先是逻辑社会论的逻辑维度。哈贝马斯在《理论与实践》中指出,他像皮尔士一样"预设了交往(与合作)探究者之间的真实关系",而且"这个逻辑-方法论复合体不能被简单还原为经验复合体",换言之,我们不能像强调"自然史和生物史"的历史主义者那样,将"知识的解放与偶然的历史集合联系起来,由此以相对主义的方式取消了自我反思获得其有效性基础的可能性"。② 哈贝马斯的阐述让我们马上联想到皮尔士对杜威的批评。在这场争论中,哈贝马斯显然和阿佩尔一起站在皮尔士这一方。他在《交往行为理论》中将这种皮尔士式的逻辑探究观称为"形式化的实用主义真理观"③。不过,不同于阿佩尔,哈贝马斯对这一路径多了几分保留态度。他在《理论与实践》中指出:"所有声称历史哲学式的提问方式已经过时的反意识形态思路都有逃避主义(escapism)的嫌疑。"④在这个意义上,哈贝马斯并没有完全抛弃杜威式的自然史路径。但哈贝马斯最终认为,历史哲学语境可以是交往行为理论的出发点,但不能是它的落脚点。在他看来,日常交往中不但缺少没有得到彻底揭示的真正有效性,还混杂了许多未经反思的虚假判断,因此,我们必须以皮尔士的思路建构一种普遍语用学或形式语用学,以此来澄清这些混淆和虚假,实现一种"理想的言语情境"(ideal speech situation)。在哈贝马斯看来,理想的言语情境满足以下几个要求:第一,每个个体都有参与话语的实践机会;第二,有效断言是在推论中获得的;第三,获得实施的政策必须基于共识;第四,理性决定可以被不断修正。在皮尔士的语境中,这就是探究共同体的理想模型。当然,这种理想的言语情境并不是先验的,也就是说,它的源头必须是历史语境中的实际生成,但是为了获得它的理想形式,它又必须在一定程度上超出这种生成,从经验复合体进展为广义的逻辑关系。

---

① Jürgen Habermas, *Autonomy and Solidary: Interviews*, New York: Verso, 1986, p. 193.
② Jürgen Habermas, *Theory and Practice*, Boston: Beacon, 1973, pp. 14-5.
③ Jürgen Habermas, *The Theory of Communicative Action*, Vol. 1, Boston: Beacon, 1984, p. 413.
④ Jürgen Habermas, *Theory and Practice*, Boston: Beacon, 1973, p. 251.

逻辑社会论的第二个重要面向是它的社会维度。和阿佩尔一样，哈贝马斯试图在皮尔士的真理观和他所探讨的"共识"之间建立起实质性的理论关联。在哈贝马斯的语境中，共识是一群理性行为者在完全自由的条件下探究某个对象时形成的有效判断。可以看到，一方面，共识是完全建立在自主行为之上的；另一方面，共识又必然超越个体意识的限度，用哈贝马斯的话来说，共识必然受制于共同体维度下的"更好论证"（better argument）。哈贝马斯在《事实与价值之间》（1992年）中指出，和共识一样，皮尔士的"终极意见"（ultimate opinion）也是这样一种内在超越（transcendence from within）。① 他还引用皮尔士的原话："实在是信息和理性推理或迟或早会产生的东西，因此，实在独立于任何你我的多变性。因此，实在概念的起源表明这一概念在本质上包含了一个共同体的观念，这一共同体观念没有明确的界限，却能确实促进知识的增长。"②哈贝马斯对这个内在超越的步骤极为认同。皮尔士用"无法界定的可知"和"实际已知"之间的区分替代了物自体和现象的康德式区分。与之类似，哈贝马斯在《现代性哲学话语》中指出："交往行为理论认为，知与未知的辩证法就是成功的相互理解与不成功的相互理解之间的辩证法。"③在哈贝马斯看来，皮尔士在共同体维度下探讨真理的路径体现了商谈伦理学的基本原则：如果所有参与者能够在自由讨论中获得一个符合共同兴趣的规范，那么这个规范在客观上是正确的。

可以看到，皮尔士的逻辑社会论为交往行为理论提供了两个指导原则，即以普遍性或形式化为最终诉求，并以共同体维度为基本论域。但皮尔士对哈贝马斯的启示不止于此，哈贝马斯还从皮尔士的符号学那里找到了交往行为理论的基本理论形态。为了阐明这一点，我们要重点考察《后形而上学思维》（1992年）中的一篇文章《皮尔士与交往》。

皮尔士符号学的一个主要步骤是消解心灵与对象的二元关系，并将其更新

---

① Jürgen Habermas, *Between Facts and Norms: Contributions to a Discourse Theory of Law and Democracy*, Cambridge, MA: MIT, 1996, p.14.
② Charles Peice, *Collected Papers of Charles Peice*, Vol.5, Cambridge, MA: Harvard University Press, 1931–1958, p.311.
③ Jürgen Habermas, *The Philosophical Discourse of Modernity*, Cambridge, MA: MIT, 1987, p.324.

为符号(representamen)、对象(object)和解释项(interpretant)之间的三元关系。需要特别指出的是,这里解释项并不是解释者,而是某个特殊的符号进程,换言之,在符号学的三元关系中,主体或意识在原则上是不存在的。皮尔士在1908年12月23日写给魏尔比夫人(Lady Welby)的信中明确指出:"符号是由其他东西决定的,这个东西就是符号的对象;符号又是对某个人格(person)产生影响,这个影响就是符号的解释项。……我加入'对某个人格'只不过是为了息事宁人(a sop to Cerberus),因为我对自己更为宽泛的概念能够被别人理解已经不抱希望。"①

哈贝马斯清楚地看到了皮尔士对意识哲学的这种超越。他指出,在皮尔士那里,"心理是匿名的,因为它是由一般的三元表征关系组成的,它被符号结构吸收了"。这一步骤的优势在于,"从一开始就没有将符号进程限制在语言交流中"。② 但哈贝马斯同时看到了皮尔士的缺陷,他指出,皮尔士似乎认为我们在界定符号进程的基本结构时不需要诉诸主体间性,也就是"说话者与聆听者的关系"以及"不同参与者的相应视角"。③ 需要指出的是,我们可以在早期的皮尔士那里找到这种主体间性的构想。比如,1861年的皮尔士试图用我(I)、它(It)和你(Thou)来表达思维进程:"思维(我、它和你)不能被独立地表达,它们必须相互关联,因为你就是它,它就是我。我向内看,它向外看,你同时向内和向外看。我流出(outwell),它流入(inflow),你汇流(commingle)。"④他还告诉我们:"符号要求至少两个准心灵(quasi-minds):一个准言说者(quasi-utterer)和一个准解释者(quasi-interpreter)。虽然这两者在符号中是同一个(也就是说是一个心

---

① Charles Hardwick, ed., *Semiotics and Significs: The Correspondence between Charles S. Peirce and Victoria Lady Welby*, Bloomington: Indiana University Press, 1977, pp.88-9.
② Jürgen Habermas, *Postmetaphysical Thinking: Philosophical Essays*, Cambridge, MA: MIT, 1992, p.91.
③ Jürgen Habermas, *Postmetaphysical Thinking: Philosophical Essays*, Cambridge, MA: MIT, 1992, p.91.
④ Charles Peice, *Writings of Charles S. Peice: A Chronological Edition*, Vol. 1, Bloomington: Indiana University Press, 1982-2009, p.45.

灵),但它们必须被区分开来。它们在符号中是焊接起来的(welded)。"①哈贝马斯指出,这些早期的构想,也就是"基于主体间性的符号学"(intersubjectively based semiotics),随着皮尔士思想的推进被彻底抛弃了。② 这一判断是正确的,因为在皮尔士看来,一种彻底的符号学构想需要将符号进程(semiosis)中的所有要素都把握为符号进程本身,这些要素中既包括主体也包括主体间的关系。在这个意义上,基于主体间性的符号学只是符号学一个不成熟的阶段。但在哈贝马斯看来,这是皮尔士的一个失误,因为皮尔士由于这一步"推进"而失去了对符号进程中的互释机制做出清晰刻画的机会。

但哈贝马斯又指出,这一失误并没有掩盖皮尔士的一个关键洞见:"将心理表征(Vorstellung)的二元关系变成符号表征(Darstellung)的三元关系。"③不同于心理表征,符号表征不仅涉及世界中的对象,还涉及一个解释共同体。哈贝马斯指出:"在这个新的范式中,主体的角色并不是由语言本身决定的,而是由通过相互要求解释,从而对世界中的某物达成共识的交往决定的。主体的位置被达成理解的主体间实践所代替,从这种实践中产生了符号和解释的无限序列。皮尔士通过对意识哲学的敏锐批判发展了这一观念。"④因此,尽管皮尔士对符号做了非人格化的处理,但他的主要洞见仍然保留了对主体间性的诉求,在哈贝马斯看来,正是这种诉求将皮尔士和一切"意识哲学"区分开来。

皮尔士在心理表征的层面拒斥了任何所予的确定性,但他没有在符号表征层面抛弃对客观性和有效性的探讨。在哈贝马斯看来,这些探讨和他自己对共识的探讨是殊途同归的,但这种同质性需要得到进一步的澄清。哈贝马斯指出,皮尔士试图"在符号系统层面探讨一种整体更新后的经验主义"。为此,皮尔士

---

① Charles Peice, *Collected Papers of Charles Peice*, Vol. 4, Cambridge, MA: Harvard University Press, 1931-1958, p. 551.
② Jürgen Habermas, *Postmetaphysical Thinking: Philosophical Essays*, Cambridge, MA: MIT, 1992, p. 93.
③ Jürgen Habermas, *Postmetaphysical Thinking: Philosophical Essays*, Cambridge, MA: MIT, 1992, p. 95.
④ Jürgen Habermas, *Postmetaphysical Thinking: Philosophical Essays*, Cambridge, MA: MIT, 1992, p. 96.

提出了三条路径：前象征符号（presymbolic signs）的路径、综合推论（synthetic inference）的路径以及规范性最终共识的路径。①

关于第一条路径，哈贝马斯指出，前象征符号是符号系统与世界之间的"锚绳"（anchoring strings），在这个意义上，正如皮尔士和晚年的胡塞尔所做的那样，"下降到了前断言经验的领域（realm of prepredicative experience）"。哈贝马斯还指出，前象征符号的设定在实质上区分了约定符号（conventional signs）和自然符号（natural signs）。② 这一解读说明，哈贝马斯自己对符号系统和生活世界做出了明确区分，并认为这一区分在皮尔士那里同样存在。事实上，这样的解读（尤其是对晚期的皮尔士而言）是非常值得商榷的。第二条路径是基于综合推论的知识的自我修正过程。这里的综合推论是指"形成假设、一般性归纳、演绎、重新形成假设的循环过程"，而这个过程实质就是在"长远进程"中让归纳变得更加"可靠"。③ 哈贝马斯指出，这条基于综合推论的路径对符号系统层面的确定性而言是不够的，为此皮尔士又提出了第三条路径：基于论证（argumentation）的符号进程。哈贝马斯指出，这里的"论证"不是"竞争"（contest），而是"通过公共的论证交换来共同寻找真理"④。皮尔士告诉我们："实在是信息和理性推理或迟或早会产生的东西，因此，实在独立于任何你我的多变性。因此，根据实在概念的起源，这一概念在本质上包含了一个共同体的观念，这个观念没有明确的界限，却能确实促进知识的增长。"⑤哈贝马斯指出，在皮尔士的语境中，符号进程有"两极"：一极是"经验和有目的的行动"，另一极是"以理想交往为前提的论证交换"，这两极之间的关系体现了"私人"和"公共"之

---

① Jürgen Habermas, *Postmetaphysical Thinking: Philosophical Essays*, Cambridge, MA: MIT, 1992, p.98.
② Jürgen Habermas, *Postmetaphysical Thinking: Philosophical Essays*, Cambridge, MA: MIT, 1992, pp.98-9.
③ Jürgen Habermas, *Postmetaphysical Thinking: Philosophical Essays*, Cambridge, MA: MIT, 1992, pp.100-1.
④ Jürgen Habermas, *Postmetaphysical Thinking: Philosophical Essays*, Cambridge, MA: MIT, 1992, p.101.
⑤ Charles Peice, *Collected Papers of Charles Peice*, Vol.5, Cambridge, MA: Harvard University Press, 1931-1958, p.311.

间的张力。① 在哈贝马斯看来,皮尔士提出的第二条和第三条路径分别对应了"私人"和"公共"这两极,而对共识的获得而言,后一极才是关键性的,因为真正的符号表征只有在论证的维度下才是可能的。正如皮尔士自己所说的,"个体的存在只表现为无知与谬误。离开了他的同伴,离开了他和同伴将来之所是,他不过是一个否定"②。

可以看到,哈贝马斯在吸收皮尔士思想资源的同时,也在努力修正后者的一些缺陷。首先,哈贝马斯指出,皮尔士的伟大成就是将符号形式在极大程度上拓展到了语言形式的领域之外。皮尔士正确地指出:"我们的生活世界从基底处就是一种符号性的建构,它构成了一个隐含的意义结构之网,由这些结构沉积而成的符号虽然是非语言的,但也是可以被解释的。"但皮尔士的问题在于,他不但将符号进程自然主义化,还将符号进程的最终结果视为世界的界限,综合推论由此变成了一种"基本存在"(fundamentum in re)。这样一来,"皮尔士就用形而上学包袱加重了符号学的负担"③。在哈贝马斯看来,皮尔士的根本问题不在于他指出了生活世界的符号性,而在于他过度强调了符号进程的自然基础,而一旦皮尔士将自然演化作为综合推论的基础,"主体间性的多义(multivocal)特征就变成了一个副现象(epiphenomenon)"④。正是因为看到了这一点,哈贝马斯明确区分了生活世界和社会系统,并认为后者是前者的"象征再造"(symbolic reproduction)。皮尔士强调符号进程的连续性,而哈贝马斯则试图在符号进程内部做出明确的层级区分,这样一来,他不但摆脱了不必要的形而上学包袱(说明层级之间的演化是如何可能的),还为探讨和刻画主体间性的多义特征打开了空间。

---

① Jürgen Habermas, *Postmetaphysical Thinking: Philosophical Essays*, Cambridge, MA: MIT, 1992, pp. 103 - 4.
② Charles Peice, *Collected Papers of Charles Peice*, Vol. 5, Cambridge, MA: Harvard University Press, 1931 - 1958, p. 317.
③ Jürgen Habermas, *Postmetaphysical Thinking: Philosophical Essays*, Cambridge, MA: MIT, 1992, pp. 106 - 7.
④ Jürgen Habermas, *Postmetaphysical Thinking: Philosophical Essays*, Cambridge, MA: MIT, 1992, p. 109.

哈贝马斯对皮尔士的第二点修正是由上一点引出的。在哈贝马斯看来,皮尔士式的符号进程不但没能刻画主体间的多义特征,还会消解互相对立的个体性,让个体性消失在集体表征中。哈贝马斯指出,皮尔士像涂尔干那样将个体性理解为"群体的机械团结的镜像(mirror-image)"。在这个意义上,尽管皮尔士批评黑格尔忽视了第二性的环节,但他自己也在某种意义上忽视了第二性,忽视了"我们在交往中遇到的,作为其他个体心灵的对立和区分"①。因为皮尔士自己也说:"每个人的灵魂都是其所属家族、阶级、国家和族群的特殊表现。"②考虑到这一点,在个体对话的层面上探讨符号表征的形成机制就变得尤为迫切。也正是在这个理论节点上,探讨个体视角运作机制的米德成为哈贝马斯的主要思想资源。哈贝马斯指出:"米德是第二代实用主义中第一个将语言理解为同时将交往行动者社会化和个体化的媒介。"③在这个意义上,米德的理论是对整体主义思路的有益补充。

哈贝马斯与米德:从社会行为主义到形式语用学

可以毫不夸张地说,米德为对哈贝马斯的交往行为理论提供了核心结构。根据哈贝马斯自己的表述,这个米德式的结构"整合了言者、听者和观察者的视角,并同时与协同了客观世界和主观世界的世界视角体系啮合在一起"④。哈贝马斯还试图将涂尔干拉入这条线索。他在1981年的一次访谈中指出,米德的"象征中介互动理论"和涂尔干的理论代表了从韦伯式的目的性活动(purposive activity)到交往行为的范式转型,在这个意义上,他们是交往理性的社会进化理

---

① Jürgen Habermas, *Postmetaphysical Thinking: Philosophical Essays*, Cambridge, MA: MIT, 1992, pp.110 - 1.
② Charles Peice, *Collected Papers of Charles Peice*, Vol.7, Cambridge, MA: Harvard University Press, 1931 - 1958, p.592.
③ Jürgen Habermas, *Postmetaphysical Thinking: Philosophical Essays*, Cambridge, MA: MIT, 1992, p.110.
④ Jürgen Habermas, *The Philosophical Discourse of Modernity*, Cambridge, MA: MIT, 1987, p.334.

论的创始者。对于米德而言,这一解读并不存在疑义,但对以社会形态学为主要兴趣的涂尔干而言,哈贝马斯自己也认为这一解读"不同寻常"。① 哈贝马斯在《交往行为理论》第二卷中详细阐明了将米德和涂尔干联系在一起的理论动机。他用一整章讨论了米德和涂尔干,在此章的开头即明确指出,米德提供了"由规范控制并由语言中介的互动的基本概念框架",并刻画了一条从姿势(gesture)到基于语言的象征互动(symbolic interaction)的逻辑发生学(logical genesis)路径,而涂尔干的作用在于,他对集体意识的探讨可以帮助我们填补从象征互动到规范互动之间在发生学层面上的断裂。② 哈贝马斯认为,涂尔干的道德社会学是将象征互动转化为规范互动的必要步骤。这一点也说明,他和涂尔干一样,都没有完全脱离康德主义的语境。不管怎样,哈贝马斯试图在米德和涂尔干的基础上"发展出一种进化视角,这一视角旨在增加世界观的反思性流动,推进连续的个体化进程,将交往行为从僵化的体制语境中分离和解放出来,从而生成普遍的道德和法律系统"③。

米德的理论对哈贝马斯有以下两方面的吸引力。首先,在哈贝马斯看来,米德的社会行为主义方案为我们彻底摆脱意识哲学提供了关键方案。米德在《心灵、自我与社会》(1934年)中指出:"我所尝试的就是将理性引回某种行为,个体在这种行为中将自己放到他所属的整个共同体的态度中。……当一个有机体在它的回应中放入其他有机体的态度时,我们所说的'理性'就产生了。……当一个有机体这样做时,它就是我们所说的'理性存在'。"④哈贝马斯指出,米德的社会行为主义本质上不是一般的行为主义理论,而是一种试图将探讨意识的语境从主体内部拓展到社会行为的意识批判理论。具体而言,米德的方案和行为主义之间有两个方法论上的区分:其一,米德的出发点"不是对环境刺激物

---

① Jürgen Habermas, *Autonomy and Solidary: Interviews*, New York: Verso, 1986, p.125.
② Jürgen Habermas, *The Theory of Communicative Action*, Vol.2, Boston: Beacon, 1987, p.2.
③ Jürgen Habermas, *Autonomy and Solidary: Interviews*, New York: Verso, 1986, pp.111-2.
④ George Herbert Mead, *Mind, Self, and Society: From the Standpoint of a Social Behaviorist*, Chicago: University of Chicago Press, 1934, p.334.

做出反应的个体有机体行为,而是至少两个有机体相互回应、相互关联的互动";其二,在米德那里,"行为的概念并没有被限制为可观察的行为反应,它还包括以象征为导向的行为,这种行为概念允许我们对由语言中介的互动的一般结构进行重构"。① 哈贝马斯认为这种新的理性观已经完全超越意识哲学的窠臼,他在《交往行为理论》中指出:"米德已经将经象征中介的互动主义提升至新的理性形式,并将理性建立在主体间的交往关系上,其根基是角色扮演的模仿行为。"②

米德对哈贝马斯还有另一个特别的吸引力。根据哈贝马斯的解读,米德的社会行为主义同时也是一种社会进化理论,它在分析交往结构的同时,试图用一种发展逻辑(developmental logic)来驱动从生活世界到象征结构的推进。在哈贝马斯看来,这个由发展逻辑驱动的进程正是重新界定后的理性所发挥的实质效用,也是我们在此基础上探讨解放的基本理论语境。他指出:"所有生活世界都共享着确定的交往结构。……发展逻辑的维度只涉及这些形式性元素如何在个体化进程、规范的抽象和一般化进程、文化传统的不断增加反思性的进程中区分自身。这就是涂尔干或米德所描述的进程。"③

不过,在探讨从生活世界到象征结构的推进时,哈贝马斯对米德做出了特别的解读。米德的社会行为主义从"姿势"开始,用哈贝马斯的话来说,姿势是"简单的、无法从句法上解释的符号,它至少对两个参与者而言具有相同的意义"④。而米德试图阐明,象征语言(symbolic language)的互动是如何一步步从作为记号语言(signal language)的姿势互动发展而来的。哈贝马斯指出,无论哪个层次上的互动都以"采取他人的态度"或"扮演他人的角色"作为基本模式,只不过他人的态度越是复杂,参与者就"越能从先天的、物种的、本能的控制进展到由交往

---

① Jürgen Habermas, *The Theory of Communicative Action*, Vol.2, Boston: Beacon, 1987, p.4.
② Jürgen Habermas, *The Theory of Communicative Action*, Vol.1, Boston: Beacon, 1984, p.390.
③ Jürgen Habermas, *Autonomy and Solidary: Interviews*, New York: Verso, 1986, p.123.
④ Jürgen Habermas, *The Theory of Communicative Action*, Vol.2, Boston: Beacon, 1987, p.5.

产生的主体间性,这种主体间性在语言符号的媒介中得到统一,并通过文化传统得到保障"。① 哈贝马斯这里所说的复杂的他人的态度就是米德所说的"一般化他人"(generalized others)。一般化他人是共同体的声音,它在不同的层面上对个体产生影响。通过扮演一般化他人的角色,自我成为社会习俗和文化传统的承载体。哈贝马斯指出,就其最后的理论形态而言,米德探讨了一种"先于主体的超主体语言状态",在这个意义上,他的理论和洪堡(Alexander von Humboldt)的精神科学(Geisteswissenschaften)、分析的语言哲学、列维-斯特劳斯(Claude Levi-Strauss)的结构主义同处在一条线索当中。② 因此,米德的根本意图并不是刻画发展逻辑的发展历程,而是强调发展逻辑的最终结果,即作为象征结构的语言交往。在这个意义上,米德的理论已经非常接近于哈贝马斯提出的形式语用学路线。因此,在哈贝马斯看来,尽管米德没有认识到当代哲学中的语言转向,但仍可以被归入这一转向之中。

但哈贝马斯又指出,米德在这条形式语用学的路线上推进得还不够彻底,因为尽管米德"强调了感知的社会特征",但他"并没有关注语言的命题性结构"。这一缺陷造成的后果是,米德只能从"以目的为导向的行为者的社会性整合"和"有行为能力的主体的社会化"这两个方面来理解语言交往,而忽视了"内在语言结构的相互理解",在这个意义上,米德的理论需要来自语义学和言语行为理论的补充。③

以上的解读暴露了哈贝马斯与米德之间两个重要差异。首先,哈贝马斯指出,米德的出发点不是对环境刺激物做出反应的个体有机体行为,而是至少两个有机体之间的互动。在这一判断的基础上,哈贝马斯进一步指出,米德的理论核心是"社会角色和身份的概念",而"较之于社会互动的视角,对世界中事物的区分只是顺带一提"。并且,米德"更多的是从心理学层面,而不是通过重构概念的

---

① Jürgen Habermas, *The Theory of Communicative Action*, Vol. 2, Boston: Beacon, 1987, p. 10.
② Jürgen Habermas, *The Philosophical Discourse of Modernity*, Cambridge, MA: MIT, 1987, p. 379.
③ Jürgen Habermas, *The Theory of Communicative Action*, Vol. 2, Boston: Beacon, 1987, pp. 28-9.

方法论态度来处理对事物的感知"。① 哈贝马斯的言下之意是，米德对感知的处理仍然停留在意识哲学层面，在这个意义上，米德的范式革命是不彻底的。因此，为了实现理论的自洽性和彻底性，米德应该彻底抛弃这个"顺带一提"的部分，将有机体之间的互动作为自己的出发点。哈贝马斯帮米德完成了这一步，并将如此解读下的米德视为真正的米德，正是在这个意义上，哈贝马斯指出，这样的米德摆脱了"外部限制"。② 这在很大程度上是一种一厢情愿的解读。事实上，"外部限制"恰恰是米德理论中一个关键部分，只不过这种限制并不需要意识的参与，或者说，是有机体在前意识阶段受到的来自环境的限制。

其次，哈贝马斯将米德的姿势主要理解为作为语言的发声姿势（vocal gesture），事实上，在米德那里，姿势的范围要宽广得多，还包括手势、表情等等。因此，在米德的语境中，语言只是内化姿势（internalized gesture）的一部分，尽管是很重要的一部分。从一种生物学的兴趣出发，米德关心姿势是如何演化成内化姿势的，在这一点上，米德继承了实用主义者的达尔文主义倾向。而哈贝马斯的兴趣在于参与者可以用"是"或"否"来回应的"以命题来区分的语言"（propositionally differentiated language）。在此基础上，哈贝马斯明确地区分了下面两种语言：作为"协同行动和个体社会化的媒介"的语言和作为"获得理解的媒介"的语言。他指出，米德将自己"限制在协同行为和社会化的层面"，并从"个体发生的视角"来看待社会化进程，而忽视了以语言为媒介的相互理解的探讨。③ 哈贝马斯还指出，米德即使在探讨"一般化他人"时，也是从个体发生（ontogeny）的视角，而不是从种系发生（phylogeny）的视角出发的。④ 在哈贝马斯看来，只关注个体发生而忽视种系发生的直接后果是，米德"并没有解释由规

---

① Jürgen Habermas, *The Theory of Communicative Action*, Vol. 2, Boston: Beacon, 1987, p. 28.
② Jürgen Habermas, *The Theory of Communicative Action*, Vol. 2, Boston: Beacon, 1987, p. 108.
③ Jürgen Habermas, *The Theory of Communicative Action*, Vol. 2, Boston: Beacon, 1987, pp. 23-4.
④ Jürgen Habermas, *The Theory of Communicative Action*, Vol. 2, Boston: Beacon, 1987, pp. 44-5.

范整合的'社会有机体'是如何从由象征互动的社会形式发展而来的"①。而涂尔干的理论价值正是在这里凸显的,因为他对集体意识的探讨可以帮助我们填补从象征互动到规范互动的发生学断裂。但在哈贝马斯看来,涂尔干也有自己的问题,因为他没有区分"在仪式中通过宗教象征建立的共同点"和"语言制造的主体间性"。② 哈贝马斯试图阐明,我们可以通过引入言语行为理论来弥补这一缺陷。

概而观之,哈贝马斯认为米德的社会行为主义方案已经具有交往行为理论的初步形态。但因为米德对语言的理解仍然停留在内化姿势,没有推进到命题语言,他对象征结构的探讨就只能停留在视角互动的阶段,无法进展到一种形式语用学。而在哈贝马斯看来,对于一种以共识为根本诉求的理论来说,这个推进步骤不但是可能的,也是必然的。

哈贝马斯与杜威:民主想象的不同形态

哈贝马斯在《理论与实践》中区分了三个层次的理性。第一层次的理性"取决于经验科学的方法论状态",也就是"严格意义上的技术理性"。第二层次的理性"将技术理性用于实践",在这个层次中,"经验科学提供的信息不足以让我们在同等功能的手段和特定具体目标之间做出理性选择",这时就要引入决策理论,由此判断选择是否"经济"或"有效"。这两个层次的理性都"孤立于价值",它们"远离一切有说服力的讨论,只和以假设性命令为形式的特定技术和具体目标联系在一起"。③ 哈贝马斯将杜威视为技术理性的批判者,因为不同于以上两个层次的理性,杜威提出了第三个层次的理性。杜威问:"我们如何用我们所知的去引导关于价值的信念的形成,我们如何引导实践行为去检验这些信念并形成

---

① Jürgen Habermas, *The Theory of Communicative Action*, Vol. 2, Boston: Beacon, 1987, p.43.
② Jürgen Habermas, *The Theory of Communicative Action*, Vol. 2, Boston: Beacon, 1987, p.46.
③ Jürgen Habermas, *Theory and Practice*, Boston: Beacon, 1973, pp.270-1.

更好的信念？这个问题从来就是下面这个经验性的问题：我们应该如何做才能使对象具有更牢固的价值？"①哈贝马斯指出，第三层次的理性试图将价值和科学技术联系起来，它感兴趣的不是"针对特定问题的给出博弈论式的解决方案"，而是"策略性情境如何运作于价值体系中"。②

但在哈贝马斯看来，杜威并没有和技术理性完全决裂。哈贝马斯在《走向理性社会》（1969年）中指出，杜威虽然没有像决策论者那样忽视"对现有技术和实践决策的关系进行实用主义式的检验和理性的讨论"，但他没有区分"以结果作为手段来进行技术控制"和"在具体情境的解释性语境中对技术进行实践的确证"。杜威过于强调前者，在这个意义上，他仍然停留在技术理性的层面。③ 哈贝马斯在《交往行为理论》中区分了三种行为：工具（instrumental）行为、策略（strategic）行为和交往（communicative）行为。④ 策略行为是目的论式的，而交往行为则是由规范控制的，前者是一种工作（Arbeit），后者则着眼于在交往中获得共识的继承。⑤ 在哈贝马斯看来，杜威探讨的由可预见目的（end-in-views）引导的工具主义（instrumentalism）本质上仍是一种目的论式的策略行为。哈贝马斯还指出，杜威的问题并不是没有认识到交往的语境，而是因为"在杜威看来，技术和策略产物与特殊群体的价值导向之间的相互引导和启发是自明的，这一点可以在不可质疑的常识领域和并不复杂的公共领域中实现"，但事实上，"这一观点即便没有因为科学的内部发展而变得无效，也被资产阶级公共领域中的结构性变化证明是天真的"。⑥

但这些批评并没有阻止哈贝马斯分享杜威的洞见。我们已经在引言部分指

---

① John Dewey, *The Later Works*, Vol. 4, ed. Jo Ann Boydston, Carbondale and Edwardsville: Southern Illinois University Press, 1981, pp. 34 – 5.
② Jürgen Habermas, *Theory and Practice*, Boston: Beacon, 1973, pp. 272 – 3.
③ Jürgen Habermas, *Toward a Rational Society: Student Protest, Science, and Politics*, Cambridge: Polity, 1987, p. 66.
④ Jürgen Habermas, *The Theory of Communicative Action*, Vol. 1, Boston: Beacon, 1984, p. 384.
⑤ Jürgen Habermas, *The Theory of Communicative Action*, Vol. 1, Boston: Beacon, 1984, p. 126.
⑥ Jürgen Habermas, *Toward a Rational Society: Student Protest, Science, and Politics*, Cambridge: Polity, 1987, p. 69.

出了哈贝马斯和杜威在深层诉求上的亲和性。在某种意义上,哈贝马斯思考的问题正是杜威思考的问题。和法兰克福学派一样,"解放"是杜威思想中一个重要维度,他告诉我们:"自由就是根据选择行动的能力。……自由就是解放……就是在行动中自我决定的权利。"①而哈贝马斯探讨的"协商政治"就是杜威式民主的最好代言。哈贝马斯指出,协商政治的实质是:"在话语和协商的进程中,通过交往形式的运用建立民主进程,并保证所有与进程相统一的结果都是合理的。"他还指出,没有人比杜威更加积极地尝试实现这样一种政治图景。②

为了实现这种政治图景,杜威试图在社会生活的各个层面探讨用实质民主(substantive democracy)代替形式民主(formal democracy)的可能性,这也是贯穿杜威思想的一条主要线索。他在早期的《民主的伦理学》(1888年)中指出:"问题的核心不在于投票,也不在于通过计票来决定多数人,而在于形成多数人的过程本身。"③在晚期的《公众及其问题》(1927年)中,杜威告诉我们:"多数决定原则永远不只是多数决定,多数人是如何形成的才是更为重要的事情",而形成多数人(也就是杜威意义上的公众)的唯一的方法是"改进辩论、讨论、说服的方法和条件,这就是公众的问题"。④ 哈贝马斯在1981年的一次访谈中指出,他的主要理论动机在于"调解已经分裂的现代性,但又不抹杀现代性已经在文化、社会和经济领域实现的区分。由此我们可以找到共同生活的形式,在这种形式中,自主与依赖可以真正形成一种非对立的关系,我们可以在集体性中挺直腰杆,无须暧昧地回溯至共同体的实体形式"⑤。可以看到,哈贝马斯在集体性和实体形式之间做出的区分正是杜威在实质民主和形式民主之间做出的区分。这

---

① John Dewey, *The Later Works*, Vol. 3, ed. Jo Ann Boydston, Carbondale and Edwardsville: Southern Illinois University Press, 1981, p.97.
② Jürgen Habermas, *Between Facts and Norms: Contributions to a Discourse Theory of Law and Democracy*, Cambridge, MA: MIT, 1996, p.304.
③ John Dewey, *The Early Works*, Vol. 1, ed. Jo Ann Boydston, Carbondale and Edwardsville: Southern Illinois University Press, 1981, p.234.
④ John Dewey, *The Later Works*, Vol. 2, ed. Jo Ann Boydston, Carbondale and Edwardsville: Southern Illinois University Press, 1981, p.365.
⑤ Jürgen Habermas, *Autonomy and Solidary: Interviews*, New York: Verso, 1986, p.125.

种同时保留自主与依赖的集体性正是杜威追求的民主形态。杜威在《公众及其问题》中探讨了"伟大的共同体"(Great Community)。他指出,只有在地方性共同体(local community)充分发展的前提下,伟大的共同体才有可能实现。杜威告诉我们:"民主必须在家里开始,而民主的家就是邻近的共同体。"①只有在地方性共同体达到一定高度之后,伟大的共同体才能"做最后的工作,也就是组织地方性联合体的关系,并丰富它们的经验"②。哈贝马斯在《交往行为理论》中响应了这个关于民主进程的构想,他指出:"重构那些特殊的、自然的、地方性的、小而熟悉的社会空间的价值,让分隔空间、简单互动和无区分公共空间中的商业和非专门化活动的形式去中心化,所有这些都是为了重新激发已经被活生生埋葬的表达和交往的可能性。"③

我们已经看到了哈贝马斯和杜威在民主想象上的内在关联,现在要问的是,这种同质性表面背后是否存在一些关键的异质性,换言之,他们所构想的民主形态之间是否存在一些重要的区分?为了更加清楚地说明问题,我们要引入罗蒂(Richard Rorty)作为第三个参照点。在比较哈贝马斯和杜威之前,我们可以先来比较哈贝马斯和罗蒂这两种更为异质的民主想象,并在这种比较之中为杜威的立场寻找一个恰当的位置。

哈贝马斯曾在一篇回应文章中指出:"长久以来,我都像罗蒂一样认为自己持有一种彻底的民主心态,这种心态在美国传统中得到了最好的呈现,并在美国的实用主义那里得到阐发。"④但哈贝马斯和罗蒂对民主的理解显然是不同的。对共识论者哈贝马斯而言,民主是基于普遍的交往理性的包容性共识。哈贝马斯认为,社会的实际建构需要结构和形式上的理论支撑,他试图将非历史性的理性落实在社会进程中,并由此探讨一种普遍理性。后现代主义者正是在这一点

---

① John Dewey, *The Later Works*, Vol. 2, ed. Jo Ann Boydston, Carbondale and Edwardsville: Southern Illinois University Press, 1981, p. 368.
② John Dewey, *The Later Works*, Vol. 2, ed. Jo Ann Boydston, Carbondale and Edwardsville: Southern Illinois University Press, 1981, p. 367.
③ Jürgen Habermas, *The Theory of Communicative Action*, Vol. 2, Boston: Beacon, 1987, p. 395.
④ Jürgen Habermas, "Questions and Counter Questions," in *Habermas and Modernity*, ed. Richard J. Bernstein, Cambridge, MA: MIT, 1985, p. 198.

上对哈贝马斯展开了攻击,正如利奥塔(Jean-François Lyotard)所指出的,"共识暴力地对待了语言游戏的异质性"①。但哈贝马斯清醒地认识到规范性中的偶然性因素,并同时对从集体性滑向总体性的危险保持警觉。他指出:"语言游戏之所以能够运作,是因为它们预设了超越任何特殊语言游戏的理想状态。作为理解的前提,这些理想状态产生共识性的视角,在有效断言的基础上,这个视角是可以被批判的。在这种限制下运作的语言服从于不间断的检验。"②但哈贝马斯的问题在于,将普遍性规定为"理想状态"并不能最终缓解普遍理性和历史主义之间的张力,而在他看来,民主的最终落脚点毫无疑问应该是前者。

而对于语境论者罗蒂而言,民主只能是受文化和地域限制的排他性团结。罗蒂的理论策略是用解释学取代认识论,以协同性诠释客观性,用弱理性替代强理性。他告诉我们,真最多表示赞同和约定,客观性只是一致性的敬语,而团结是一个文化共同体成员在兴趣、目标、规则上的一致性。因此,在罗蒂看来,探讨民主的语境应该从抽象的理论转向具体的实践。他指出,实用主义的遗产是实现"一种去理论化意义上的共同体",在这个意义上,我们必须"严肃地对待杜威的提议,即为了让世界重新复魅,为了找回曾经通过宗教给予我们先辈的东西,我们必须坚持在具体性之中"。③ 在此基础上,罗蒂进一步质疑了哈贝马斯的理论方案。哈贝马斯建议我们从意识哲学转向相互理解,而罗蒂则明确指出,这两种理论形态只能共存,不能相互替换,因为浪漫主义式的私人语汇("我")和理性主义式的公共语汇("我们")之间存在着不可调和的永恒张力。④ 不同于哈贝马斯,罗蒂并不认为我们必须从私人语汇进展到公共语汇,相反,我们可以在不同的维度上同时保留并践行这两种语汇,利用两者的张力甚至冲突激活社会结构。因此,在罗蒂看来,哈贝马斯提出的转向并不是我们的唯一选项,私人语汇也不

---

① Jean-François Lyotard, *The Postmodern Condition*, Minneapolis: University of Minnesota Press, 1984, p. xxv.
② Jürgen Habermas, *The Philosophical Discourse of Modernity*, Cambridge, MA: MIT, 1987, p. 199.
③ Richard Rorty, "Habermas and Lyotard on Postmodernity," in *Habermas and Modernity*, ed. Richard J. Bernstein, Cambridge, MA: MIT, 1985, p. 173.
④ Richard Rorty, *Contingency, Irony, and Solidarity*, Cambridge: Cambridge University Press, 1989, p. xiv.

是民主社会的威胁。他告诉我们:"在哈贝马斯看到耗竭症状的地方,我看到的是生命力的征兆。因为我将海德格尔和尼采解读为好的私人哲学家和坏的公共哲学家。"①根据罗蒂的构想,真正的民主形态必须永恒延宕在私人语汇和公共语汇之间,而在这种延宕中起关键作用的既不是私人哲学家,也不是公共哲学家,而是"反讽者"(ironist)。反讽者能够随时意识到自身语汇的偶然性,不断致力于发现自身语汇的界限,并试图理解不同于自身语汇的其他语汇。因此,在罗蒂看来,民主最终涉及的并不是共识的建构,而是想象力的创造。在这个意义上,比起"理性的"哲学家和科学家,我们更需要"非理性的"诗人和小说家。他告诉我们,哈贝马斯试图保留启蒙理性中有用的部分,即试图将这种理性奠基在主体间性而非主体性之上,而反讽者(也就是罗蒂本人)则试图抛弃这种理性。②

罗蒂将他和哈贝马斯之间的分歧总结为"对具体层面的偏爱"和"大尺度的德国式社会理论"之间的对立。③ 这一分歧提示我们,实用主义的思想资源在被不同的理论路径所吸收时会呈现出极为不同的形态。迪金斯(John Patrick Diggins)曾指出,"美国实用主义似乎有一种分裂的人格",其中一支是从皮尔士到哈贝马斯,另一支是从爱默生(Ralph Waldo Emerson)到詹姆斯再到罗蒂。④哈贝马斯选择了实用主义的理性主义面向。在他的理论视域中,实用主义是从皮尔士开始的,而不是从超验主义开始的。在美国的实用主义阵营中,和哈贝马斯最为接近的是刘易斯(Clarence Irving Lewis)。出于一种理性主义兴趣,刘易斯试图在经验主义内部界定一种比经验归纳更为严格的"先天"(a priori)经验。他在《心灵与世界秩序》(1929年)中指出:"经验归纳永远受制于将来的经验,因

---

① Richard Rorty, *Truth and Progress: Philosophical Papers*, Vol. 3, Cambridge: Cambridge University Press, 1998, p.310.
② Richard Rorty, *Truth and Progress: Philosophical Papers*, Vol. 3, Cambridge: Cambridge University Press, 1998, p.309.
③ Richard Rorty, *Truth and Progress: Philosophical Papers*, Vol. 3, Cambridge: Cambridge University Press, 1998, p.326.
④ John Patrick Diggins, *The Promise of Pragmatism: Modernism and the Crisis of Knowledge and Authority*, Chicago: University of Chicago Press, 1994, p.455.

此只是概然的,而先天命题永远是确定的。"①与之类似,哈贝马斯告诉我们,普遍语用学的目标是"通过重构的分析引向一般的、不可避免的预设"②。可以看到,刘易斯在一般经验与先天经验之间做出的区分正是哈贝马斯在一般意见和理性共识之间做出的区分。哈贝马斯认为,人不可能只停留在反讽性的"意见"阶段,人的本质要求他实现一种"实用主义的知识实在论"(pragmatic knowledge-realism),换言之,作为能够推理的社会性存在,人不可能不获得某些理性共识。不同于哈贝马斯的理性主义倾向,罗蒂选择了实用主义的浪漫主义面向。他指出,自己的哲学恰恰落脚于爱默生式的"自我依赖"(self-reliance)或"自我创造"(self-creation),由此拒斥"欧洲经典哲学将过去置于在永恒之中的做法"。换言之,他的哲学不是着眼于过去,而是面向未来的。在这个意义上,罗蒂要求我们用"希望"(hope)来代替理性共识:"我们应该停止担心自己的信念是否有牢固的基础,而开始担心自己是否有足够的想象力来想出不同于当前信念的有趣的替代性选项。"③

乔阿斯(Hans Joas)敏锐地指出,罗蒂的新实用主义试图将实用主义"海德格尔化",而阿佩尔、哈贝马斯以及他自己的方案则恰恰相反,他们试图将"德国思想从海德格尔或其他疑难中解放出来,让它变得更加'实用主义化'"。④ 哈贝马斯和罗蒂为我们呈现了两种在理论气质和理论路径上都截然不同的民主方案。在澄清了这一点的基础上,再回过头来看杜威对民主的构想,我们会发现实用主义的这两种分裂的人格在杜威那里得到了某种程度上的融合。

在杜威看来,实质民主必须同时包含两个关键维度:规范性和游戏性(playfulness)。在讨论哈贝马斯和杜威的关系时,我们已经涉及了规范性维度,但另一个游戏性维度却没有进入我们的视野。杜威在《民主与教育》(1916年)

---

① Clarence-Irving Lewis, *Mind and the World Order*, New York: Dover, 1929, p. 303.
② Jürgen Habermas, *The Theory of Communicative Action*, Vol. 2, Boston: Beacon, 1987, p. 383.
③ Richard Rorty, *Philosophy and Social Hope*, London: Penguin, 1999, p. 34.
④ Hans Joas, *Pragmatism and Social Theory*, Chicago: The University of Chicago Press, 1993, p. 259.

中探讨了游戏的特征:"游戏中的引导性观念指向接下来的行为,在这个意义上,它是有目的的。玩游戏的人不只是做出一些单纯的物理运动,他们试图去做事或试图去影响,这个态度包含了刺激他们当下回应的预见。预见到的结果就是接下来的行为,而不是事物具体变化的结果。因此,游戏是自由的、可塑的。"①在此基础上,他又在晚年的著作《我们如何思维》(1933年)中明确界定了游戏性:游戏性就是"游戏态度的外显"②。通过游戏和游戏性的概念,杜威试图阐明,民主建构要求的既不是诗性的反讽,也不是对具体性的扬弃,而是智性的实验。民主的最终目标既不是罗蒂所说的"后现代的布尔乔亚自由主义",也不是哈贝马斯要求的理性共识,而是智性地提出和解决一些问题。他在《哲学复原之需要》(1917年)中指出:"关于智性的实用主义理论是,心灵的功能是投射新的、更为复杂的目的,将经验从常规和随想中解放出来。实用主义的教训在于,不要试图运用思维来达到某些在身体机制或社会存在中已经被给予的目的,而是要运用智性去解放行动和将行动自由化。"③

正是这种同时包含规范性和游戏性的智性民主让杜威的民主想象同时具有了哈贝马斯和罗蒂所欠缺的维度。哈贝马斯提出的三种行为模式中并不包括游戏模式,而罗蒂虽然意识到了游戏的重要性,但在他那里,游戏只涉及意义的无限增殖和延宕,并不涉及智性的建构。这些区分生动体现了实用主义思想资源的多面性。但是在看到这些分歧的同时,我们也应该看到这些不同形态的民主想象背后的共同诉求。正如哈贝马斯所指出的,虽然他和罗蒂存在着关键的分歧,但他和罗蒂之间分享了一个来自"实用主义遗产"的"直觉",那就是"人的集体生活取决于承载着创新的、相互关联的、自愿而平等的日常交往形式"。哈贝马斯指出,无论是对阿多诺,还是对德里达、福柯而言,这一直觉都是缺失的,而

---

① John Dewey, *The Middle Works*, Vol. 9, ed. Jo Ann Boydston, Carbondale and Edwardsville: Southern Illinois University Press, 1981, p.211.
② John Dewey, *The Later Works*, Vol. 8, ed. Jo Ann Boydston, Carbondale and Edwardsville: Southern Illinois University Press, 1981, p.285.
③ John Dewey, *The Middle Works*, Vol. 10, ed. Jo Ann Boydston, Carbondale and Edwardsville: Southern Illinois University Press, 1981, p.45.

正是这份实用主义遗产让他和罗蒂的思想具有社会建构主义的基本特征。①

哈贝马斯与实用主义：社会建构主义的内部张力

我们可以从以上各部分的讨论中提炼出哈贝马斯与实用主义者之间的几点关键区分。第一，不同于实用主义者，哈贝马斯强调话语（discursive）交往的首要性，认为："交往行动者只有通过以下方式才能实现相互理解，即对可批判的有效性断言采取肯定或否定的立场。"②实用主义者将"切身实践"（enacted practices）以及基于切身实践的"联合行动"（joint action）作为自己的出发点，而哈贝马斯则将"言语行为"（speech act）以及基于言语行为的"有效推论"（valid inference）作为自己的出发点。根据哈贝马斯的构想，交往行为理论的主要方案是在话语交往中不断界定和修正对世界的"表征"（即实现皮尔士意义上的符号表征），非话语（non-discursive）的协同行为必须最终落脚于通过论证得到的明确共识。而在实用主义者看来，以理性共识为最终诉求的理论模式并不必然排斥非话语维度的个体冲动、本能、情感与兴趣。比如，杜威也在《人性与行为》（1922年）中指出："理性不是一种反对冲动和习惯的力量，它是在不同的欲望之间达到的一种运作中的和谐。作为名词的'理性'指的是多种倾向——比如同情、好奇、探索、实验、坦诚、追求、谨慎、关注语境等等——之间的良好合作。"③而实用主义者中最接近理性主义者的皮尔士也指出，"认知不过是人的存在的肤浅表面（superficial film）"，它并没有触及"生命最深的情感之源"。④ 站在实用主义者

---

① Jürgen Habermas, *Autonomy and Solidary: Interviews*, New York: Verso, 1986, p.158.
② Jürgen Habermas, *The Theory of Communicative Action*, Vol.1, Boston: Beacon, 1984, p.70.
③ John Dewey, *The Middle Works*, Vol.14, ed. Jo Ann Boydston, Carbondale and Edwardsville: Southern Illinois University Press, 1981, p.136.
④ Charles Peice, *Collected Papers of Charles Peice*, Vol.1, Cambridge, MA: Harvard University Press, 1931 – 1958, p.673.

的角度来看,哈贝马斯的理论方案作为一种"向上还原"(upward reduction)已经违背了在连续性语境中刻画智性发展的实用主义原则。

第二,在哈贝马斯那里,有效推论必须在"真"或"假"的意义上得到评判。他指出:"因为交往行为要求引向有效断言,所以它从一开始就指向了通过阐明理由解决分歧的可能性。"① 不同于哈贝马斯,实用主义者虽然也探讨"有根据的断言"(warranted assertion),但他们的根本诉求是开放性和多元性。实用主义者问,为什么一定要做出非此即彼的选择(either/or),为什么不能是同时(both),甚至更多(more)? 因此,相比于共识,实用主义者更偏爱分歧(dissent)。正如杜威在第一版《伦理学》(1908年)中所指出的,共识性原则只是"分析特殊情境的一个工具,对或错完全是由情境决定的,而不是由这样的法则决定的"②。在实用主义者看来,哈贝马斯最终没能脱离寻求确定性的窠臼;而在哈贝马斯看来,实用主义者对中间状态的偏爱在很大程度上造成了他们的模糊性。

上面这两点区分进一步引出了第三点更为关键的区分。哈贝马斯明确指出,"相互理解"的理论范式必须同时包含述谓(constative)和述行(performative)两个维度,前一个是"自在"(in-itself)的维度,后一个则是"自为"(for-itself)的维度。根据哈贝马斯的构想,自在的维度最终体现为作为"被直觉把握的、不成问题的、未经分析的整体性背景"的"生活世界"(lifeworld),而自为的维度则最终体现为为相互理解的进程提供特殊语境和资源的"言语情境"(speech situation)。③ 对哈贝马斯而言,这两个维度之间的区分是非常明确的:对生活世界的考察是一种涉及生成和涌现的动态学(dynamics)考察,而对言语情境的考察则是基于形式化的语用结构,是对生活世界的理论重构。

这里我们要对生活世界和言语情境的辩证关系稍做展开。哈贝马斯指出,交往行为理论承认下面这个事实,即对生活世界的象征再造(symbolic

---

① Jürgen Habermas, *The Theory of Communicative Action*, Vol. 2, Boston: Beacon, 1987, p.74.
② John Dewey, *The Middle Works*, Vol. 5, ed. Jo Ann Boydston, Carbondale and Edwardsville: Southern Illinois University Press, 1981, p.302.
③ Jürgen Habermas, *The Philosophical Discourse of Modernity*, Cambridge, MA: MIT, 1987, p.298.

reproduction)和生活世界的物质再生产(material reproduction)是内在地相互依赖的。① 哈贝马斯还指出,"证成的语境"和"发现的语境","有效性"和"生成"之间永远不存在"彻底的断裂"。② 但哈贝马斯又指出,不同于劳动和自然的区分,交往行为和生活世界的区分并不是两个能够在一个更高的范畴中统一起来的"环节"。③ 首先,这种绝对的区分体现在功能上:交往行为提供规范性结构,而生活世界则"代替先验意识发挥创造性统一体(creating unity)的功能",不同于"普遍的"规范性结构,生活的"特殊形式"包括"传统、生活实践和以身体为中心的经验复合体"。④ 其次,这种绝对的区分还体现在目标上:交往行为以规范性的共识为目标,而生活世界的实践并不关心自身的普遍结构,只涉及"参与者本身的合作性解释进程";前者落脚于一种"超总体性"(supertotality),后者落脚于"多元性"(plurality)。⑤

哈贝马斯指出,生活世界只是一个"认识论位置"(epistemological position),它构成了"存在在那里的世界"(world that is there)。当然,这个世界并不是外在的,而是一个"蓄水池","供交往行为的参与者在互动的合作进程中汲取确定的信念"。⑥ 哈贝马斯进一步区分了生活世界的三个构成要素:文化(culture)、社会(society)和人格(person)。具体而言,文化是一种"知识储备",交往行为的参与者"在理解世界中的某物时,从这些知识储备中获取共识性的解释";社会是一种"合法秩序",交往行为的参与者通过这种秩序"建立一种属于群体的团结";人格是"习得的能力",这些能力让交往行为的参与者"具有言语和行

① Jürgen Habermas, *The Philosophical Discourse of Modernity*, Cambridge, MA: MIT, 1987, p.322.
② Jürgen Habermas, *The Philosophical Discourse of Modernity*, Cambridge, MA: MIT, 1987, p.323.
③ Jürgen Habermas, *The Philosophical Discourse of Modernity*, Cambridge, MA: MIT, 1987, p.342.
④ Jürgen Habermas, *The Philosophical Discourse of Modernity*, Cambridge, MA: MIT, 1987, p.326.
⑤ Jürgen Habermas, *The Philosophical Discourse of Modernity*, Cambridge, MA: MIT, 1987, p.343.
⑥ Jürgen Habermas, *The Theory of Communicative Action*, Vol.2, Boston: Beacon, 1987, p.124.

动的能力,由此能够在一个特定的语境中参与相互理解的进程,并在互动的变动语境中维持自身的同一性"。① 需要指出的是,作为交往行为理论的一个维度,生活世界的三个要素已经是交往行为理论中的范畴了。哈贝马斯试图用这三个要素分别改造"意识哲学"中的三个旧范畴,即"自我意识"(self-consciousness)、"自我决定"(self-determination)和"自我实现"(self-realization)。但是这三个要素还需要在交往行为中得到"象征再造",哈贝马斯分别将对应的再造进程界定为"文化的再生产"(cultural reproduction)、"社会的整合"(social integration)以及"人格的社会化"(socialization of personality)。哈贝马斯还将这些再造进程视为主体间维度下的"理性实践"(rational practice)。在他看来,这种理性实践具有极为关键的意义,因为它分别促长了文化的反思性(reflectivity)、规范的普遍化(generalization)和社会主体的个体化(individuation)。哈贝马斯指出:"生活世界的理性化同时意味着分延和凝聚。……生活世界的分延结构越是在具体的生活形式中抽象地运作,行动就越具有通过这些手段实现理解的理性潜能。"②他试图阐明,以社会建构为视角的批判哲学的根本任务就是通过不断推进生活世界的分延结构,以实现生活世界的理性化。在这个意义上,对生活世界进行象征再造的意义要远远大于生活世界本身。

  基于这样的思路,哈贝马斯很自然地将社会建构的担子放在了在交往行为的维度下展开的理性实践上。这一理论视角既从根本上排除了非话语维度的个体冲动、本能、情感与兴趣,也拒斥了实用主义者通过"习惯"的更新来探讨社会建构的路径。哈贝马斯认为,作为生活世界和交往行为之间的中间状态,习惯的结构和形式很难得到明确的界定,因此我们应该从探讨习惯的更新转向探讨象征结构的分延,这种分延首先体现为"以命题来区分的语言"。这里的根本问题是,探讨社会建构的基本场域在哪里?可以看到,哈贝马斯和实用主义者在这一点上产生了关键的分歧。在哈贝马斯看来,实用主义者甘心以牺牲清晰性为代

---

① Jürgen Habermas, *The Philosophical Discourse of Modernity*, Cambridge, MA: MIT, 1987, p.343.
② Jürgen Habermas, *The Philosophical Discourse of Modernity*, Cambridge, MA: MIT, 1987, pp.345-6.

价去保留没有实质意义的连续性原则;而在实用主义者看来,哈贝马斯的理论是"错置具体性谬误"(the fallacy of misplaced concreteness)的典型代表,因为他试图用抽象的结构代替具体的事态。这一分歧再一次说明,社会建构主义并不是一个均质的理论方案,其内部存在着巨大的张力。

不过,撇开这些内部的分歧和张力不论,哈贝马斯和实用主义者在一个更为基本的层面上分享了一个共同的理论诉求。对此,哈贝马斯这样界定:"实用主义是唯一一条拥抱最极端形式的现代性,看到它的偶然性,又不舍弃西方哲学之目标的思路。这个目标是,尝试解释我们是谁和想要成为谁——作为个体,作为共同体的成员,以及作为一般的人格,也就是作为人。"[1]正是这个积极的诉求让我们可以将两者的理论方案恰当地界定为"社会建构主义"。

---

[1] Jürgen Habermas, "Postscript: Some Concluding Remarks," in *Habermas and Pragmatism*, ed. Mitchell Aboulafia, Myra Bookman, and Catherine Kemp, London: Routledge, 2002, p.229.

艺术经验乃连续性之典范：
杜威实用主义艺术观对哲学二元论的弥合[*]

陈 佳
复旦大学哲学学院

摘要：本文旨在阐明杜威晚年向艺术哲学领域的转变，是其关于经验与自然之连续性的研究的一个深刻结果。这一结果的重要意义在于，杜威的艺术哲学超越了一般意义上的美学，而成为其哲学改造的榜样，因而也就成其经验理论的核心和最终理想。在杜威看来，艺术经验是弥合哲学二元论、纠正重思辨忽视感性知觉以及改善缺乏想象力的一个契机，是最终找到哲学改造的一个集中的、最终的回答。本文将依次论述以下三方面："一个经验"的整体连续性特征，实现连续性的必要途径，艺术想象力是连续性与新颖性的融合。

关键词：连续性，一个经验，自然，艺术，想象力

19世纪中期以来，西方哲学发展出现了具有划时代意义的重要转型，以实体性形而上学和二元论为特征的近代理性哲学受到批判，以面向人的现实世界

---

[*] 本文系教育部人文社会科学青年项目"杜威生存论路向的艺术哲学研究"（19YJC720004）的阶段性成果。

及人本身之生存的现代哲学批判近代哲学并逐步取代它占据主导地位。

在西方哲学这一由近代到现代转型的潮流中,"杜威的哲学改造适应了西方哲学现代变革的潮流"①。其哲学改造之宗旨是克服近代哲学中各种形式的二元论之片面性,即超越传统形而上学中经验与自然、精神与物质、感觉与理性、认识与实践、知识与价值等诸多二元对立。杜威主张从联系而不是差别、从连续而不是分离的哲学立场,阐释人与其生存环境之间的交互作用。

这一"连续性"立场不仅是杜威自然主义经验观的根本基础,而且对理解他的艺术哲学也至关重要。杜威晚年向艺术哲学领域的转变,是其关于经验与自然之连续性的研究的一个深刻结果。杜威对艺术的理解是突破性的,既不同于近代形而上学美学假定抽象、先验的美的理念先于艺术的存在,也不同于现代美学把"美的艺术"局限于纯粹观赏性的艺术作品,而是把艺术经验理解为一切加强了直接生活感受的人的实践,因而其艺术观是恢复了经验与自然、审美经验与生活经验、美的艺术与实用技艺之间的连续性的"大艺术观"。杜威的艺术哲学,超越了一般意义上的美学,而成为其哲学改造的榜样,因而也就成为其经验理论的核心和最终理想。在杜威看来,艺术经验是弥合哲学二元论、纠正重思辨忽视感性知觉以及改善缺乏想象力的一个契机。

一、"一个经验"之整体连续性:对哲学二元论的弥合

为何杜威强调当我们反思以艺术这个形式表现出来的经验时,解决了曾使哲学家们深感困扰的二元论问题?② 艺术经验如何弥合二元论?其典范性表现在哪些方面?

杜威的回答凝结在他提出的"一个经验"(an experience)概念中。"一个经

---

① 刘放桐:《杜威哲学的现代意义》,《复旦学报》2005 年第 5 期。
② 杜威关于艺术经验对哲学二元论弥合的宣言,是在其晚期著作《经验与自然》的第九章《经验、自然和艺术》中明确阐述:"以艺术这个形式表现出来的经验……摧毁了较之其他思想主题尤为顽强的二元论。"(〔美〕杜威:《经验与自然》,傅统先译,中国人民大学出版社 2012 年版,第 286 页)

验"是"所经验到的物质走完其历程而达到完满"①,包含三个特征:

"一个经验"的第一个特征是整体性。"一个经验"是时间过程中连续发展的完整的运动,有开始、持续、高潮和结尾,是一种动态连续性的实现。从起初的冲动引发我们有意识地行动,到经验的逐渐展开过程中一系列的观察、思考、欲求、判断、想象的相互作用,直至最后获得一个令人满意的结局,经验走完了其历程。"一个经验"的这种整体性正是现代社会中极度缺乏的,现代人的生活由于外在的干扰以及内在的惰性变得极其碎片化,半途而废、毫无结果的经验无所不在。人们已习以为常地将这样的日常碎片错误地当作"经验"的本来状态,把无序的随波逐流误认为是生活主流。杜威借其"一个经验"给现代社会敲响警钟:"人的经验本来是一个整体,与具有整体性的人的生命过程具有对应的关系。本来,艺术只是集中而改进了的生命过程。"②

杜威对经验的整体性的强调,表明他与19世纪后期、20世纪初期的现代西方哲学的变革主旨一致,即反对形而上学二元论。从历史上看,现代西方的美学话语发生过多次重要的重心转移。从古希腊柏拉图在《大希庇阿斯篇》中追问"美是什么"的形而上本质问题,到近代康德美学构建出一种与其他判断相区别的纯粹的、"无利害"的审美鉴赏判断,再至20世纪现代西方形式主义美学将形式诠释为无须借助生活中任何情感参与的独立自主的抽象组合,可以说西方美学的论述总体上以审美与生活的断裂或不连续为前提,其基调是一种强调区分的"分区化理论":艺术与自然的区分,美的世界与生活世界的区分,主客体的区分等等。

杜威尖锐地批评这种分区化是现代社会制度造成的人为的二分,而绝非某种内在于事物自身的分裂属性。他从更为根本的发生学角度,对远古以及古希腊时期艺术的原初样态做了考察,发现洞穴中的彩画,古希腊的音乐、舞蹈、哑剧等艺术形态,都是一个组织起来的社群有意味生活的一部分。不仅如此,那些精心制作而成的、被高高侍奉在博物馆和画廊中代表古代文明的华丽长袍、金银饰

---

① 〔美〕约翰·杜威:《艺术即经验》,高建平译,商务印书馆2013年版,第41页。
② 高建平:《读杜威〈艺术即经验〉(一)》,《外国美学》2014年第1期。

品、瓦罐器皿等，其最初被使用不是为了纯粹无功利地审美，而仅是为了日常生活过程的改善。基于此，杜威认为，艺术的源头来自一切加强了直接生活感受的人的实践。他有一个经典的比喻，艺术经验与生活经验犹如"山峰"与"大地"的关系，山峰不是某一外在的东西置放在大地上，山峰就是大地；同理，艺术这个山峰就是生活大地本身，艺术是生活的不可分割的一部分，只是处在最高的位置而已。

"一个经验"的第二个特征是带着它自身的个性特色的质（individualizing quality）。"一个经验"内部是由许多不同部分有机地融合为一个整体，由于它是完整的，具有累积性，给人以深刻的印象，它与此前和此后的经历不同而凸显出来，而与其他经验有了区别，因此它具有一个名称：那餐饭，那场暴风雨，那次友谊的破裂。① 由此"一个经验"具有专指的意味，具有不可替代性。

"一个经验"的第三个特征是自足性（self-sufficiency）。"一个经验"的结局是一个完满的高潮，它令人获得了对事物的内在的和直接的享有，它令人获得了有成就感的愉悦。这种愉悦让人陶醉，让人享受，因而是自足的。同时，这种自足不是一劳永逸的终止，而是中介性的，总是呈现出某种新的东西，总是具有一种"继续状态"（a continuation）②，总是不断产生对于其他事物的愉悦享受的知觉。由此，"一个经验"便具有了"审美的质"。

艺术经验正是这种蕴含在每一个完整的"一个经验"中"审美的质"的集中与强化，它自身的个性特色获得了更为清晰而生动的发展。由于艺术经验首先是"一个经验"，具有先前提及的整体性、个性化和自足性的特征，因而杜威借此概念驳斥了西方美学话语中历来对艺术经验的二元分区化界定，以恢复审美与生活世界的连续性。

为什么艺术经验是一种典范？其典范性表现在哪些方面？

其一，艺术经验体现了情感、理性与意义的圆融统一。"审美的质"是一种情感，西方传统中有着根深蒂固的情感与理性二元论，杜威明确反对这种将情感心理主义化的解读，指出：情感不只是人类心灵的一种低级的、非理性的反应状

---

① 〔美〕约翰·杜威：《艺术即经验》，高建平译，商务印书馆2013年版，第43页。
② 〔美〕杜威：《经验与自然》，傅统先译，中国人民大学出版社2012年版，第283页。

态,相反,情感在艺术表现中有着积极的建构作用,它是一种黏合剂,在经验逐渐趋向圆满的过程中具有推动性的作用;而这一切都离不开理性的控制,否则只是情绪的发泄。艺术表现的不仅仅是情感,更是情感的意义,这种意义不是来自主体内部的纯粹个体心灵,而是主体对客观情境的积极回应,是主客观在行动中相互融合的产物。不仅如此,行动激发起当下的感觉,与来自先前经验中的态度与意义相互作用,因而又是新旧碰撞后产生的应变量。因此艺术经验的最终完成,涉及了人的行动,浸透了人的情感,表达了人的理性,承载了人的意义,蕴涵着众人所共享的社会传统和文化心理。

其二,杜威在艺术中发现了经验与自然达到最完备、最高度的结合。杜威的"经验自然主义"哲学观不同于近代经验主义,杜威的经验指人与自然之间长期的、持续的、累积的相互影响。经验与自然不是对立的,更不是断裂的,每一个经验既是关于自然的,也是发生在自然以内的,都是一个"活的生物"熟悉世界并与之交流、互动的方式。人并非站在自然之外,作为一个旁观者来抽象、静止地认识自然,而是作为积极的生存者和参与者不断地感受自然,探究自然,并通过"做"与"受"的现实生活的实践改变自然。

杜威从这一有机体与环境相互作用生成的经验出发,探究艺术的审美本质:"把经验当做是艺术,而把艺术当做是不断地导向所完成和所享受的意义的自然的过程和自然的材料。"①艺术经验是与自然打交道,感受并改变自然的生产过程。不仅组成艺术作品的生糙的材料来自自然客观存在的物质与能量,并且艺术形式的多元合一的特征也源自自然界基本的一致性:有秩序、有节奏的方面与它的偶然的、新奇的方面所构成的和谐的联合。② 同时,艺术经验之来源又不局限于自然,因为艺术家在与自然交互作用的过程中,还带进了个性化的感受与改造材料的独特方式,由此艺术实践的结果是凝聚了个人技巧、过往经验和理智的对象。经验与自然、行动与认识在艺术经验中实现了动态互动、深度融合的连续性:一方面,人的行动先于对自然的客观认识,其经验不断地深入自然内部并

---

① 〔美〕杜威:《经验与自然》,傅统先译,中国人民大学出版社2012年版,第262页。
② 关于杜威艺术形式观的讨论,参见陈佳:《生命提升乃形式之意味:杜威艺术形式观探微》,《外国美学》2018年第1期。

不断扩展;另一方面,自然本身也不断地在揭露它自己。人对自然的认识随着行动的连续不断深化,不断累积,直至行动与认识的辩证完善。

其三,艺术经验的典范性体现在手段和目的的高度统一。现代机械化分工的日益精细、商业规模的不断扩张,使得我们许多行为的手段与目的之间严重分离:手段被看作只是外在的、偶然的、从属的,甚至是卑下的;目的却被预设为是脱离一切手段的、至善至高的最终且绝对的标准。现实中,从事劳动生产的工匠们似乎不参与到对艺术作品的欣赏之中,而权贵或有闲阶级在审美静观时,似乎觉得美的形式与将它从物质材料中生产出来的劳动手段无关。

杜威对此强烈反对,他有一个非常重要的论述:艺术经验中,一切所使用的手段的价值,都具体体现在所达到的目的之中。艺术在其制作或感知时所依据的感性手段,与最终使我们获得对生活之完美的非知识性体验的目的是高度一致的。因此,好的艺术的标准,在于生产艺术的整个行动能否使整个生命体具有活力,并使他在其中通过欣赏而拥有他的生活,在最高的层次上直接而自由地对扩展与丰富生活做出贡献。

综上,杜威基于经验自然主义的艺术观,强调艺术经验的交互作用和连续性,突破了理性形而上学割裂经验与自然、行动与认识的二元论樊篱,也反驳了西方近现代美学把审美世界看作与生活世界无涉的独立领域的二元论立场。艺术既代表经验的最高峰,也代表自然界的顶点,艺术经验是连续性的典范。

二、斗争与成就:实现连续性的必要途径

杜威指出,从人类精神活动的最初起源来说,艺术经验起源于人类自身的生存需要,因为我们的生存环境是一个冒险的、不安定、不稳定的地方。① 面对这

---

① "我们是生活在这样一个世界之中,它既有充沛、完整、条理、使得预见和控制成为可能的反复规律性,又有独特、模糊、不确定的可能性以及后果尚未决定的种种进程,而这两个方面(在这个世界中)乃是深刻地、不可抗拒地搀杂在一起的。"(〔美〕杜威:《经验与自然》,傅统先译,中国人民大学出版社2012年版,第37页)

样一个充满偶然和变化的世界,到处是具有不确定性的情境,人们的自然倾向就是立即采取行动以获得一种安全感。

人类最初寻找安全感的途径有两种。一种途径是借助于神的帮助,这是宗教的途径,方式有祈祷、献祭、礼仪和祭祀等。在这种途径中,人类的最初行动是缺乏控制外在条件的手段的。"另一种途径就是发明许多艺术(arts),通过它们来利用自然的力量;人就从威胁着他的那些条件和力量本身中构成了一座堡垒。"①这是实践的途径。人类通过自己的行动,不断克服阻力,不断发现自然的潜力,人对环境的回应越来越有利于其生存,"他建筑房屋,缝织衣裳,利用火烧,不使为害,并养成共同生活的复杂艺术"②。

艺术经验正是起源于这种不断克服阻力的行动,是优秀的木匠、领航者、军事将领等在生存实践中,面对环境发生的新变化,主动调整以适应环境的积极行动。这种行动不是随意的,而是当下的遭遇唤起了过去的经验,借助理智的选择和安排,使自然的材料重新配合并最终实现圆满目的。这种行动的结果产生了具有技巧和理智的对象,使原先在较低层次上的、粗糙的自然的材料和人的已有经验得以强化、精炼、加深、持久。更深层次的结果则是这些优秀的实践者认识到自己作为人的力量。

然而,人类获取安全感的实践历程从来不是一帆风顺的。人适应环境的过程中充斥着各种"历险",无处不在的阻力阻碍了生物的生长,因而生命体必须通过斗争而恢复与其生活环境之间的平衡,重建一种有秩序的和谐关系。对于一个生长的生命,这种恢复不是简单地回到先前的生物与自然的连续性,而是在经历了差异与抵制状态之后,生命本身得到了丰富。"生命体与非生命体最显著的差别,在于生命体通过更新来保持自身……尽管生命体轻易就会被不可抗力打倒,但仍会试图把作用于它的能量转化为帮助它进一步生存下去的手段。"③"更

---

① 〔美〕约翰·杜威:《杜威全集·晚期著作》第四卷,傅统先译,华东师范大学出版社2015年版,第3页。
② 同上注。有关杜威论哲学起源于对于安全的需要,参见陈亚军:《杜威对于传统哲学的分析和改造》,《哲学研究》2004年第8期。
③ 〔美〕约翰·杜威:《杜威全集·中期著作》第九卷,俞吾金、孔慧译,华东师范大学出版社2012年版,第4页。

新""转化"都是生命体克服阻力、主动发展的行动,是行动中的"做"与"受"。当人与环境之间不断的相互作用进入人的意识中,行动就有了理智的指导,对于情境的回应不再是随意的、盲目的,而是找到了清晰的发展方向,转化成有目的行动,前后行动相互协作,最终使原先的不利因素转化为推动生命发展、完满的有利条件。因此,适当的阻力是冲动、情感以及兴趣得以最终实现的必要因素。

杜威认为,艺术经验正是产生于生命反复地失去又重建与环境的平衡之中。"由于经验是有机体在一个物的世界中斗争与成就的实现,它是艺术的萌芽。"[①] 艺术经验是生命力的积极表现和提升,是对更新的生命之序的积极建构。在分裂与冲突之后,有机体通过克服阻力、重新调节,最后达到新的平衡,从而实现与自然的和谐交融的状态,从混乱过渡到和谐的时刻最具生命力,有着类似审美的巅峰经验的萌芽。艺术经验体现了人的生命力如何在"做"与"受"的经验的融合中,在奋斗与抵抗的互动中得到了提高。艺术以感知生命过程的方式让我们领会到奋斗与生长的意义。

然而,近代以来的认识论认为人的感觉仅仅是被动地对环境的认识,道德学家虽然意识到感觉与人的存在的其他方面,如欲望、情感、理智等,有着密切关系,却是从对立、敌对的角度来理解这种关系,因而与心理学家和哲学家一样,对感觉持贬低的态度。杜威反对认识论对感觉的贬低,指出在艺术经验中,我们所感知并享有的事物被整合成一个意义整体。感知过程首先是一个创造性过程,它源于当下有机物与情境的相互关系,勾起以往的经验,并累积地感知到各部分之间对于整体的关系。其次,感知中始终渗透着情感和想象。情感和想象具有一种融合的功能,使各种成分结合成一个新的、完全同一的经验。再次,感知与理智是有机结合的,通过对对象组成部分之间的关系的认知,从而赋予对象以意义。在艺术经验中,感觉与意义是融合的,它表达了人们在艺术生产和接受过程中的完美的生活与体验。正是这种在艺术制作或感知时所体验到的感觉,建立起有机体与意义世界之间的内在连续性。

---

① 〔美〕约翰·杜威:《艺术即经验》,高建平译,商务印书馆2013年版,第22页。

三、艺术想象力：连续性与新颖性的融合

美国学者托马斯·亚历山大（Thomas Alexander）指出，对于杜威的原则来说，"连续性必然涉及新颖（novelty）因素，却不能把新颖视为外在于自然的'超体'（superject）……不同之处却是从前面的条件中生长出来的，即是其功能的发展"①。杜威本人做过关于艺术中的新颖性与哲学的一个对照："哲学据说是始于惊奇而终于理解。艺术开始于所理解的东西，而最终达到惊奇。"②导致二者区别的原因在于想象力的作用。

在杜威看来，哲学二元论的片面性源于其坚持一个封闭的、非此即彼的宇宙，其中没有任何想象与冒险的余地，人们的最终目标只是达到对那种被称之为系统性的思想的理解。艺术经验则不同，它是想象性的。在艺术想象力中，新颖性和连续性融合在一起，先前经验的意义通过想象进入人当下的意识中，新与旧的融合过程就是想象，其结果产生一个新的经验。一个没有任何想象空间的理论只能导致机械性的经验，艺术想象力的充盈则使得艺术经验最直接而完整地显示出作为经验的经验，艺术经验因此成为对哲学片面性的重要检验，也为改善想象力的缺乏提供了一个契机。

杜威并未跟随美学史上把艺术想象力神秘化的传统进路，他不是把想象力当作类似点金术的特殊而自足的官能，而是从艺术作品创造的性质出发，揭开了想象的神秘面纱。杜威引用柯尔律治（Samuel Taylor Coleridge）的"融为一体"来表示艺术想象力把所有的元素构成一种综合整体的方式。这个综合整体不是原有元素的简单叠加，而是标志着一个遥远而奇特的东西的诞生，这是新颖性和潜在性的实现，同时也标志着向着更大的暗示性的世界的探索。这种新颖性"就

---

① Thomas Alexander, *John Dewey's Theory of Art, Experience, and Nature: The Horizons of Feeling*, New York: The State University of New York Press, 1987, p. 100.
② 〔美〕约翰·杜威:《艺术即经验》，高建平译，商务印书馆2013年版，第313页。

是旧有的意义由于它通过新的事物表现出来后所产生的启示。它所放射出来的光芒过去在大陆上和海洋里都是从未见到过的,而今后却成为永久对于对象的普照明光"①。杜威把这种创造性的启示与艺术想象力联系起来,新颖性以其最强烈的形式在艺术经验中达到顶峰,因而想象力是一种积极的、建构性的创造力,它在平凡中创造出新意,在现实中创造出可能性。

艺术想象力不仅仅将富于意趣的诸多物象统摄为彼此关联的一个整体作品,更重要的是,通过想象力把在场与不在场结合为一个整体。"一件艺术品引发并强调这种作为一个整体,又从属于一个更大的、包罗万象的、作为我们生活于其中的宇宙整体的性质。"②这里有两个"整体"。前一个整体是艺术作品自身作为一个既是完成全部历程又是包容多样性的完满整体,具有闭合的形式、完整的叙事、鲜明的个性,是"一个经验"的圆满完成。但是,这一整体的背后还有更大的"不在场"之整体,这是第二个整体,是"我们生活于其中的宇宙整体",是一个生存体验的世界,它才是每一个完整的经验的必不可缺的背景。在日常经验中,这一背景常常由于人们过于关注作为焦点的对象而被忽视,却在艺术作品的结构之中变得更加强烈。

与这两个整体相关联的,是艺术作品中存在两种不同的视觉:外在视觉和内在视觉。外在视觉让我们关注眼前"在场"的"焦点";内在视觉远比外在视觉所传达的更为丰富、深刻,它总是作为一种暗示性的背景而存在,并召唤我们不断地向前探索。"每一件艺术作品为了达到完全的效果,都必须有某种不可理解的东西包围着它。"③这种探索就是想象力的行动。恰恰是通过艺术想象力,而不是借助理性的抽象思辨或概念的逻辑推论,将"在场"之焦点与"不在场"之背景勾连在一起。

在艺术想象力中,一个生存体验的世界"现身在场",在杜威看来,"我们仿佛是被领进了一个现实世界以外的世界,这个世界不过是我们以日常经验生活于

---

① 〔美〕杜威:《经验与自然》,傅统先译,中国人民大学出版社2012年版,第263页。
② 〔美〕约翰·杜威:《艺术即经验》,高建平译,商务印书馆2013年版,第225—226页。
③ 同上书,第225页。

其中的现实世界的更深的现实"①。这里,我们似乎听到了海德格尔对艺术品的讨论:艺术品在其独立自足的存在中解释了世界,世界就是一种投射与开启,而不再是大地的遮蔽与封闭。20世纪两位伟大的哲学家不约而同地将艺术的最终旨归理解为回到人们的生存及生活世界。

需要强调的是,杜威对艺术想象力的理解,明确地将幻想排除在外。幻想的特征是随意性,往往缺乏目的的控制;想象力则是一种在变化中将艺术品所有组成要素都统一起来的统摄力,这种统摄力需要根据表现的媒介来构思,并涉及对客观材料的重构,是一种有秩序、有组织的控制行动,因而对想象力的认可是对一种构造性行动的认可。

结　语

综上,艺术经验就是这样一种在智慧指导下的积极克服阻力的行动,将新与旧、个体与全体、感觉与意义、客观材料与主观反应都融合进了一个连续的整体经验。同时,艺术经验借助想象力,实现了实际性与可能性或理想性的综合,帮助人们探索更美好的生活,获得持续的社会进步与自我成长。这是包括杜威艺术观在内的其整体思想的一个开阔的、高尚的愿景。正如托马斯·亚历山大总结的,"杜威自己在他的艺术和美学概念中对于这些为他的哲学提供动力的问题形成了一个集中的、最终的回答……一个人在艺术中找到了杜威从一开始就为之奋斗的克服二元论的办法"②。

---

① 〔美〕约翰·杜威:《艺术即经验》,高建平译,商务印书馆2013年版,第226页。
② 〔美〕拉里·希克曼主编:《阅读杜威:为后现代做的阐释》,徐陶等译,北京大学出版社2010年版,第19页。

再思实用主义的实践概念：
基于布兰顿和哈贝马斯之争 *

周 靖

上海社会科学院哲学研究所

摘要："实践"是体现实用主义本体论内蕴的关键概念：一方面，它意指直接应对环境的活动，就此而言，能动者在实践活动中与外间世界无中介地接触，从而将外间世界中的内容直接纳入内在的理性视野；另一方面，实践可以指使用概念的语言活动，从而它也是意义生发的领域。两相结合，实用主义者试图借助实践概念消除语言和外间世界之间的本体论界限，认为语言显示的世界和世界在能动者活动中的自我表达是一枚硬币的两面。这是古典实用主义的一个关键立场。新实用主义者布兰顿继承了这一立场，并将之作为实质语用学和形式语义学得以融合的深层根据；持批判态度的哈贝马斯则吁求对实用主义的本体论预设做出反思，从而反思语言显示的世界与客观世界本身之间的张力。经过讨论，认为有必要要求实用主义者就实践概念的理论内理做出更为具体的解释。

关键词：实用主义，实践，布兰顿，哈贝马斯

---

* 本文为国家社科基金青年项目"后分析哲学中的表征主义问题研究"（18CZX048）阶段性研究成果。

一、实践概念的实用主义本体论蕴意

实用主义对实践概念的引入可追溯至皮尔士(Charles Peirce)的实用主义原理:"试考察我们所设想的概念的对象有哪些可想见的实践效果。那么,此类效果的概念,就是这一对象的整个概念。"①虽然学界对后来詹姆斯(William James)的解读存疑,但他的解释带来了实践概念的关键内蕴:理论上的差别只有在实践中有所显示,才是可信的。根据詹姆斯的解释,这里所谓的实践主要指"每一种见解的实际后果"或"行为中的效果"。②"有用即是真理"这种简明却极易造成误解的观点便源于此处。在笔者看来,我们须回溯至实践概念所蕴含的实用主义本体论立场,才能厘清实践概念的内涵,从而避免相关误解。

首要地,实践意指直接应对环境的活动,其中:(1)实践能力是人与动物所共有的,它承诺了人与动物共有的环境与人所独具的内世界(Innenwelt)之间的连续性;同时,(2)实践活动既是关于自然的,也是发生在自然之内的。在前反思阶段,活动中被经验到的内容直接是自然内的实项,它们尚未成为后来理性反思的对象。用杜威的话说,"被经验到的并不是经验而是自然——岩石、树木、动物、疾病、健康、温度、电力,等等。在一定方式之下相互作用的许多事物就是经验;它们就是被经验的东西。……因此,经验到达了自然的内部;它具有了深度。它也有宽度而且扩张到一个有无限伸缩性的范围。它伸张着,这种伸张便组成了推论"③。经验的深度意味着活动对自然实项的直接关涉,从而不存在心、身二元之间的本体论分界;经验的广度则意味着活动形式的丰富性,它包含从自然的意义(significance)到语言意义(meaning)的连续范围,从而在语言发生的最初阶段,语言意义有着它的自然归因。④ 就此而言,我们可以得出实践概念所蕴含

---

① 〔美〕查尔斯·S.皮尔士著,詹姆斯·胡普斯编:《皮尔士论符号》,徐鹏译,上海译文出版社 2016 年版,第 215 页。
② 〔美〕威廉·詹姆斯:《实用主义》,李步楼译,商务印书馆 2002 年版,第 27—28 页。
③ 〔美〕杜威:《经验与自然》,傅统先译,中国人民大学出版社 2012 年版,第 3—4 页。
④ 参见周靖:《从经验到社会:杜威的语言哲学》,《自然辩证法研究》2016 年第 7 期。

的实用主义本体论立场：

  取消语言与世界、思维与实在之间的本体论界限，强调自然世界与文化世界之间的连续性，认为语言显示的世界和世界在能动者活动中的自我表达是一枚硬币的两面。

  根据上述立场，实践在实用主义那里有着直接关涉自然内容的客观意指，它弥合了原先需要跨越的、横陈于心灵与世界之间的认知鸿沟，实践活动构成了一切思想和意义的原初根基。只有在获得这一层次的理解之后，我们才能合理阐述詹姆斯的"实用主义的直接证成说"。关于"有用即是真理"这一论断，詹姆斯进一步解释道："观念变成了真的，是事件使它为真的。它的真实性实际上是一个事件，一个过程：也就是它证实它自身的过程，它的证实活动。它的有效性就是使之生效的活动过程。"[1]实践行动的过程为理性能动者带来了真实性的依据，"实际的后果"或"行为"并非无源、孤立的现象，它们是以与环境的具体互动以及意义生成的丰富过程为可能依归的。因而，证成的过程和认知的过程是同一个过程，用詹姆斯本人的话说，"知者和所知是同一件经验，它在两个不同的结构里被计算了两次"[2]，但这两次计算只有结构（表达形式）上的不同，从而被呈现为"两面"，它们之间没有质的分野，从而证成的结构（知者）可以直接从在实践活动形成的感性结构（所知）中获得依据。有用的效果与这种隐在于活动中的证成依据直接相关，从而能够作为真理的权宜标准。

  认为需要将诸如实用主义真理观奠基在实践的实用主义本体论内蕴上，这种观点或许多少带些新释或"重构"的成分，甚或招致质疑。但在笔者看来，只有从与实践相关的本体论立场出发，我们才能融贯地理解实用主义反驳笛卡尔二元论、大写实在论、拥护多元论、可错论，以及强调共同体维度的诸多立场。从根本上来说，实用主义本体论立场在消除二元论的同时，将实在纳入经验的范围；

---

[1] 〔美〕威廉·詹姆斯：《实用主义》，李步楼译，商务印书馆2002年版，第112页。
[2] 〔美〕威廉·詹姆斯：《彻底的经验主义》，庞景仁译，上海人民出版社2006年版，第36页。

在实践活动中,由于与环境互动的多样性,可错论是不可避免的(实用的标准是可以取消的和可修正的),但我们不能因而否认以多元的方式完成关于实在的"真知";"错误"进一步要求我们在共同体的范围内调整既有知识。凸显实践的实用主义本体论内蕴,无疑让我们有可能获得一种融贯的实用主义理论内理,但这也要求我们做出更多的阐述。

二、布兰顿的承继:实践作为语用场景和语义之源

在第二次语言转向中,实用主义迎来了它的复苏,但也伴随着一个关键的变化,即实用主义不再以经验,而是以语言为核心概念。这或许是因为,奎因(W. V. O. Quine)、塞拉斯(Wilfrid Sellars)、戴维森(Donald Davidson)等人的关键文本[①]对近代经验主义有着共同的攻击,人们不再有理由希冀借助因果刺激的通道从外间世界走向主体心灵,"经验"因此成为一个人们避之不及的概念——尽管实用主义式的"经验"概念有着不同的内涵。因果刺激失去证成知识的作用,人们因而也不必汲汲以求将语汇还原为关于因果刺激的描述。罗蒂(Richard Rorty)指出:"一种意向性词汇只是谈论世界各个部分的种种词汇中的另一套词汇而已。"[②]世界只有在语汇中才能被把握和呈现,这一事实导致了两个后果:(a)在世界一方,罗蒂与普莱斯(Huw Price)等人劝说人们放弃对世界本身或大写表征的谈论;[③](b)在语言一方,语言表述的意义和有效性受到共

---

① 例如奎因:《对经验主义两个教条的批判》,载〔美〕W. V. O. 奎因:《从逻辑的观点看》,陈启伟、江天骥、张家龙等译,中国人民大学出版社2007年版,第17—38页;〔美〕理查德·罗蒂:《哲学与自然之镜》,李幼蒸译,商务印书馆2003年版,第155—190页;〔美〕威尔弗里德·塞拉斯:《经验主义与心灵哲学》,王玮译,上海复旦大学出版社2017年;〔美〕唐纳德·戴维森:《论概念图式这一观念》,载牟博选编:《真理、意义和方法——戴维森哲学文选》,商务印书馆2008年版,第254—275页。
② 〔美〕理查德·罗蒂:《哲学与自然之镜》,李幼蒸译,商务印书馆2003年版,第188页。
③ 参见 Huw Price, *Naturalism without Mirrors*, Oxford: Oxford University Press, 2011, p. x.

同体的规制,交流不再是一项获得关于世界共有知识的事业,毋宁说它变为一项理解与解释的事业。虽然新实用主义在反对二元论、否认存在外在于认知范围的实在、反还原论、反基础主义等立场上承袭了古典实用主义的洞见,但(a)与(b)两个后果实际上使得实用主义的本体论立场被隐没了:对语言的强调拉开了使用概念的推论过程与在世界中的经验活动之间的距离,从而使得我们有失去世界的危险。由此,罗蒂便激进地宣称世界的完全失落。①

"失落世界"的危险让麦克道尔(John McDowell)与布兰顿(Robert Brandom)等人感到忧虑。罗蒂的高足布兰顿同时承诺了(a)与(b),但他与罗蒂的不同之处在于,布兰顿试图以语义推论的方式保证对表征的谈论,这构成了布兰顿所需应对的关键难题,即如何在主体间的语义推论活动中保持对实质内容的关涉(about-ness/of-ness)。由此一来,原先横陈于心灵与世界之间由因果关系织成的铁幕变化为由以推论为方式、以概念为原材料而织成的语义铁幕。在笔者看来,布兰顿对这层铁幕的突破仍然以实用主义的本体论立场为根本依据。

首先,虽然布兰顿明确强调哲学事业应该从感性与理性的断裂处开始,即从人所独具的智识能力(sapience)出发,将语效可以附着于其上的次语句表达式或判断——而非感性刺激——视为哲学探究的起点,但是这并不意味着布兰顿否定作为感性对象的外间世界的实存,布兰顿认同实用主义的一个基本观念,即"最根本的那类意向性(在指向对象的意义上)是指在世界中包含对象,这些对象是感性(sentient)生物所娴熟应对的世界中的对象"②。他对语言一面的强调,实际上只是带来了方法论上的改变,在此意义上,布兰顿也将自己的哲学立场称为"方法论的实用主义"③。语义推论的方法论不会要求哲学家们从事认知科学家们的事业,例如阐述下述从(1)到(4)的连续过程:(1)贴标签从而识别(discriminating)内容;(2)对内容做出描述;(3)区分内容和使用内容的效果;

---

① 参见孙伟平等编译:《罗蒂文选》,社会科学文献出版社 2007 年版,第 113 页。
② Robert Brandom, *Between Saying and Doing: Towards an Analytic Pragmatism*, Oxford: Oxford University Press, 2010, p.178.
③ 参见 Robert Brandom, *Making It Explicit: Reasoning, Representing, and Discursive Commitment*, Cambridge: Harvard University Press, 1994, p.592。

(4) 语义上区分语效和内容。① 在布兰顿看来，这是一个概念性的，牵涉到从实践活动中何以蕴发意义的过程。布兰顿认为，这是分析哲学为认知科学清晰地带来的问题，但哲学本身不需诠释之。在笔者看来，支持这一态度的理由在于布兰顿哲学中的实用主义特质。

其次，布兰顿对实用主义的关键继承体现在他将实践放在优先位置的做法。布兰顿承袭了弗雷格（Gottlob Frege）的洞识，即将推论而非语义作为哲学探究的起点，②但不同于弗雷格，他仅认为语义推论具有方法论上的优先性，在实际的发生次序上，实质推论（material inference）实则是优先的，"推论的阐明经常被认作为逻辑的阐明。实质的推论因此被视为衍生的范畴。理性……可以被理解为纯粹的逻辑能力。……推论的形式上的善（good）源自且是通过推论的实质上的善来解释的"③。实质推论是指其正确性受制于其前提和结论中的内容的推论。例如从"上海在北京的南面"到"北京在上海的北面"的推论，对这一推论的理解受制于对关于"南"和"北"的内容的理解，而对内容的理解不要求我们拥有任何（形式的）逻辑能力，这是我们在与世界实质接触的实践活动中自然地拥有的推论，它是后续的形式化的语义表达的依据与根源。④

再次，上述阐述让我们认识到，布兰顿认可在实践活动中形成的实质推论的优先性，但他的哲学方法却是语义推论的，从而他需要将实质语用学和形式语义学结合起来，这恰恰是布兰顿哲学事业的基本特征。然而，如若我们认为形式语汇和实质语汇之间存在本质的差别，那么我们在使用这些语汇谈论对象时，也将获得有着本质差别的两类对象：语义对象和世界中的内容。如何保证语义对象和世界中的内容的同一性成为一个新的二元论式的问题。布兰顿无疑对这种思

---

① 参见〔美〕罗伯特·布兰顿：《在理由空间之内：推论主义、规范主义与元语言语汇》，孙宁、周靖、黄远帆、文杰译，上海人民出版社 2019 年版，第 6 页。
② Robert Brandom, *Articulating Reasons: An Introduction to Inferentialism*, Cambridge: Harvard University Press, 2001, p.50.
③ Robert Brandom, *Articulating Reasons: An Introduction to Inferentialism*, Cambridge: Harvard University Press, 2001, p.52, p.55.
④ 参见 Robert Brandom, *Making It Explicit: Reasoning, Representing, and Discursive Commitment*, Cambridge: Harvard University Press, 1994, pp.97-8。

路持批判态度,认为两者之间只有相对的清晰程度上的差别,而无本质差异。将世界纳入理性视野,并以形式的方式使之明晰(making it explicit)的过程体现为如下的动态过程:(1)在语用实践 P 中纳入世界中的内容,获得直接关联内容的语用语汇 V;(2)而后使用语用元语汇 V'中表达 V——语用元语汇是用于解释语用语汇的语汇——从而使得 P 中的实质内容被更为清晰地呈现;(3) V'可以进一步影响我们的实践方式 P,从而带来一种更为丰富的语用语汇。① 在这样一幅图景中,语用语汇保证世界从未失落。从 P 经由 V 到 V',再到从 V'到新的 P,这一循环路径使得我们在越来越丰富的使用推论语汇的语义活动中获得关于世界越来越丰富的理解。V 与 V'只有清晰程度上的差别,而无实质分野,旧的语用元语汇自身变为解释对象时,可能变为新的语用语汇。逻辑的形式阐明只是一种更为高阶的阐明,它追根究底地需要保持对实质阐明的应答。

布兰顿恰恰在这里体现出了他对实用主义实践概念的继承:形式语义的探究与实质语用的实践活动之间不存在实质界限,从根本上来说,形式语义的探究是实践活动的一种特殊形态,这表明语言和世界之间不存在本体论界限,新实用主义的语言转向并未在语言和世界之间设置新的二元论;在言(saying)-行(doing)之际,语用语汇和语用元语汇的动态循环体现了后验实践的直接性、丰富性、动态性和生产性,世界和语言由此共同发展和丰富起来。

三、哈贝马斯的批评:实践概念的内在张力

哈贝马斯(Jürgen Habermas)对布兰顿评价甚高:"布兰顿的《使之清晰》(*Making It Explicit*)是理论哲学中的一座里程碑,就如 20 世纪 70 年代早期罗尔斯的《正义论》在实践哲学中的地位一样。"②哈贝马斯主要肯定了布兰顿的两

---

① 参见 Robert Brandom, *Between Saying and Doing: Towards an Analytic Pragmatism*, Oxford: Oxford University Press, 2010, p. 10。
② Jürgen Habermas, *Truth and Justification*, ed. & trans. Barbara Fultner, Cambridge: Polity Press, 2003, p. 131.

点贡献：其一，以复杂的语言工具，令人信服地阐明了主体间言语交往的实践形式；其二，将实质语用学和形式语义学结合起来的事业发展了康德哲学，阐明了使用概念的有限心灵何以受到具有独立性的外部世界的限制。①

然而，哈贝马斯对布兰顿的第二点贡献有着诸多异议，这些异议主要旨在揭示，布兰顿难以保证对外间世界的直接关涉，他太过依仗实用主义的实践概念及其相关的本体论立场来满足他的"实在论直觉"，缺乏对世界一面的直接反思，从而布兰顿至多是一名观念实在论者。我们将会看到，哈贝马斯对布兰顿的批评不仅对布兰顿提出了要求，也同时要求实用主义者就其蕴含在实践概念内的本体论立场做出具体的交待。

首先，哈贝马斯直击要害地指出，布兰顿虽然以结合实质语用学和形式语义学为基本的哲学目标，但他终究采纳的是语言的方法论，从根本上来说，他以语义学的视角来审察语义学和语用学之间的关系，从而语义学透镜下的语义对象是否直指外间世界中的内容，这是有待商榷的。② 麦克道尔更为清晰地指出，布兰顿所谓的语义表征仍然是在语言或主体心灵范围之内的，因为它受制于推论的框架以及主体间交往的有效性或成功性，从而无法保证对外间世界的直接关涉。③

其次，哈贝马斯清楚地认识到，布兰顿将实用主义的实践概念及其蕴含的本体论立场视为突破语义帐幕从而刺入世界的依据。④ 哈贝马斯也在一定程度上认同这样的实用主义本体论立场，认为语言和实践是不可分的，"语言和实践在其有着连续性的'功能'或'工作'中是互相确证的"⑤，任何一方的失败都会让我们对另一方存疑，语言和实践之间的责任是双向的。然而，哈贝马斯批评布兰顿

---

① Jürgen Habermas, *Truth and Justification*, ed. & trans. Barbara Fultner, Cambridge: Polity Press, 2003, p. 131.
② Jürgen Habermas, *Truth and Justification*, ed. & trans. Barbara Fultner, Cambridge: Polity Press, 2003, p. 137.
③ 参见周靖：《消除语义表征和直接表征的界限——布兰顿和麦克道尔的思想分疏与和解》，《哲学分析》2018 年第 1 期。
④ Jürgen Habermas, *Truth and Justification*, ed. & trans. Barbara Fultner, Cambridge: Polity Press, 2003, pp. 136 - 8.
⑤ Jürgen Habermas, *Truth and Justification*, ed. & trans. Barbara Fultner, Cambridge: Polity Press, 2003, p. 255.

太过依赖实用主义的实践概念而未能对之做出必要的反省,从而忽略了相关的关键问题:(1)语义层次的规范终究不是实质层次的自然之内的事物,自然何以被理性的动机所驱使,并逐渐形成意义和规范,这是需要加以解释的一个过程;①(2)与(1)相关,布兰顿倾向于模糊理性规范和实践规范之间的差别,从而将推论所谈及的语义表征直接视为实践中"在手"的对象;②(3)就语言和实践的双向关系而言,哈贝马斯指出,布兰顿主要从语义一方保持对实践内容的谈论,而未能具体解释实质的实践活动如何影响语言内部的推论活动。总结来说,哈贝马斯指出实践规范和语言规范的不同,并要求布兰顿就实践活动中实践规范何以生成以及实践规范何以发展为语言规范做出交待。

此外,哈贝马斯还指出布兰顿推论主义中的另一个问题。布兰顿认为,在由理性主体进行的推论过程中,参与交流的人可以从他者那里继承某一判断,从而获得拥有这一判断的资格;资格是一种规范身份,继承资格的人无须自身承担证成的责任,而仅需给出从判断原先持有者那里索取来的理由。哈贝马斯提出了这样的忧虑,即继承资格的人会习惯于期待别人给出答案,每一段对话都从第三人称视角那里开始。③ 如若断言的持有者把该断言归派给先前的断言者,他便避开了自己提供理由的责任,于是每一段对话都可以开始于"我从某甲那里听说",这一事实导致人称间的关系往往是第一人称和第三人称的关系,而第二人称的缺乏使得哈贝马斯认为布兰顿承诺了一种"方法论的个体主义"。④ 这里的思想是微妙的。承诺第二人称("你")和承诺第三人称("他")的关键不同在于:第二人称不可被还原为第一人称,因而"你"所具有的世界不可直接同化为"我"的,"我们"需要在有效的交流中达成主体间的生活世界的趋同和一致;而第三人称"他"仅具有"判断"归派上的不可还原性,即我从"他"那里听说的意见不可直

---

① Jürgen Habermas, *Truth and Justification*, ed. & trans. Barbara Fultner, Cambridge: Polity Press, 2003, p.139, p.155.
② Jürgen Habermas, *Truth and Justification*, ed. & trans. Barbara Fultner, Cambridge: Polity Press, 2003, p.141.
③ 参见 Jürgen Habermas, "From Kant to Hegel: Robert Brandom's Pragmatic Philosophy of Language," *European Journal of Philosophy*, 2000(8): 345。
④ Jürgen Habermas, *Truth and Justification*, ed. & trans. Barbara Fultner, Cambridge: Polity Press, 2003, p.165.

接被视为"我"的,但意见上的趋同可以完全是一项单纯理由空间内的事业,无须必然牵涉关于世界的语汇。其中的隐微之处在于,如果可以继承"他"的意见,那么"他"的"话语"完全可以被权宜地视为"我"脑内的一种"客观声音","他"实际上被取消了,"我"变成了"我们"——哈贝马斯在此意义上认为布兰顿的哲学方法有个人主义的意味。布兰顿研究专家万德雷尔(Jeremy Wanderer)因此希望布兰顿强调第一人称和第二人称的关系,①并且减少或避免从第三人称那里直接继承断言,以保证参与交流的人都承担给出理由的责任。

从另一个视角看,吁求第二人称也是在要求一种真正超出主体性的客观性以及独立于主体间的客观世界。哈贝马斯认同不受制于我们,但对我们而言却是相同的那一客观世界的实存性。② 布兰顿虽然认同这一点,但在哈贝马斯看来,布兰顿的语义推论主义仅能带来观念实在论,他从实用主义实践概念所蕴含的本体论立场中轻易地满足了他的实在论直觉。

最后,哈贝马斯也对实用主义本身提出了要求:"在实用主义之后,我们仍然有必要一方面对本体论做出反思,另一方面对语言的世界显示的功能与客观世界的关系做出反思。……我们仍然需要在先验论与自然主义两极之间保持某种平衡。"③这样一来,实用主义的本体论应当被视为一种需要加以解释的结论,而非不需对之反省的理论依据。

四、布兰顿的回应:事实与表达

哈贝马斯的批评促使布兰顿对自己的立场做出进一步的澄清。本节将主要

---

① 参见 Jeremy Wanderer, "Brandom's Challenge," in *Reading Brandom: On Making It Explicit*, ed. Bernhard Weiss and Jeremy Wanderer, London and New York: Routledge, 2010, p.100。
② Jürgen Habermas, *Truth and Justification*, ed. & trans. Barbara Fultner, Cambridge: Polity Press, 2003, p.254.
③ Jürgen Habermas, *Truth and Justification*, ed. & trans. Barbara Fultner, Cambridge: Polity Press, 2003, pp.143-4.

阐述布兰顿的回应,下一节余论中,笔者将就哈贝马斯和布兰顿的关键差别做出澄清,以此对实用主义的实践概念做出进一步的扼要思考。

布兰顿首先明确指出:概念范围之外,无物存在;世界是由一系列事实(facts)而非事物(things)组成的;事实具有稳定性,我们可以对之做出可靠的有差异的反应,它具有可被断言性(claimable),即可以作为我们判断的内容,从而在认知的范围之内。① 在此意义上,语义推论的任务主要在于,使得事实清晰地被呈现给我们,而非借助事实走向更遥远的事物,例如物自体。布兰顿也在一次访谈中明确指出,他的哲学目标仅在于获得关于事实的真判断,即某些句子是真的,我们赋予句子以真值的规范能力并没有赋予我们说出"什么造就了事实"的能力。② 在此方面,布兰顿认为自己的立场与哈贝马斯的立场没有本质差别,他们均采取了实用主义的立场,即通过社会实践的活动披露经验实践的客观细节。

哈贝马斯的确不会承认经验实践承诺了物自体,③但是,哈贝马斯似乎试图突出世界的客观性,强调它有着自为的实践规范,而不可简单被视为理论规范。布兰顿也认同实践规范与理论规范的区分,并将之重述为"我们在世界中发现事物如何"与"我们如何在判断中认知事物",认为前一领域是认知活动的范围,后一领域是实践的范围。④ 布兰顿这里的实践主要指主体间根据规范调整行为的共同活动,而非应对自然的活动。陈亚军准确地指出:"布兰顿版本的语言实用主义中,'实践'的内涵要比杜威意义上的单薄许多,布兰顿所说的'做'主要是指一种语言活动。"⑤然而,正如上文已经提及的那样,布兰顿并不因此否认认知范围的意义;从根本上来说,他否认实践规范和理论规范之间存在实质差异,在将

---

① Robert Brandom, "Facts, Norms, and Normative facts: A Reply to Habermas," *European Journal of Philosophy* 2000, 8(3): 365.
② Tanja Pritzlaff, "Freedom Is a Matter of Responsibility and Authority: An Interview with Robert B. Brandom," *European Journal of Political Theory*, 2008, 7(3): 373.
③ 参见 Jürgen Habermas, *Truth and Justification*, p. 12. 另参见 Jürgen Habermas, *Knowledge and Human Interest*, trans. Jeremy J. Shapiro, Boston: Beacon Press, 1971, p.84。
④ Robert Brandom, "Facts, Norms, and Normative Facts: A Reply to Habermas," *European Journal of Philosophy*, 2000, 8(3): 365.
⑤ 参见陈亚军:《将分析哲学奠定在实用主义的基础上来》,《哲学研究》2012 年第 1 期。

实践理解为理性生物共有的能力的意义上,布兰顿将实践理解为获得事实的说理(discursive)活动,说理并不要求以清晰的逻辑形式推论(inferential)呈现,仅要求理性能动者以合理(rational)的、可理解的方式行动。上文中提及的语用语汇和语用元语汇的相对关系也表明,事实在实践中得以发展,它有着多样和动态的形态,而规范事实仅是事实的一个特殊种类。如果哈贝马斯仍然要求就实质层次的规范做出解释,那么布兰顿或许会诉诸认知科学家。布兰顿的确认可自然语义何以生成这一问题的重要性:"从单纯的分类到真正的描述概念这一步标志着智识能力种系发展中的一大步。我不认为我们已经知晓非人类的生物能够迈出这一步。人类儿童显然的确迈出了这一步,但是他们是在什么时候,通过什么方式,在几岁,或成长的什么阶段迈出这一步的呢?非人的灵长目动物能够学会使用条件句吗?有人试图教过它们使用条件句吗?"①只不过布兰顿不认为这是哲学家的工作,哲学工作应该以概念性的事实——这是认知探究的结果——为起点。

另一方面,布兰顿以语义推论的方式终究能够保证对事实的谈论吗?布兰顿似乎意识到了哈贝马斯对"方法论的个人主义"的忧虑,并接受万德雷尔的意见。布兰顿坦率地承认,他在《使之清晰》一书中尚未谈及万德雷尔所考虑到的方面,万德雷尔的意见值得进一步发展。② 然而,布兰顿认为,哈贝马斯和万德雷尔的意见在能否以推论的方式谈论表征的问题上,并不是关键的,因为在布兰顿式的说理活动中,"承诺"的规范身份要求说话者对内容做出命题态度的归因并能"给出理由","资格"的规范身份要求对其他说话者的言语行为做出归因并向其他说话者"索取理由";给出理由和索取理由的社会实践同时对语句的意义和内容提出要求,意义和内容是不可或缺的两个实践轴度。刘钢总结道:在布兰顿那里,形式有效的推理只有通过实质上正确的推理才能得到确切定义,而实

---

① 〔美〕罗伯特·布兰顿:《在理由空间之内:推论主义、规范主义与元语言语汇》,孙宁、周靖、黄远帆、文杰译,上海人民出版社 2019 年版,第 44 页。
② 参见 Robert Brandom, "Reply to Jeremy Wanderer's 'Brandom's Challenge'," in *Reading Brandom: On Making It Explicit*, ed. Bernhard Weiss and Jeremy Wanderer, London and New York: Routledge, 2010, p.315。

质内容只有在形式表达中才能被确切地捕捉到。①

总之,布兰顿似乎并未接受哈贝马斯的批评,实践——无论被理解为社会交往,还是作为实质内容和形式表达不可分的本体论依据——在哲学的探究中,可以作为一个首要的理论依据。就此而言,实践概念现有的本体论内蕴可以不加修正地被视为一个基本立场和理论起点。

余论:实践与认知

哈贝马斯和布兰顿之间的分歧似乎是多层的,但在笔者看来,两人之间的关键差别在于,哲学是不是一项认知事业。布兰顿哲学更多地显示了诠释学的特征,饶有趣味的是,更为直接强调解释学的哈贝马斯却对哲学的认知责任提出了更高的要求。在不同的理论承诺中,实用主义的实践概念也相应地具有不同的理论位置。

从布兰顿对哈贝马斯的回应中,我们看到布兰顿满足于对事实而非事物的揭示,这不是一项认知事业,而是一项语义表达的事业;语句的真值和意义主要在人际的语义推论活动中得到修正,虽然这种修正需要以实质的实践活动(说理的实践)为依归,但由于接受了实践概念的实用主义本体论立场,在论著中,布兰顿主要展开了以语义推论为形式的社会实践的细节——话语实践实际上主要是理解和诠释的事业。相比之下,哈贝马斯——尤其是在他的晚期著作《真与证成》(*Truth and Justification*)中——虽然清楚地看到只能以语言的方式显示世界,实用主义式的取消语言和世界之间本体论界限的做法避免了康德哲学中的先验论证,但哈贝马斯始终关注语言所揭示的世界与世界的自我呈现之间的张力,认为即便我们认同它们之间的连续性,但对世界的自我呈现的自然描述,以及世界的自我呈现何以被纳入理性语言的视野,其中有诸多需要展开的细节。

---

① 参见刘钢:《真理的话语理论基础:从达米特、布兰顿到哈贝马斯》,人民出版社 2015 年版,第 472 页。

此外,在《真与证成》中,哈贝马斯对在主体间的交往活动中获得语句的真感到不满——在他看来,布兰顿式的"真"仍然是相对于"我们"而言的,仅具有规范的可靠性,它仅能保证一种主体间的"准"实在,它最终导向的是黑格尔式的客观观念论。①

哈贝马斯的这一诊断极富洞见,他比布兰顿多出了认知性的要求,即客观世界并不是作为一种语义活动必须对之负责而消极地对我们施加限制的存在,相反,它积极地影响我们的认知活动:一方面,哲学家的确需要担负起"我们在世界中如何发现事物"的责任——在某种意义上,这恰是自然主义进路的哲学家,例如丹尼特(Daniel Dennett)、米丽肯(Ruth Millikan)、德雷斯基(Fred Dreske)等人,所从事的工作;另一方面,知道哪些语句是真的,这是远远不够的——即便对伦理判断而言。哈贝马斯恢复皮尔士式的洞见,认为在最终的理想话语中,道德判断将会获得其普遍的、不附加条件的可靠性,道德的"正确性"成为一个认识论概念,求知是哲学的一项根本事业。②

限于篇幅,笔者无法对哈贝马斯和布兰顿的立场以及相关分歧做进一步讨论,余下部分仅对实践的实用主义本体论立场做一个扼要诊断。

哈贝马斯的立场会对实践的实用主义本体论立场提出其他要求吗?答案是肯定的。我们看到,实践概念的本体论立场排除了认知范围之外的事物实存的可能性,从而它在消除语言和世界之间所谓的"本体论界限"时,根本没有一个需要被取消的界限,因为在布兰顿那里,实质的实践活动应对的"事实"是概念性的,具有可被断言性,这在根本上让人怀疑,布兰顿式的语义推论的社会实践仅是主体(I-we)之内的一项理解事业。哈贝马斯对实在的要求当然不是在试图恢复物自体,而仅是在指出世界真正超出和独立于主体间的客观性。他对自然维度的实质实践活动的强调旨在揭示这样一种情况:的确存在外在于认知范围

---

① 参见 Barbara Fultner, "Translator's Introduction," in Jürgen Habermas, *Truth and Justification*, ed. & trans. Barbara Fultner, Cambridge: Polity Press, 2003, pp. xii - xiv; Jürgen Habermas, *Truth and Justification*, p. 3。

② 参见 Barbara Fultner, "Translator's Introduction," in Jürgen Habermas, *Truth and Justification*, ed. & trans. Barbara Fultner, Cambridge: Polity Press, 2003, pp. viii - ix。

的实在,但这并不是说这类实在是不可知的,它作为一种非规范的事实尚未被纳入理性的现实视野,它仅作为一种可能性对我们施加影响(effect),有待进一步被纳入理性视野,并最终成为认知对象。承认这类实在的实存,既真正显示了世界的客观性,也对语义交往活动提出了更高的"认知"要求。

笔者认为,哈贝马斯的要求无可厚非,我们的确应该要求实用主义者就其实践的实用主义本体论立场做出更多的解释,敦促其阐明"什么造就了事实",自然语义如何蕴生,又如何发展为成熟的语言语义。实际上,古典实用主义者皮尔士和杜威已经有诸多讨论,实用主义者既需进一步挖掘已有的思想资源,也需就这些问题本身做出当代的审查,从而揭示实践更为丰富和具体的理论内理。这无疑是一项艰深且巨大的工程。

作者附言:本文在成稿和被录用时,笔者尚未获得布兰顿新书《信任的精神:对黑格尔〈精神现象学〉的解读》(Robert Brandom, *A Spirit of Trust: A Reading of Hegel's Phenomenology*, Cambridge, Mass.: Harvard University Press, 2019)书稿;在排版定稿时,笔者仍在阅读和理解该书。近来发现该书第八章《欲求和承认的结构:自我意识和自我构建》对哈贝马斯的质疑做出了一种黑格尔式的回应,布兰顿直接回答了"如何从动物性的欲求世界步入渗透着承诺、权威以及责任等规范身份的理性世界"这一问题。此时补议,为时晚矣,犹待后议。庆幸的是,虽然本文待布兰顿微有不公,但对实用主义实践概念的反思仍然有效。

刘易斯的"所予"问题与概念实用主义*

杨兴凤

广西大学马克思主义学院

摘要：刘易斯的思想代表着美国哲学发展从古典实用主义转向分析传统的一个转折点，他的思想兼具"续旧"与"推新"的特质。维也纳小组成员将他的思想认作同类，则更具确证性地将刘易斯推向分析传统。实质上，皮尔士的实用主义早就肇始了"分析的"思想路向，刘易斯则是在新的语境下推展了皮尔士式实用主义的发展。在"所予"这个古老问题的论述上，刘易斯的概念实用主义思路鲜明地体现了对康德和皮尔士的综合，并在一定程度上对塞拉斯所论的"所予"问题具有回应力。

关键词：刘易斯，所予，塞拉斯

将刘易斯（Clarence Irving Lewis）这位处在两个端点〔以杜威为一端的古典实用主义，以罗蒂（Richard Rorty）、普特南（Hilary W. Putnam）为另一端的新实用主义〕中间的思想家关于"所予"问题的论述提出来再次讨论，不仅仅是因为他

---

* 本文是国家社科基金一般项目"从圣路易斯学派到匹兹堡学派黑格尔主义的实用主义化研究"（批准号：17BZX080）的阶段性成果。

处在美国哲学重要的转型时期,"续旧"(作为古典实用主义者)与"推新"(作为新实用主义者)的美国思想史发展特征都可以在他那里找到发展的脉络,还因为他对于"所予"的分析可以使我们对塞拉斯(Roy Wood Sellars)、麦克道尔(John McDowell)等人对"所予神话"的拒斥与超越的理解具有扩宽思路的价值。

一、刘易斯的"所予":康德与皮尔士的结合

经验的"直接性"品格使其成为认识的来源与最终验证依据,这是传统经验论一直以来的信条。虽然分析哲学是一种经验论哲学,但对这个"直接性"进行怀疑与重新界说却成为塞拉斯及其追随者的重要论题,与这种论题任务相联系的是对"所予论"的批判与反思。刘易斯关于"所予"的论述就成为这种批判与反思的直接解剖材料之一。但刘易斯的相关论述真的是"所予"批判的直接对应对象吗?近来致力于对刘易斯思想研究的学者并不认同这样的针对性,他们认为因刘易斯论述"所予"而给他安置"基础主义者"的标签至少是武断的。谢里尔·米萨克(Cheryl Misak)在《美国的实用主义者们》中明确反对将这样的标签贴在刘易斯身上:"刘易斯没有诉诸确定性这个概念——他并不想要去主张经验所给予我们的东西是信念的基础。实质上,他明确地拒绝了基础主义者的思想。"[①] 刘易斯区分了"所予"和感性材料,并区分了"直接感受性的薄的经验"与"事物世界的厚的经验":他所说的"所予"是"直接感受性的薄的经验",而后者是哲学反思的对象。[②] 刘易斯做的这种区分是要表明他的一个立场:"所予"是考察经验知识时心灵会产生的一种正当要求,即世界的实在性加诸思想之上的那种限制,"所予"并不是一种独立于思想或意识的东西,因为它"不存于任何与经验或意识

---

① Cheryl Misak, *The American Pragmatists*, Oxford: Oxford University Press, 2013, p.182.
② Clarence Irving Lewis, *Mind and the World Order*, New York: Charles Scribner's Sons, 1929, p.30.

状态隔离的状态中"①。而且,从刘易斯的观点来看,作为"薄的经验"的所予之所以成为分析知识时的一个项,并不意味着所予就是所予之存在,而是在反思"事物世界的厚的经验"时来考察这样一个世界得以存在的条件,然后通过反思经验的本质而创造了这个概念。② 不过,对于那些对"所予"进行批判的思想家来说,这种要求是"不正当"的,而且他们认为"所予"是一种错误的表达。比如,塞拉斯认为所有以"所予"为基础术语的认识论理论都是有瑕疵的,麦克道尔虽然从"所予"中区分出了非神话性的"不同的所予性",即对已经概念化的"所予"进行了保留,但他从根本上还是追随了塞拉斯对"所予神话"的根本拒斥。塞拉斯等人所批判的"所予"与刘易斯的"所予"内容一样吗?这需要进一步阐明刘易斯版本的"所予"。

刘易斯在《对知识和评价的分析中》对"所予"的论述是:"经验中存在着这样一种东西,它的内容不是我们创制的,也不是按我们的意志就能具有的,我们仅能发现它。这种感知中所具有的元素就是所予,但它又不是感性认知的全部。"③在这里,刘易斯明确指出,"所予""不是感性认知的全部"。在另一处,刘易斯进一步对"所予"进行解释,判断给予性(givenness)有两个方面:一个是特定的感性或感觉特征,另一个是思维的模式不能被创造或更改,即它不会因心理态度或旨趣的改变而改变。④ 根据上述说明,刘易斯的"所予"首先假定经验给我们提供的东西是世界提供给我们的,这样的假定使我们"触到"知识的对象;其次,如果没有这种假定,我们在面对历史的多样性与个人的欲望和需求时将没有基本的标准与规范的可能性。据此,"所予"之假设使知识不会陷入融贯论那种与世界脱离的观念空转中。"所予"作为"假定"完成认知过程与世界的勾连后,

---

① Clarence Irving Lewis, *Mind and the World Order*, New York: Charles Scribner's Sons, 1929, p.54.
② Carl B. Sachs, *Intentionality and the Myths of the Given: Between Pragmatism and Phenomenology*, Pickering & Chatto, 2014, p.24.
③ Clarence Irving, *An Analysis of Knowledge and Valuation*, La Salle, Ill.: The Open Court Publishing Company, 1946, pp.182-3.
④ Cf. Clarence Irving Lewis, *Mind and the World Order*, New York: Charles Scribner's Sons, 1929, p.66.

进一步指出"思维模式"也是"所予"的必要方面,这就使"所予"并不是混沌一块的质料,它本身包含着思维的最基本结构。刘易斯强调了作为思想模式的"所予""反映了人类智力的结构,它是构成独立地呈现出的感官内容的本质"①。根据上述论点,"所予"是我们要具有经验并且能够说出经验而必须设定的东西。如果没有任何东西被给予,那就没有范畴的任何用武之地;而如果没有"思维模式",也就没有任何思维结果,经验就无法得以说出,观念与行动也不会产生。也就是说,心灵贡献给真理和知识的那种要素才可能是通常所理解的"实用的",而所予的原始经验事实则是绝对的材料。② 刘易斯的"所予"呈现出知识的"结构"性,类似于奥斯汀(John L. Austin)所说的"知识是一个结构,上面诸层是通过推论获得的,基础则是推论以之为基础的与料。(于是,看起来理所当然必须有感觉与料)"③。刘易斯认为:"经验中存在着这样两种要素:所予物及附加其上的解释或构造。"④

据此可以看出,这种对"所予"的说明表明刘易斯并没有退回到前康德的传统经验论传统,而不如说这种思想是康德与皮尔士(Charles Peirce)的结合。

二、刘易斯对"所予"的说明:概念实用主义思路

刘易斯意识到对"所予"的说明是困难的且极易造成误解。在《心灵与世界秩序》中,他就说过:"在某种意义上可以说,所予一直是无法名状的。"⑤在这一点上,刘易斯与皮尔士是一致的,皮尔士生动地描述了"所予"的特性:一思考

---

① Clarence Irving Lewis, *Mind and the World Order*, New York: Charles Scribner's Sons, 1929, p.30.
② 李国山编:《刘易斯文选》,李国山、方刚等译,社会科学文献出版社2007年版,第13页。
③ 〔英〕约翰·奥斯汀:《感觉与可感物》,陈嘉映译,华夏出版社2010年版,第207页。
④ 李国山编:《刘易斯文选》,李国山、方刚等译,社会科学文献出版社2007年版,第96页。
⑤ Clarence Irving Lewis, *Mind and the World Order*, New York: Charles Scribner's Sons, 1929, p.53.

它,它就溜走了。在皮尔士那里,"所予"与第一范畴的"纯质性"相关,也可用作任何前解释的范畴。刘易斯认为:"这种形而上学想象的构造之物是一种不适于用思想来把握的直觉状态,它只是满足了那些想要在我们进行知识分析时替换掉不确定的假设的替代物。"① 也就是说,对"所予"的假定和说明是理解知识与经验的需要。实质上,皮尔士和刘易斯都认为,只有通过抽象的方法才能够得到"所予",也就是只有通过将呈现给我们心灵的东西的某种元素隔离出来才能把握它。而不幸的是,这种在思想中"隔离"的方法极易成为研究者们给思想家贴标签的证明状。

需要强调的是,理解刘易斯的"所予"不能以主观性的或客观性的标准来对它进行定性。刘易斯明确主张"主观性和客观性的区分对于所予来说是不相关的"②。就如研究者卡尔·萨克斯(Carl B. Sachs)所主张的那样,如果所予被划分为是客观的,那么它就是一种感知物或感知质料;如果所予被划分为是主观的,那么它就是对感知者的感知意识的修改(一种错觉或梦境)。但是,因为所予是先于所有的区分归类的,所以它不会遭受到规范认识论的烦扰——只有经验被归类划分了,人们才会为这种划分是否正确而担忧。虽然刘易斯在所予的断定描述上是一个可错主义者,但所予本身,作为完全是前断言的,它是不会被怀疑的。所予不会被怀疑,是因为它是经验的一个不可错对象;所予不会被怀疑,是因为所予不是经验的一个对象,且怀疑只是对经验对象的一种智力性的思考。领会这一点是重要的,它使我们理解为什么将刘易斯当作一个关于知识的基础主义者是错误的。③

刘易斯称自己的思想是"概念实用主义",即"我们必须做实用主义者,但不是由实用主义者始,而是以实用主义者终"。④ 对概念实用主义的一个阐明表现

---

① Clarence Irving Lewis, *Mind and the World Order*, New York: Charles Scribner's Sons, 1929, p.66.
② Clarence Irving Lewis, *Mind and the World Order*, New York: Charles Scribner's Sons, 1929, p.63.
③ Carl B. Sachs, *Intentionality and the Myths of the Given: Between Pragmatism and Phenomenology*, London: Pickering & Chatto, 2014, p.25.
④ Clarence Irving Lewis, *Mind and the World Order*, New York: Charles Scribner's Sons, 1929, p.267.

为它对先天(a priori)真理这个古老问题的重新阐释,而这直接关联着"所予"。概念实用主义的基本思路是:先天存在着许多不同的概念框架,它们针对不同的目的而起作用;对某样事物的辩识与区分实质上已经是在人类需求和旨趣的更大框架中被特定化的结果,而在所有的特定化分类之前,有一种根本的东西在起着作用,它就是"所予"。所以,在刘易斯这里,"所予"是我们要具有任何经验所必须设定的东西,在一个有结构、有序的世界的经验中,连贯的思想和行动得以可能,这都是对所予进行概念解释的结果。[1] 在刘易斯看来,我们"规定了现实的性质",但是我们"不能规定所予的性质"。"所予"一旦呈现给我们,我们就会去解释它,当使它变成"我们愿意相信的东西"时,它就成为现实。刘易斯认为,每当经验到一物项,心灵都会以一种意义来对它进行增补,而增补的方式反映了某个特定心灵的习惯性旨趣及行动模式,亦即心灵的本性。不管对于哪一个心灵,某种意义都会被包含在某个经验中。也就是说,经验是可以随着心灵的旨趣和意志而改变的。在刘易斯那里,"对知识的压倒一切的兴趣乃是实际的行动兴趣"[2]。知识中的先验元素是实用的,而不是经验元素是实用的。据此,刘易斯认为:"通常所理解的实用主义似乎将本末倒置了:心灵贡献给真理和知识的那种要素才可能是实用的;而所予的原始经验事实则是绝对的材料。"[3]并且,"我们终归得承认,无论对于哪类真理来说,实用的这个基础都再根本不过"[4]。

三、塞拉斯对"所予"的批判是否击中了刘易斯的"所予"?

传统经验论是以感知材料(sense-data)理论为特征的经验知识理论,将知识

---

[1] Peter Olen and Carl Sachs, ed., *Pragmatism in Transition: Contemporary Perspectives on C. I. Lewis*, introduction by editors, Switzerland: Palgrave Macmillan, 2017, p.3.
[2] 李国山编:《刘易斯文选》,李国山、方刚等译,社会科学文献出版社2007年版,第117页。
[3] 同上书,第13页。
[4] Clarence Irving Lewis, *Mind and the World Order*, New York: Charles Scribner's Sons, 1929, p.266.

奠基于"直接觉知,且假定了心理活动的'私人性'以及一个人对于自己的心理状态的'优先进入'是经验的原初特征"①。而塞拉斯认为,简单地将信念或命题的依据诉诸"经验"的法庭,这是传统经验论极成问题的方面,在"经验法庭"中,不存在以之为依据的那种"直接的"感知,所有经验都是经过了概念中介的,所以诉诸"直接性"觉知的"所予"只是"所予神话"。

塞拉斯所指的是,所予的获得本身就要求理性能力,如果我们没有认识到这一点,就会掉入所予神话。依据塞拉斯的这种思考路向,我们回到刘易斯对所予的相关论述,察看刘易斯是否掉入了塞拉斯的所予神话。刘易斯强调"所予"是考察经验知识时心灵会产生的一种正当要求,"所予"并不是一种独立于思想或意识的东西,因为它"不存于任何与经验或意识状态隔离的状态中"。而且,刘易斯区分了"所予"和感性材料,"直接感受性的薄的经验"与"事物世界的厚的经验",他所说的"所予"是"直接感受性的薄的经验",而后者是哲学反思的对象。综上可以看出,刘易斯将"所予"提出来进行论述,并不表示"所予"是与心灵能力(理性能力)相分离的独立存在,"所予"所强调的是外在世界对我们认知形成的限制。而心灵则带着自身的理智工具应对混沌未分的经验……经验从不提供自身的概念解释,但概念系统(在它们之间可能存在着选择)却作为这种解释的标准发挥作用,同时又没有给经验内容加上任何限制。②

就像麦克道尔对塞拉斯的所予神话进行分析时所描述的那样,"即便是在塞拉斯那里,说事物给予我们被我们认识并没有任何不对的地方。只有当我们没有将必要的要求强加给所予的获得,所予才变成一种神秘的———一个大写的所予概念"③。刘易斯论述"所予"的意图因他拒绝对"所予"进行主观性或客观性的划分而得到强化,"主观性和客观性的区分对于所予来说是不相关的"。如果"所予"是主观的,那么它就变成感知者的感知意识物;如果"所予"是客观的,它

---

① A. P. Martinich and David Sosa, eds., *A Companion to Analytic Philosophy*, Malden, MA: Blackwell Publishers, 2001, p.240.
② 李国山编:《刘易斯文选》,李国山、方刚等译,社会科学文献出版社2007年版,第15—16页。
③ 〔美〕约翰·麦克道威尔:《将世界纳入视野:论康德、黑格尔和塞拉斯》,孙宁译,复旦大学出版社2018年版,第244页。

就变成是一种感知质料。"所予"不是一个经验的对象,而是经验运行过程当中引起认识的、不能被判断的部分。"所予物是在经验之内的,而不是在经验之前的。"①就像塞拉斯在论述视觉经验时,虽然将视觉经验也论述为一种概念事件,但承认只有在"单纯感受性"引导起的视觉印象基础上,才能够使关于客观实在的概念表征具有合法性。这与刘易斯论述"所予"时强调"所予"表示外在世界对我们认知形成限制的观点属于同一思路。显然,刘易斯的"所予"与塞拉斯所批判的所予并非同一个东西。

结语：非杜威式的实用主义者

刘易斯对"所予"问题的论述呈现出其思想与分析哲学运动兴趣上的强烈趋同,致使石里克(Moritz Schlick)、卡尔纳普(Rudolf Carnap)等人将其引为同路人。卡尔纳普甚至说:"在我看来,维也纳小组的主要观点与刘易斯所阐述的实用主义的观点具有一致性。"②石里克也言明他的观点与刘易斯的观点并无分歧:"刘易斯教授所阐释的实用主义者观点与维也纳的经验主义者没有什么太大的分歧。"③但刘易斯又是在皮尔士的古典实用主义底座上来理解和分析哲学问题,致使他将自己的思想命名为"概念论的实用主义"④。也许罗森塔尔(Sandra B. Rosenthal)的描述是恰当的：刘易斯代表着美国哲学发展中从古典实用主义向分析哲学传统的转折。⑤ 但在理解刘易斯所代表的这个"转折"时,需要一种

---

① 李国山编：《刘易斯文选》,李国山、方刚等译,社会科学文献出版社 2007 年版,第 100 页。
② Rudolf Carnap, "Testability and Meaning," *Philosophy of Science*, 1936, 3(4): 419-71, 427.
③ Moritz Schlick, "*Meaning and Verification*," *The Philosophical Review*, 1936, 45(4): 339-69, 344.
④ 李国山编：《刘易斯文选》,李国山、方刚等译,社会科学文献出版社 2007 年版,第 69 页。
⑤ Sandra B. Rosenthal, "From Meaning to Metaphysics: C. I. Lewis," *The Review of Metaphysics*, 1980, 33(3): 541-58.

审慎的区分：刘易斯承续的古典实用主义是皮尔士式的实用主义，而不是詹姆斯-杜威式的实用主义传统。这种区分体现在刘易斯的逻辑兴趣以及他对杜威是否在"分析陈述的意义"与"经验意义"之间做出区分表示怀疑上，而后者的区分对刘易斯而言具有重大的意义：卡尔纳普等逻辑实证主义者示范了哲学探讨中应当从对经验内容的关注转向对经验的陈述的关注，因为"陈述"的语言命题性使其具有公共性的基础，且语言中体现的逻辑是思维更为根本的层面。这就决定性地使刘易斯会成为亲分析哲学运动的思想者，而不再是杜威式的实用主义者。在这样的评价基础上，再回到刘易斯对"所予"的分析，就会理解其中既有实用主义的思维基座（人类的需求与旨趣在知识的构成中的基础性作用），又有基于对"分析陈述"的语言维度的关注而具有的分析哲学运动的思维层次。

经典译文

实践判断的逻辑*①(节选)

约翰·杜威 著
冯 平 译
复旦大学哲学学院

一、实践判断的性质

在简要介绍这个讨论之前,为避免可能造成的误解,我想先说一句。或许有人会反对"实践判断"(practical judgment)这个提法,认为这样一种术语其实是一种误导;"实践判断"这个提法属于用词不当,而且它是一种危险的术语。因为,就其本质而言,所有的判断都是理智的(intellectual)的或推理的(theoretical),所以"实践判断"这个术语就存在这样一种危险:它会使得我们将某些实际上根本不是知识的东西当作知识,并且因此走上一条神秘主义或蒙昧主义之路。我可以接受这些说法。我并不是想用实践判断这个术语来表达一种在构件和起源上与其他判断有所不同的判断类型,我只是想用它来表达一种具有特殊类型论题

---

* 本文是 2016 年教育部人文社会科学研究规划基金项目"杜威价值哲学研究"(项目批准号:16YJA720001)的研究成果。这里所选的内容是《实践判断的逻辑》第一部分和第二部分。目前译本是以何克勇译、欧阳谦校的译本(收于《杜威全集·中期著作》第八卷,华东师范大学出版社,2012 年)为基础的,特向何克勇先生和欧阳谦先生致以诚挚的谢意。——译者

① 首次发表于 *Journal of Philosophy,Psychology and Scientific Methods*,1915(12): 505 - 23,533 - 43;修订并重刊于 *Essays in Experimental Logic*,Chicago: University of Chicago Press,1916,pp. 335 - 442。

(subject-matter)的判断。实际上,存在与"**日程表**"(agenda)——要做什么和要做到什么——相关的命题,这些命题是对决定行动的情境的判断。有这样一种形式的命题:某某应该做这个,而且应该这样做;这更好、更明智、更谨慎、更恰当、更可取、更合时宜、更有利,因此就这么做;等等。诸如此类的判断就是我用"实践的"所命名的一类判断。

也可能会有人提出反对意见,认为这种类型的论题并非与众不同,没有理由将它们与**主谓**(SP)判断或**关系**(mRn)判断区分开来。我也乐意承认,这或许是事实。不过,同时,即使就是为了达到这一结论——是否存在这类论题,它们是如此与众不同,以至于需要一种不同的逻辑形式——也值得考虑一下这种**显而易见**的差异。无疑,在考虑之前就假定实践判断的论题**必须**还原为**主谓**判断或**关系**判断,这与相反的假定——实践判断的论题一定不可还原为**主谓**判断或**关系**判断——一样,都是站不住脚的,因为它回避了可以提出的关于这个世界的最重要的一个问题:时间(time)的性质问题。而且,目前的讨论表明,对这类命题的讨论,即使不是完全空白的话,也至少可以说存在明显缺陷。在罗素先生最近提及的关于逻辑的两部分内容中,第一部分历数或总结了命题的不同种类或不同形式。① 显而易见,罗素根本没有提到实践判断是一种可能的判断类型。但是,可以想见,这一忽略多么严重地危害到对其他类型判断的讨论。

可以补充一些实践判断的样本:他最好去看医生;对你来说,投资这些债券是不明智的;美国要么改变其门罗主义的立场,要么做好更强有力的军事准备;现在是盖房子的良机;如果我做那件事情,那我就错了;等等。细细琢磨这类判断的实践意义是荒唐可笑的,但指出实践判断的重要性,激发人们对在一般逻辑形式的讨论中忽略实践判断之理由产生怀疑,却一点儿也不荒唐可笑。关于实践判断,我们可以说:

1. 实践判断的论题蕴涵一种不完善的情境(incomplete situation)。这种不完善不是心理的。某种东西在"那儿"。但是,在那儿的东西并不构成一个完整的(entire)客观情境,因为一个完整的客观情境还需要别的东西。只有在提供了

---

① *Scientific Method in Philosophy*, p. 57.

那种别的东西之后,这个所予(the given)才能构成完整的论题。这种看法对不确定性和偶然性观念而言,具有重要的意义。有时,人们(包括追随者和反对者)会想当然地认为,这些观点的有效性必须以**所予**本身是不确定的为前提——而这看上去好像很荒谬。其所蕴涵的逻辑是:这个论题是一个**尚未终结的**、尚未完成的或尚未完全所予的,是关于未来的。此外,这种不完善性并不是针对某个人的。我想说的是,实践判断的这种不完善情境并非**受限于**判断者,实践判断既非专门,也非主要是关于某个人自身的。相反,只有当一个判断是针对一种情境,而在这一情境中既有这个人,还有除这个人外的诸多其他因素时,这个判断才是关于这个人的。关于道德判断(moral judgments)各种全然不同的假设持续不断,以至于这个说法一定会显得十分武断。不过,这种情况肯定是**显而易见**的:当我在权衡我是不是应该给路边那个乞讨者钱时,我是在对一种客观情境进行判断;而关于我的结论,是受关于情境的命题所左右的,而我不过恰好是在这个情境之中。这个完整的、复杂的论题包括那个乞讨者、社会条件、一些推论以及社会慈善组织等等,恰好也包括我自己。以任何其他的根据为道德命题的客观性做辩护,似乎都是不可能的。除了这个事实,我们也许至少还可以指出这样一个事实:无论是关于我们自己的,还是关于其他行动者的方针政策的判断,都必定是对一种暂时未完成的**情境**的判断。"现在是我购买某一铁路债券的好时机。"这是一个关于我自己的判断,仅仅是因为它主要是对数百个完全独立于我的因素的判断。如果承认的确存在此类命题,那么关于道德判断的唯一的难题就是,它们是不是我们所定义的实践判断的一些实例。对于道德理论而言,这是一个至关重要的问题,但是对于我们的逻辑讨论而言,却并非如此。

2. 实践判断的论题蕴涵:命题本身就是使情境得以完善、推进情境走向自身完结的一个因素。依据"应该做这个或者应该做那个"的判断,当完成时,情境就会具有这样或那样的论题。"这样做是好的"这类命题,就是以某种方式处理所予的命题。因为这种处理方式是由命题所确立的,所以命题就是结果的一个决定性因素。作为关于所予之补充物的命题,命题本身就是补充物**中**的一个因素。而且,这个因素并不是一种异物,也不是继命题之后的某种东西,而是命题本身的一种逻辑力量。至少根据初步印象,在这里我们会发现,实践判断与描述性判断或叙述性判断显著不同,而且与我们所熟悉的主谓命题显著不同,也与纯粹的数学命题显著不同。也就是说,主谓命题与纯粹的数学命题并不参与论题的建构。实践命题也不同于诸如"他已经动身去你家了""房子那里大火还在烧""天大概要下雨"等具有这类形式的偶然的以经验为依据的命题(contingent proposition)。这些命题中蕴涵所予的未完成性,却并不意味着这些命题就是命题所蕴涵的未完成性得以完成的一个决定性因素。

3. 实践判断的论题蕴涵:它使所予何以终结——一种结果比另一种结果更好——有所不同,而命题将是(在可能的范围内)确保这个更好结果得以产生的一种因素。换言之,在形成这一命题时,客观上有些东西危若累卵。**描述性**判断是一种受到所予限制的判断,无论这种限制是时间的、空间的,还是潜在的。而一个正确的或者错误的**描述性**判断并不对它的论题产生影响:既不会促进其论题的发展,也不会阻碍其论题的发展。因为根据假设,描述性判断的论题就没有发展。但是,实践命题会使论题更好或更坏,因为它是关于所要做的事情的判断,是关于使完整的论题得以存在之条件的判断。①

4. 实践命题是二元的。它既是一种关于以一种具体的方式处理所予的判断,一种关于容许如此处理所予的判断,一种关于容许一种具体的客观结果的判断,也是一种一视同仁地对目的(将要带来的结果)和手段所做出的判断。那些将关于目的的讨论与确立手段割裂开来的伦理学理论——很多伦理学理论都是如此,因此将对目的的讨论排除在判断之外,而如此这般所获得的目的便无理智可言。

"我应该去看医生。"做出这个判断,就意味着"我"应该采取一种具体的方式以完善情境中的所予要素,也意味着这些所予要素提供了某些条件,这些条件使得完成所提出的解决方案是可行的。这个命题所关注的内容,既有各种资源,也有各种障碍——既要理智地确定那些阻碍生命力的因素,又要理智地确定可被用以避开或克服这些障碍的因素。关于需要看医生的这个判断,意味着在日常生活

---

① 分析实在论者已经表露出,他们极端厌恶将未来结果的性质作为命题项来讨论。未来结果与关于未来结果的心理活动当然不是一回事,未来结果对于关于未来结果的心理活动而言是"客观的"。那么未来结果已经存在于某个存在领域了吗? 或者,存在(subsistence)只是逻辑指称的事实的别名,而让对"存在"含义的确定依赖于对"逻辑"含义的确定? 更笼统地说,关于未来,分析实在论者的立场到底是什么呢?

中存在一些障碍,但是它同样意味着日常生活中存在一些积极因素,这些积极因素在生活中被创造出来,用以克服日常生活中存在的那些障碍,从而使生活恢复正常。

  特别值得注意的是实践判断在它涉及陈述手段时的交互性(reciprocal)特征。从目的的角度看,这种交互性确定了乌托邦主义和浪漫主义的位置,并谴责了乌托邦主义和浪漫主义。有时,乌托邦主义和浪漫主义也被称为理想主义(idealism)。从手段的角度看,这种交互性确定了唯物主义和预定论的位置,并谴责了唯物主义和预定论。有时,唯物主义和预定论也被称为机械论。我用"唯物主义"这个概念,指的是这样一种观念:所予完全彻底地蕴涵了整个实践判断的论题,所予就是所有的"一切"。毫无疑问,所予就是,是其所是;它是完全确定的。但是,它是有待去做的某件事情**的**所予。全面考察和盘存现有条件(事实)还不够,弄清现有条件的存在是为了理智地决定将要做什么,以及为了完善所予还需要什么。那么,认为因其"所予"这一特点,所予就否决了采取任何行动、进行任何改变的可能性,对所予的这类看法是自相矛盾的。作为实践判断的一个部分,发现一个人正遭受疾病的折磨,并不等于发现他必须遭受此疾病的折磨,也不等于发现接下来所发生的一些事情是由他的疾病所决定的;这个发现标示了这个人要恢复健康所需要的、可能的行动路线。即使所发现的这种疾病是一种绝症,这个原则依然适用,因为它标示了不要再在这件徒劳无功的事情上浪费时间和金钱了,还是去准备后事吧,等等。这个发现还标示了要摸清情况,以备将来遇到相同情况时可以做一些补救,而不是束手待毙。实践判断的全部的好坏成败都与此原则有关。这个原则接受任何质疑。但是,关于这个原则有效性的讨论,必须以经验证据为基础,不能用所谓"已经具有什么"或"已经发生什么"这些命题含义的逻辑延伸而否认这个原则的有效性。也就是说,不能从关于科学判断的断言中推论这一原则是无效的。这个关于科学判断的断言就是:科学判断作为关于"是"(what is)的发现和陈述,它严禁这一原则;更不能用对数学命题的分析而推论这一原则是无效的,因为这种方式是回避问题。除非由于暗中引入某些先入之见而使事实变得错综复杂,否则,**显而易见**的经验情形就是:科学判断——确定的诊断——赞同、偏爱,而不是严禁可能改变所予的原则。重申一遍,如要推翻这一假设,就应去发现证明不能相信这一原则的具体证据。无穷无尽的经验证据显示,我们通过科学判断的手段而增强了控制所予(科学判断的论题)的力量,鉴于此,发现证明不能相信这一原则的具体证据的可能性似乎微乎其微。

这些考虑揭示了(实践的)理想主义和机械论的正确含义。行动的理想主义,无非是明确地承认了我们一直在考虑的这些含义。行动的理想主义意味着:所予作为所予,既可以**作为**推动行动进程和完成行动的障碍,又可以**作为**另一行动进程的资源,而这一行动进程可以间接地改善直接受阻的行动进程。行动的理想主义不是对希望的盲目冲动,也不是各式各样的反启蒙主义的情感主义常常称呼的那种乐观主义,更不是乌托邦主义。行动的理想主义认可:凭借精确的发现,我们才能推进事情的发展进程,才能重新确定进程的方向。更准确地说,行动的理想主义所认可的是一种作为主导动机的操作,这种操作是发现的延伸,是对发现结果的利用。

"机械论"意味着认可手段的交互性,它认可所予和事实在实践判断中具有决定性作用的重要意义。彼此孤立的事实被当作自身完满的事实,不是机械论的。这样一些事实最多不过是这样一些事实,即这样一些事实的结果。作为实现这样一些事实所标示的可能性的机制和手段,它们是机械论的。除了前瞻(预测事情的未来走向)之外,机械论是一个毫无意义的概念。将机械论这个概念用于一个业已完成的世界,用于任何一种单纯的处理完毕的场景,都是毫无意义的。那些关于过去世界的命题,仅仅关于过去的命题(而非为将来行动提供条件的命题),也许是完整的和精确的,但是它们常常具有复杂目录的性质。另外,采用机械论概念,就等于引入了未来成就之种种可能性的暗示。①

5. 正如我们刚才已经看到的那样,关于要做什么的判断蕴涵了对情境中所

---

① 假设现在的问题是关于过去地质时代地球的某种炽热状态。假设所发现的事实是命题或科学的全部论题,却不能把所发现的事实视为生命出现的原因或机理。因为根据定义,所发现的事实构成一个封闭系统;引入未来事件的参照,就否定了这个概念。反之,说地球过去的情况就是后来生命出现的机械条件,就意味着,过去那个阶段并非仅仅被视为过去,而是被视为转向其未来的一个过程,被视为一个朝向生命方向的转变过程。这个方向上的变化,就构成陈述地球史早期阶段所必不可少的部分。一个纯粹的地质学的陈述,在地质学的论域里也许是相当精确的,但在其他的论域中却不是相当完善的,因而是不准确的。也就是说,地质学的命题也许准确地陈述了事物的一个较早阶段,同时却忽略了对由这个阶段所引起的后来阶段的揭示。而一种未来的哲学也许不会忽略这个隐含的未来。

予的陈述，这个陈述被当作对将要进行的过程的指示（indication），当作对可用于将要进行的过程之工具的指示。这样的判断要求准确。完整性并不是一个额外的要求，它就是准确性的一个条件。因为从根本上说，对准确性的判断是以与决定将要做的事情的关联为根据的。完整，并不意味着穷尽，而是意味着要充分地尊重目的和实现目的的手段。关注的东西过多，或者所关注的是不相干的东西，都违背了准确性要求，等于遗漏了或没有发现重要的方面。

对此的清晰认识将使人避免一些逻辑混乱。前面已经论证过了：对所予存在和对事实的判断不能是假设的；实在性与假设性，两者毫不含糊是矛盾的。如果把这两种定性用于同一方面的话，就会是矛盾的。而它们又不是矛盾的。"假说"是这样一种事实——这一事实构成所予命题的逻辑项，它对当下目的具有重大的意义，而且是适合当下目的的。这一当下目的，就是确定完成行动的可能性。资料也许就如你所喜欢的那样真实和确凿，然而，绝不能保证它们就是这个特殊的判断**所需要的**。如果"假说"所要做的事情是形成一个关于彗星返回的预测，那么主要的困难并不是要进行一些观察，也不是基于观察的一些数学演算，这些也许都很困难，但主要的困难在于：证实我们所获得的观察资料，真的与正确地做这件特殊的事情——预测彗星的返回——有关，即证实我们没有遗漏某些相关的东西，也没有纳入某些与彗星下一步运行无关的东西。达尔文关于自然选择之假说的好坏成败，并不受他关于驯化动物繁殖之命题的正确性的影响。人工选择的事实也许与他的陈述是一致的——这些事实本身也许没有任何东西是关于它们的假设，但是将物种起源建立在这些事实的基础上，仍然**是**一个假说。从逻辑上说，当一个事实命题被当作推论基础时，它就是一个假言命题。

6. 就实践判断（包括对所予的判断）的真相而言，这段话的意义显而易见。实践判断和对所予的判断的真与假，是由这些判断所导致的结果所确定的。在尝试实践判断所控制的行动过程之前，关于目的-手段（构成实践命题的逻辑项和关系）的确定只是假设性的。这类行动的结果或产物，**就是**这个判断的真与假。这个直接的结论是从"只有判断所导致的结果才能使判断的论题得以圆满"这个事实中得来的。既然如此，那么至少检验和真实性完全是重合的——除非在先前的分析中存在一些严重的错误。

完成了这个解释，就为对其他问题的考虑提供了准备。但是，这一解释还提出另外一个独立的问题，我需要附带讨论一下这个问题。将所得到的这种结论应用于所有的事实命题的可能性和正当性（legitimacy）到底有多大？也就是说，认为所有关于事实的科学的或描述性的陈述，都间接或直接地蕴涵某种将要做的事情，蕴涵某种未来在行动中将被实现的可能性，这种看法是可能的和正当的吗？关于正当性这个问题太复杂了，无法附带讨论。但是，不能否认这样的应用是有可能的，也不能否认这种可能性是值得仔细研究的。至少，我们可以提出这样一个假设：所有关于事实的判断，都与确定将要尝试的行动的过程有关，都与发现使行动成为现实的手段有关。就已经解释过的意义而言，所有陈述发现的命题或陈述探知的命题，以及所有的直言命题①，都是假设的；而它们的真实性，与它们经过检验的理智行动的结果相一致。

这种理论可以称之为实用主义。但是，它是一种摆脱了对唯意志论心理学（voluntaristic psychology）依赖的实用主义。它没有被涉及情感满足或欲望游戏而弄得复杂难解。

我不是要讨论这一点。但是，对实用主义的批评者们来说，如果在批评时能够对日常实践判断进行分析，并着手考虑实践判断的效果与事实判断和本质（essence）判断之间的关系，那么他们就会重新理解实用主义的意义。伯兰特·罗素先生评论道：实用主义是作为一种真理理论而起步的，却忽视了"事实真理"；而"事实真理"才是理论的基础，而且理论要以"事实真理"为根据才能得到检验。②我不想在罗素先生所关心的实用主义的出发点这个问题上对罗素先生的观点提出质疑。至少，哲学一直以来主要是一个理论问题；而且，对于确定这种理论的意义和检验这种理论的方式，詹姆斯先生已经足够劳心费神了。如罗素先生所说，詹姆斯的实用主义实际上已经陈述了将用于归纳科学的同样的检验方法用于检验哲学的必要性。但是，这并不妨碍我们用类似的方法处理所谓的"事实真理"。

---

① 直言命题（categorical proposition）：通称性质命题，心理学著述亦称之为范畴命题，台港澳地区惯称为定言命题，就是断定对象是否具有某种性质的简单命题。——译者
② *Philosophical Essays*, pp. 104, 105.

事实也许是事实，但还不是当下研究中的事实。然而，在所有的科学探究中，把这些事实称作事实、资料、事实真理，意味着它们被当作与进行推论相关的事实。就像这个所显示的一样，如果这些事实因此而被卷入（无论如何间接）一个关于未来行动的一个命题中，那么它们本身在逻辑性质上就是假设的（theoretical）。陈述的准确性和推理的正确性将因此而成为真理的要素，也将是真理的证明。真理应该是一种三位一体的关系，它具有一种与罗素先生所说的不同品质（sort）。准确性和正确性，这两者都应该是可证实性（verifiability）的应变量（function）。

二、价值判断

（一）

我的目的是要将前面所得到的关于实践判断之含义的一些结论运用到价值判断的论题上。首先，我将尝试去清除那些引起误解的原因。

然而很不幸，有一种歧义根深蒂固，它使人难以对价值问题置之不理。一种关于"好"的经验，与一种关于某一东西具有某一种类某一数量之价值的判断几乎一直纠缠不清。这种混淆由来已久：在中世纪的思想中就存在这种混淆，而笛卡尔使之再度复活，新近心理学给予它以新的成功。感觉（senses）被当作比较适当的认识方式；而情感（feeling）被当作感觉的一种方式，并进一步被当作认知理解的一种方式。出于科学的目的，笛卡尔致力于说明：感觉不是理解诸如身体之特性的工具（organs），而仅仅是理解身体与有感知力的有机体的安乐关系的工具。快乐和痛苦的感觉（sensation），连同对饥饿、干渴等等其他的感觉，都很容易以这种方式理解；颜色、声调等等，也是如此。关于所有的感觉，笛卡尔说："自然将这些感官知觉赋予我的身体，为了表明（signify）什么是有益的和什么是有害的。"①这样才可能把身体的实在特性与身体的几何特性视为等同，而使他免于面对这样

---

① Sixth Meditaion.——原注
　笛卡尔的《第六个沉思》（*six meditation*）讨论物质性东西的存在，讨论人的灵魂和肉体之间的实在区别。——译者

的结论：上帝（或自然）在颜色知觉和声音知觉等等中欺骗了我们。这些知觉只是为了教导我们应该追求什么和避免什么，而且**这样**领悟就足够了。在下面这句话里，可以清楚地看到笛卡尔关于每一种关于"好"的经验和一个判断或一个认知领悟的确认："当我们听到一个消息时，我们的心（mind）首先对它做出判断，如果是好消息，我们就心感欣喜。"①

这是经院哲学家心理学关于**判断力**（vis aestimativa）理论的一种残存物。洛采（Rudolf Hermann Lotze）认为，情感（如涉及快乐与痛苦）是价值判断的工具，或者用更新近的术语说，情感是对价值的认知领悟（对应于感觉性质的直接领悟）。洛采的这种理论，不过是用一种新的术语呈现了同一种传统。

比起所有这一切，本文所采取的是休谟在下述文字中所表达的立场："情感（passion）是一种原始的存在，或者，如果你愿意的话，也可以说是存在的一个变体；情感并不包含任何使它成为任何其他存在或变体之复本的表象特征。当我愤怒时，我实际上就具有这种情感，而且这种情绪并不比我口渴、生病涉及更多的其他的对象，也不比我身高 5 英尺涉及更多的其他对象。"②我这样做，看上去是回避了正在讨论的问题，但是，这无疑是关于这个问题的一个**显而易见**的事实。先前有一个教条，大致意思是：每一种意识到的经验，**根据事实本身**（ipso facto），**都是**一种认知（cognition）形式。这个教条遮蔽了那个**显而易见**的事实，提供证明的重担就落在赞成这个教条的人肩上了。③

---

① *Principles of Philosophy*, p. 90.
② *Treatise of Human Nature*, Part Three, sec. 3. 原注误注为"第三卷"，应为第二卷。此处译文参照了关文运译、郑之骧校，商务印书馆 1983 年出版的《人性论》。——译者
③ 对我来说，谈其他问题而使这个问题更加复杂，也许是一个很糟糕的策略。但是，显而易见，"情感"、痛苦、快乐，也许可以被当作某些**证据**，用以证明某些东西是超越自身的（也许就像"超过 5 英尺高"这个事实一样），因此，"情感"、痛苦、快乐就获得了一种表征性身份或认知性身份。不是还有一种**貌似真实**的假定吗？这种假定认为：所有感觉性质本身是赤裸裸的、没有认知矫饰的存在或出现，它们作为其他别的东西的符号或证据而获得认知性身份。认识论观念论者或认识论实在论者确认：快乐与痛苦不具有认知特征。他们也许肩负着慎重地思考以下论点的特殊的责任，这一论点就是：除非感觉性质被当作某些其他东西的象征或标志，否则它们都不具有认知性质。这一认可使认识论关于第二性质的讨论成为无逻辑的。

有一种学说认为"欣赏"(appreciation)①是一种特别的知识,或者说是一种实在的认知性揭示。"欣赏"的特别之处在于:它有一种独特类型的实在作为它的对象,而且它有一种区别于日常知识的理解力和科学知识的理解力的独特心智条件作为它的工具。鉴于这种学说颇为流行,似乎特别需要对"欣赏"这个词做进一步讨论。实际上,似乎真的没有任何理由认为欣赏就是一种刻意提高对一个对象价值的经验,或强化对一个对象的经验。"欣赏"的对立面不是描述性知识或解释性知识,而是**低估**——一种对对象的贬低性理解。一个人爬到山上,也许是为了看到更好的风景;他到希腊旅行,也许是为了获得比他在照片上看到的更充分的对帕特农神庙的认识。在获得这种强化经验的步骤中,包含着理解力和知识,但这并不会使风景和帕特农神庙成为丰富的意味深长的认知对象。所以,一种丰富的音乐经验也许依赖先前的批评分析,但没有必要将听音乐当作一种非分析性的认知活动。欣赏,要么仅仅意味着一种强化了的经验,要么意味着一种批评,于是,它就坠入普通判断的范围,不同只在于,欣赏被用于对艺术品的判断,而不是被用于对其他论题的判断。分析欣赏的这种模式也可用于分析"直觉"这种比较陈旧却与欣赏同类的术语。"相识""熟悉""识别"(认可)这些术语也布满了同样的歧义陷阱。

然而,在当代关于价值判断的讨论中,欣赏是一个特别暗藏危险的术语。开始,人们声称(或者假定)所有关于"好"的经验都是认识形式(modes):"好"就是一个命题的术语。评价,作为一个批评过程,是一个以确定"好"为目标的探究过程。这个过程恰恰与科学所采用的确定事件性质的过程相似。接着,当经验深入地强化了作为批评过程的评价与普通的关于好坏的经验之间巨大差异时,便诉诸直接欣赏与间接知识或推理知识之间的差异,并引入了"欣赏",让其充当当下直接认知性领悟的便利角色。这样,第二个错误就被用来掩盖和庇护第一个错误。按阿诺德·本涅特(Arnold Bennett)笔下女主人公的惯常做法,充分而彻底地尽情享受一种东西,不过是认识到这是一个尽情享受眼前东西的机会罢

---

① appreciation 还有欣赏、赞赏、重视、鉴定、鉴别等含义,用其中任何一个统译都不尽如人意。——译者

了,就像发现了某种香味四溢的东西很好时那样。这种认识与感到愤怒、感觉口渴并无不同,也与知道某人身高5英尺并无二致。我们能够使用的所有语言,都充满一种通过反思而获得的力量。甚至在我谈到一种关于好或坏的直接经验时,人们极有可能会稍微理解我所描绘的一个东西,这个东西经过思考而被感到是好的;人们不得不使用语言,仅仅是为了激发诉诸一种直接经验,而语言并不依赖于这种直接经验。如果有人想进行这样一种富有想象力的旅行(不强人所难),那么他会注意到**发现**一个东西好,除了反思判断之外,无非意味着以某种方式去对待这个东西——对它抓紧不放,魂牵梦绕,满心欢喜地迎接,采取行动而使当下永恒,喜爱它。这是一种指向这个东西的行动方式,是一种有机体的反应方式。也许,一个心理学家会引入情绪,但是,如果他的贡献有重大意义的话,那是因为在他的描述中,情绪就是有机体对这个对象的基本反应。相反,如果不是以一种反思性检验结果的方式,而是以与之有明显区别的直接经验的方式,那么发现一个东西坏,就是想要抵制它,摆脱它,消灭它,至少取代它。言外之意,这不是一种欣赏行为,而是一种拒绝与排斥行为。说一个东西是好的或是讨厌的,是在陈述一个事实(包括留在记忆中的),而实际上这个事实是被包含在一个有机体接受或拒绝的情境中的,无论这个事实的性质如何,它们都明确地具有接受或拒绝这种行为的特征。

之所以说这些,是因为我确信,当代关于价值和评价的讨论都遭受着一种混淆之苦,即它们受害于混淆了两种截然不同的态度:一种是对好的东西与坏的东西的直接的、行动的、非认知的经验,另一种是评价。评价,纯粹是与任何其他判断形式一样的一种判断方式;评价与其他判断形式的区别在于,它的论题恰巧是"好"或"坏",而不是一匹马、一个行星或一条曲线。但是,不幸的是,对于诸多讨论而言,"评价"(to value)指的是两种截然不同的事情,即珍视(prize)与鉴定(appraise);估计某物的价值(esteem)与估价(estimate)意味着,发现上面所描述的意义上的好,并且判断它是好的,**认识**它为好。我之所以说珍视与鉴定是截然不同的,是因为珍视指的是一种实践的、非理智的(non-intellectual)的态度,而鉴定指的是一种判断。人们喜爱和珍视一些东西,他们珍惜和在乎某些东西,同时,他们忽视和蔑视其他的东西。这是毋庸置疑的事实。把喜爱和珍视的这些东西称作价值,只是重申它们是被喜爱的和被珍视的,而不是给出喜爱和珍视它们的理由。称它们是价值,然后赋予它们以评价对象的特性;或者将事物被珍视的这种特性引入价值,即引入被认为有价值的对象,这就给价值判断理论带来无可救药的混淆。

鉴于这种混淆的流行以及它所导致的严重恶果,在进行更专门的讨论之前,我还是有必要仔细讨论一下这个问题。可以将它们两者之间的区别比喻成吃东西和对所吃的东西的食品特性进行考察研究的区别。一个人吃某种东西;他"吃"的这个行为本身意味着他把这个东西**当成**食物了,他判定这个东西是可以吃的,或者说认知性地考虑过它了,而且意味着问题仅在于他判断得是对的,还是得出了一个虚假命题。如果有人愿意谦恭地对待这一具体经验,那么他就会发现人们吃东西时**不假思索**这件事情是多么经常;人们习惯性地把放在面前的东西放进嘴里,就像一个婴儿本能地如此一样。一个旁观者或任何一个思考过这件事情的人都有理由说,这个行动好像他已经将他所吃的东西判定为食物了。但他却没有理由说,在"吃"这个行为中,已参与判断或理智的决定。他已经行动了,他已经朝着被他当作事物的东西行动了:这只是说他把那个东西放进嘴里,咽了下去,而不是把它吐出来。于是,那个物体被称作食物。但是,这既不意味着那个东西**就是**食物(即可消化的有营养的东西),也不意味着因为吃那个东西的人已将那个东西判定为食物了,因此他的判定就构成一个或为真或为假的命题。只有当他产生某种怀疑,或者当他思考尽管他对那个东西的直接看法是厌恶,但是那个东西是有益健康的,而他自己的身体需要更健康等等时,才会产生或为真或为假的命题。产生这样命题的时间甚至更晚,假设一个人生病了,医生可能会问他吃过什么东西,然后断言他吃的那个东西根本不是食物,而是有毒的东西。

在上述例证中,使用"食物"这个回溯性(retroactive)术语并不存在危险,也没有任何危害;它并没有将"实际吃的东西"与"有营养的物品"这两种含义相混淆的可能。但是如果用"价值"和"好",就有产生混淆之危险,而这类混淆是长期存在的。作为**合理性的**(reasonable)术语,"好"与"坏"涉及与**其他事物的关系**(这与把某个特殊的物品称作食物或称作有毒的东西的含义极为相似)。由于忽略了这个事实,当我们在思考或者探究某种行动或某个对象的"好"或价值时,会以为我们所处理的是一个结构单一、自我封闭的东西,就像我们出于本能或习惯,没有任何逻辑性和没有任何理由而立刻显示出我们对某种东西的珍视、满意地接受或珍爱一样。实际上,就像**确定**一个东西**是**食物,意味着考虑了这个东西与消化器官的关系,考虑了这个东西在身体系统中的分布状况和最终去向一样,我们确定一个被认为是好的东西(换句话说,以某种方式对待它)是好的,就意味着我们不再把它看成一种直接的、自给自足的(self-sufficient)东西,而是从它所产生之结果的角度来对它加以考量,也就是说,从它与更大一系列其他事物的关系的角度来对它加以考量。如果一个正在吃东西的人有意识地暗示他吃的是食物,那么他就是在期盼某种结果或对某种结果做了预测,"吃"这个行动因此或多或少有了适当的理由。无论其结论真假,他都经过了判断、理解和认识。因此,一个人不仅可以享受一个东西,还能判定他所享受的这个东西是好的,是一种价值(a value)。当他做这类判断时,他就超越了直接呈现在他面前的事物,而推演了其他事物,因此而暗示了那些其他事物与眼前事物的关联。不管吃的人想没想过,吃到嘴里和肚子里的东西都一定会**产生**结果。但是,除非想到了这些结果,并且将这些结果与他所吃的东西联系起来了,否则,他就根本不**了解**自己所吃的东西,即他并没有把它当作一个具有某种特性的项(term)。如果他只是停留于说"哦,这太好吃了",那么他只是在说他享受吃这个东西的乐趣这个事实,而并没有在说关于这个对象的其他任何事情。如果愿意的话,我们可以把这一感叹当作一种反思或一个判断。但是,如果这句感叹是有意识使然的,那么发出这个感叹就是为了抬高这一享受的价值;而发出这个感叹,就成为达到一个目的的手段。一个饥肠辘辘的人一般会先在某种程度上满足自己的食欲,而不是沉湎于这种不成熟的建议。①

---

① 对于那些领会了我论辩想法的读者而言,这样说也许不是没有意义的。典型的观念论的谬误在于,在直接经验中导入了理智的或反思的审视结果;而实在论的谬误在于,把反思性操作看作完全是在处理最初行动所涉及的同一论题——将"有理由"的"好"与直接反应的"好"看成同一类东西。这两种谬误的起因都在于:通过将两种不同的行为冠以"认识"(knowledge)之名,而将两种不同的行为当成同一种行为,于是,这两种不同行为之间的差异便被当成只是直接的领悟和通过中介而得出的领悟之间的差异。

（二）

现在我们必须回到我们要解决的问题所处的语境中。我的观点是：价值判断就是实践判断的一种实例，它是一种关于要做什么事情的判断。我的这一观点与一种假定是冲突的。这种假定认为：价值判断是关于独立于行动的一种特殊的存在类型的判断；价值判断的主要问题是，它是主观的还是客观的。我的这一观点还与这样一些倾向相冲突，它们认为，确定一种行动路线（无论是道德的、技术的还是科学探究的）是正确的还是错误的，依赖于一种单独的对于那些被称作价值对象（value-objects）东西的确定，这些东西如幽灵一般——无论它们幽灵般的特征是来自它们存在于其中的那些先验而永恒的领域，还是来自它们存在于其中的那些所谓的心灵状态。我的主张是：价值对象只是这样一些对象，它们被判定为拥有一种**力量**，这种力量在一种情境中会推动事情向一种确定的结果凡俗地发展。我重申：**发现**一个东西好，并没有将什么归功于或归咎于这个东西，它只意味着要针对这个东西做点什么。考虑这个东西**究竟是**好**还是**不好，以及它有多好，就是在问它将会怎样**像作用力一样**对一种行动路线起促进作用。

因此，在一种"好"和一种直接经验，与一种被评价的、被判断的"好"之间存在着巨大的差别。下雨也许是让人感到最不舒服的（下雨**就是**下雨，就像一个人身高 5 英尺就是身高 5 英尺一样），但是下雨对庄稼生长来说却是好的，也就是说，下雨有利于或促进庄稼朝着一个特定的方向运动。但这并不意味着我做出了两个截然不同的价值判断，而意味着我根本**没有**做出任何价值判断。如果我要做出价值判断的话，我很可能会说，尽管因下雨被淋湿了而让我觉得很不愉快，但下雨的确**是**一件好事。这是我在将下雨当作两个相反的情境中的**手段**而做出的判断，即将下雨作为相对于两种目的的手段而做出的判断。下雨的一种**结果**是让我感到不舒服，而另一种结果是庄稼未来的好收成，我对这两种结果进行了比较，然后说："就让后一种结果顺其自然吧。"作为行动者，我支持后一种结果，而不支持因淋湿直接感到不舒服这一结果。一点儿没错，在下雨这个例子中，我其实是无用武之地的；可以这么说，无论我站在哪一边都是感情用事，既没有实际地考虑让雨停下，也没有实际地考虑农作物的生长。实际上这只不过是断言：人们不会以下雨使人不舒服为由而使雨停下；如果可能的话，人们会鼓励雨继续地下,人们会说:"雨啊,你继续下吧!"

在大量其他的实例中,对行动所采取的具体干预倒是显而易见、有目共睹的。我想到一个实例——我正在吃的这种"食物"令我感到很愉快,但它不是适合我的食物,因为它会导致我消化不良。于是,这种"食物"就不再是作为一种**直接的**好而发挥作用,也不再是作为被接受的东西而发挥作用。只有在慎思之后,我才会继续吃这种东西。我将它当作相对两种相互冲突的可能的结果之手段而加以考虑,既考虑眼下我吃这种东西所获得的享受,又考虑吃了这种东西以后我的身体状况。要么获得当下的享受,要么保持身体健康,这两种结果都是可能的,却不可能兼而有之。当然,我可以通过让我自己相信在这个实例中这两者是和谐一致的,从而"化解"这个难题。现在,这个价值对象指的是作为被判定为实现这个或那个目的之手段的东西。因为,珍视、珍重、看重表示的是行为的方式,所以评价所表示的,就是根据它们与其他行动的关系而对它们所进行的判断,或者是就它们所属的行为连续体而对它们所进行的判断。评价意味着将行为模式从对一种行动的直接接受和欢迎,转换成对这种行动的怀疑与考察。这种被怀疑与考察的行动包含一种直接的(或称之为显性的)行动的延缓,而且它蕴含一种未来的行动,这种未来的行动具有与当下事件所不同的**意义**,因为,即使一个人决定继续推进先前的行动,但经过反思性审视而选定这一行动时,这一行动的实际内容也已不同。

我们将实践判断定义为关于"要做什么"和"要做到什么"的判断。实践判断所重视的是一个不完善的、尚未确定的情境的未来结局。说价值判断属于实践判断领域,是指以下两点:其一,价值判断绝不会自我完成,它永远是为了确定"要做到什么"而进行的;其二,价值判断(明显地区别于直接将某种东西经验为好)蕴涵着:价值并不是预先所予的;价值是通过未来的行动而产生的一种东西;价值本身是以价值判断为条件的,是随价值判断的变化而变化的。这种说法也许显得与最近一种主张是矛盾的,这种主张断言:对于认识而言的价值对象,是指经调查研究而被确定作为相互竞争的目的之手段的东西。作为这样一种手段,它已经是了;如果我吃龙虾,那么它**将**使我享受当下美味和遭受后来消化不良。但是,在我做判断的时候,**价值**是不确定的。问题不在于这件事情会怎样——对此我也许相当清楚,而在于是否要采取这项使可能性成为现实的行动。在非此即彼的选择中,我究竟想使情境**变成**什么样?这就意味着究竟要给予作为手段的这个东西何种力量。我是应该将它作为当下享受的手段呢,还是将它作为未来健康的一个否定性的条件呢?一旦确定这个东西在这些方面的身份,那么也就确定了这个东西的价值;于是,判断结束,行动开始。

因此,实践判断主要研究的并不是**对象**(objects)的价值,而是使一个不完善的情境得以完善所要采取的行动路线。不管怎样,对参与预期行动,作为这一行动目的和手段的那些对象之价值的判断,都将形成对确定行动路线的实践判断的适当控制。例如,我最初的和最终的判断是买一套西装,要不要买?如果要买的话,买什么样的?无论结果如何,问题所关乎的是可供选择的行动路线,而不是各式各样的对象。但是,这个判断将是一种判断,而不是一种偶然发生的反应。在这一判断中,各式各样对象的价值情形(value-status)被当作中介性论题。可选的这些西装的价格如何?从目前时尚的角度来看,它们的式样如何?它们的图案协调吗?它们的耐用性如何?它们各自与我所想的主要穿着场合的吻合程度如何?相对而言,或相比较而言,耐用性、便宜程度、合适程度、式样、审美的吸引力,这些就构成了价值特质(value traits)。它们并不是对象**本身**的特质,而是**作为进入一种情境可能和可预见的圆满中的特质**。它们的价值,恰恰在于它们在这一功能中的力量。**就这一点而言**,判断它们的好坏,就是确定它们各自的能力和强度。除了它们在这种功能中的情形之外,它们不具备任何其他适合于认识的价值特质。当在一些西装中确定了某一套西装具有更胜一筹的价值时,就等于(有……力量)决定了做什么更好。它为采取行动提供了必要的刺激,或者说,它使行动从一种尚未决定、犹豫不决的状态转变为决定。

也许一提到"主观的"和"客观的"这两个术语,就会引起一大堆歧义。正是因为这个原因,在将"客观的"这个术语用于评价时,值得指出"客观的"这个术语模棱两可、含糊其辞的性质。"客观的"会被相当错误地等同于一种独立地存在于这样一种情境之外的性质,而正是在这样一种情境之中,才确定了未来行动的路线。或者"客观的"会被用于表示一个对象的性质状态,而这个对象**涉及**通过判断而被完善的那个情境。在要求实践判断的那个情境之外,西装已经独立地具有其定价、耐用性、式样等等。衣服的这些特性不受关于它的实践判断的影响。它们存在着,它们已为所予。但是,作为所予,它们并**不是**确定的价值。它们不是评价的**对象**,它们只是评价的**资料**(data)。也许我们要殚精竭虑才能发现这些所予的性质,但是之所以要发现这些性质,是因为也许紧随其后有一个价值判断;如果这些性质本身已经是被确定的价值,那么就不需要再对它们做出评估了;它们就是刺激人们做出直接反应的东西。如果购买者已经决定依据价格低廉来衡量价值,那么他可以直接买那一套最便宜的西装。他所判断的是"价格低廉"所具有的价值,而这取决于在要求行动的这一情境中,与耐用性、式样和适合性等等相比较,而判断"价格低廉"的权重和意义。如果购买者发现这套西装是冒牌货,这虽然并不会影响这套西装**实际的**耐用性,却会影响它的"价格低廉"所具有的价值,也就是说,会**影响**"价格低廉"这种特质在这个判断所被赋予的重要性。而如果"价格低廉"的价值是已经确定了的,那么这种事情就不会发生。总之,一种价值意味着一种**考量**,而考量并不只是一种存在,而是一种要求判断的存在。被判断的价值,并不是关于已然存在之性质的记录,而是一种影响,这种影响是在关于决定的判断(determining judgment)中,根据对所予存在之性质的判断,而被确定的一种影响。

由此得出的结论并不是"价值是主观的",而是"价值是实践的"。要求进行价值判断的情境,并不存在于人的头脑中(mental),更不是人凭空想象出来的。我认为,最近大量关于价值的客观性和价值判断的客观性的讨论,不过是以一种站不住脚的(false)心理学理论为基础的。它依赖于赋予某些术语以源自内省心理学的意义,这种内省心理学相信一个纯粹私人的意识状态领域。所谓"私人的"不是一种社会交往意义上的诸如礼貌,或者对他人保密,而是存在意义上的独立和分离。例如,认为价值属于(refer to)选择或欲望,也就是说,价值是依主观条件而定的(subjectively conditioned)。如果跳出这样的心理学,我们就会得出与之相反的结论。选择、决定主要是指某种行动,是指针对某个特定事物的某个方面所采取的行为。所谓一匹马选择吃草,只是意味着一匹马吃草;而所谓一个人选择去偷窃,就意味着(至少意味着)他试图偷窃。然而,在经过反思活动的**干预**之后,会有这种企图,那么这个人的行为就具有某种理智的或认知的性质。

不过,这也许只意味着一种行动事实,只是在回顾时,它才被称之为选择:就像一个人千方百计想成为另一个国家的人,他选择出生在英国,如果有一丁点儿理智的话,这就意味着在做一个不可选择的选择。在后一种意义上(在这个例子中,像"选择""欲望"这样的术语指的是行为方式),它们的用法只是一种普遍原理的具体详述,这种普遍原理就是:所有评价必须要做的就是参与行动路线的确定。选择、倾向,原本只是一种在一个特定的方向上的偏爱,这种偏爱并不比一个被抛出去的球突然转向某个特殊方向而不是沿其他弧线运行更主观或更是心理的。选择、倾向,只是对这种行动显示出差别的特征的一种称谓。但是,使(let)行动继续沿着某种路线发展,这一点是值得怀疑的。也就是说,"使"被当作未来结果的一个手段,这个结果具有可供替代的选择,于是,"选择"也就获得一种逻辑的或理智的意义,即获得一种**精神的**(mental)重要身份——如果说"精神的"是留给具有这种理智性质的活动的话。"选择"更意味着确定一种行动路线,至少意味着一旦现实情况允许就被释放的一种**倾向**(set)。否则,人就没有选择,而只是为了缓解自己因悬而不决而造成的紧张,自我安慰地让自己相信自己已经做了选择。

  对于"欲望"也完全可以做同样的分析。被预期的各种各样的结果,也许会引起种种彼此分歧和相互抵触的反应;而多种不同的、彼此对立的路线,会让有机体感到被蹂躏和被撕扯。有机体内部的撕裂和拖拽,这种活跃的倾向间的冲突和斗争,是一种真实的现象。一种朝向某个所予方向的撕扯,在与其他一些撕扯的比较中,衡量着一种预料中的结局或结果对我们的直接控制。如果有人探问评价过程的机制,我会毫不迟疑地说,答案就在刚才所考虑的种种欲望中。除非所有与高度安排有序的活动有关的一切都被冠以"主观的"之名,否则,我认为,将评价过程冠以"主观的"之名是毫无理由的。就我的理解而言,在"主观的"意义上强调对价值和评价的心理学处理,就是以一种极为拙劣和极为消极的方式维护一种积极的真理。这一积极的真理就是:价值和评价属于**行动**领域;就像欢迎、接受是一种行动一样,评价也是一种行动,它是一种确定**未来所要采取**的行动的当下行动;之所以会有这个当下行动,是因为那个未来所要采取的行动是不确定的,也是不完全的。

这一结论来自这一事实：评价并非对一种手段相对于延续一个过程所具有的力量和功效（efficiency）的简单认可（recognition）。因为，只有在对一个过程的延续和终止产生**质疑**的时候，评价才会发生；只有当行动中发生了矛盾和冲突而导致行动犹豫不决时，才会对一个过程的延续和终止产生质疑。

比如，我们可以说下雨对于除尘雾是好的，这便是将力量或功效与价值看作一致的。我认为，除非在一个持续的情境中事物、事情具有一种推进过程的潜能，否则就不会有评价，也不会有价值被创造出来。在"占优势"（prevailing）、骁勇（valiancy）、原子价（valency）和价值（value）这些词之间存在一种密切的关系。但是，"价值"这个术语绝非只是"功效"这个术语的重复，"价值"这个术语增加了某种东西。当我们在向某个结果运动的同时，又被激励向另一个与这个结果不相容的结果运动（就像在吃龙虾那个例子中，龙虾既使我得到享受，又会导致我消化不良），在这种情况下，一个东西其实具有双重潜能。尽管不必怀疑龙虾的功效，但是只有在结果被建立起来之后，龙虾的价值才能被确定下来。如前所述，实践判断同时确定了手段和目的。因此，虽然已知功效，但在选定目的之前，怎能确定价值呢？比如，下雨对除尘雾是有价值的，但是，对我们而言，除掉尘雾是否有价值呢？如果有价值的话，它的价值到底有多大呢？只有当我们自己的那些作为除掉尘雾的因素的行动，同一个与之不相容的行动发生冲突时，我们才会知道下雨除尘雾的价值到底有多大。的确，下雨的价值就是它的力量，但是，这是它的一种推动我们向这个目的**而非**那个目的运动的力量。换言之，并非每一种潜能都意味着价值或有价值的东西，只有那种对于判断未来行动而言具有特殊资格的潜能才意味着价值或有价值的东西。因此，价值只存在于那些可以找到欲望和找到为了选择而需要慎思的情境中。然而，这个事实并没有为将欲望、慎思和决定看成主观现象提供理由。

用一种自相矛盾的话来说，只要一个人**知道了**他的欲望是什么，那么这种欲望就不再存在了，剩下只是在一个既定方向上的活动和努力。欲望是复数的①，而同时产生的多个欲望彼此是不相容的。如我们已经提到的那些欲望，那些欲

---

① 原文 Desire is desires。——译者

望标示着在方向上相互矛盾的活动和运动,它们不可能都被满足。反思就是要查明什么是我们想要的,如我们所说,什么才是我们**真正**想要的,而这就意味着一种新的欲望的形成,一种新的行动方向的形成。在这个过程中,事物、事情**获得了**价值,而这些价值是这些事物和事情以前所不具有的,尽管它们有它们的功效。

  无论要冒多大的风险,无论会引起多大的震惊,我还是要不加修饰地说出这一信条。所谓对价值的判断,就是在尚无所予价值之处创立(institute)一种确定的(determinate)价值。所予价值并非评价所必需的资料(data)。而且,当所予价值是所予的资料时,它们只是确定尚未存在的价值的条件(terms)。当一个人生病了,并在慎重地考虑之后做出"最好去看医生"的决定时,医生毫无疑问是在这个人做这个决定之前就存在的。所要判断的事情不是医生对当下的情境是好的,而是**去看**医生对当下的情境是好的——根据描述,一个东西的存在(exists),只是因为一个基于判断而采取的行动所致。他所判断的未来会有价值的事情,也不是他先前曾拥有的健康(或其他人拥有的健康),而是恢复健康;根据描述,恢复健康这件事情是尚未存在的。毫无疑问,由他过去的健康所产生的多种结果,会影响他形成现在这个"如果能恢复健康就好了"的判断,但是这些结果并不构成作为他的判断之论题和判断之对象的"好"。他也许会判断说这些结果**曾经**很好,而不会判断说这些结果现在很好;因为得出"现在很好"这一判断,意味着判断一个尚未实施的行动过程的应有的对象。**判断**"它们曾经很好"(这明显不同于仅仅回忆健康所带来的某些好处),是判断**如果**过去有一个情境要求人们对一个行动过程进行慎重的反思的话,那么人们会判断说:健康是通过行动才能获得的和才能保持的存在。这种类型的判断可能会引起逻辑论证的困难。因为这种类型的判断隐含着对一个判断而言似是而非的悖论,这个判断恰当的论题就是确定它自身的形成(formation)。如果掩盖、隐藏事实,便必定一无所获。这就是实践判断的性质:因为它是一种判断,一种对"什么"和"怎样"的判断,一种对确定的判断中各种不同因素进行权重赋值的判断。探究一下这种特性能否使人更清楚地认识"意识"的性质将非常有趣,但是我们现在还不能进入这一领域。

（三）

从前面所述而直接得出的结论就是：确定的价值是作为将来行动一种需要做出抉择的(decisive)因素而被构建的。只要有一种确定的好，就足以刺激行动，这时根本不需要对接下来的行动做出什么判断，也不需要对一个目标(object)的价值做出什么判断。然而，人们常常想当然地认为，评价就是将某些固定不变的或者确定的价值应用于一种各种好相互竞争的情境中的一个过程；评价隐含着一种在先的(prior)价值标准，评价就是将各种好与作为最高价值的这一标准进行比较。这一假设需要考察。即使这个假设是合理的，那么它也剥夺了有效性(validity)所一直占据的位置，因为这一假设使一种关于应做什么的判断变成对一种现成价值的应用。而我们的观点是：评价是关于应做什么的判断，评价是实践判断中的一个结论(determination)。论辩应该以这样的方式进行：每个实践判断都依赖于对要实现的结果之价值的判断；这个结果可能只是大致准确的，这就意味着还会有其他的东西被判断为好，因此，从逻辑上说，这种判断会一直延续，直到我们获得对至高无上的好的判断，对一个最终结果的判断，或言直到我们做出**尽善尽美**的判断为止。如果这一陈述正确地描述了这件事情的话，那么毫无疑义，实践判断一定依靠先前对价值的认识；这样的话，根据我们一直在进行的讨论，那个假设就与事实彻底不符了。

批判性评论首先要指出的是"end"这个词的歧义性。在此，我要借助我早先说过的，在实践判断中，手段与目的(end)具有一种完全的交互(reciprocal)关系。如果承认这种交互性，那么就得承认只有通过对手段的判断，才能在判断中确定地推断出目的。手段是一些使一种不确定的境况得以完成的有价值的东西。恐怕我还不能将此视为理所当然的。所以，我要指出，"end"既可以指判断的**实际极限**(limit)，顾名思义，极限是不在判断之中的，也可以指判断的最后的或者要完成的目标(completing object)，一旦形成这个目标，那么一个过渡性的、不完全确定的特定情境就趋于稳定。第一种意义上的"end"，应该说在这里价值(a value)根本不存在；第二种意义上的"end"与我们一直在讨论的终曲(finale)[①]是一回事，或者说

[①] finale，音乐的终曲、末乐章，或戏、舞剧的终场，常为高潮性的结尾。——译者

它是在判断过程中所确定的,它并不是控制这个判断的一种所予价值。可以断言,在前文的例子中,别具一格的西装本身就是一种价值,它可以在众多的西装中为购买者提供评价标准;购买者将这套作为标准的西装与其他西装进行比较,从而确定其他西装的价值。这套西装就被当成一个"end",一个最高价值。这样说就引出了我们刚才提到的"end"的歧义性。因为需要买套西装,这就**刺激**了购买者要对所提供的西装做出价值判断;而一旦买好了,那么判断也**就**结束(end)了。判断**的**"end"中的"的"(of)是宾格而非属格;也就是说,这个"end"是指终止,而非指目的。一旦决定买下某一套西装,那么就不需要再进行判断了。如果**权威**的话有分量的话,我可以说这就是亚里士多德的原则。亚里士多德说,我们绝不会慎思结果,我们只会慎思手段。也就是说,在所有慎思中(或者在所有实践判断或者探究中),总会有一些东西是判断顾及不到的,而这些东西贯穿判断的始终。我要补充的是,根据亚里士多德的观点,往往在"当我们发现因果链条的第一环,这也是发现顺序的最后一环"时,慎思就停止了;也就是说,"当我们在追究因果(手段)链条最后追到我们自身时",慎思就停止了。换言之,最后的通过对行动的判断而获得的这个所期望的结果(end-in-view),无非就是做某事的适当的或完备的工具。

然而,我们慎思**目的**,慎思所期望的结果,这一事实说明,目的和所期望的结果与作为慎思之极限的结束(end)是截然不同的。在眼下这个例子中,目的并不是那套西装,而是**获得一套合适的西装**。这才是需要仔细判断和评价的事情。我想,我可以说,我已经说清楚了:这个目的的确立,与通过比较所提供的不同西装的价廉、耐用、样式、图案而确定一套西装的价值是完全等同的。价值不是通过将各种西装与理想样板的比较而得到的,而是根据价廉、耐用、合适等,通过将不同西装进行**相互比较**而得到的,当然,还要考虑购买者的钱包大小、已有西装,以及在这个情境中需要考虑的各种其他具体因素。当然,购买者也可能在来买西装之前就已经选定了某种样板,但这仅意味着他事先完成了判断,这个样板在那个判断中不起作用,但对他的当下的行动却起到了刺激作用。这里所涉及的关于道德类型实践判断的思考极为重要:关于样板的观念越完备,行动就越不明智,因为这种样板观念的形成,脱离了或未顾及当下行动情境中的具体条件。在面对实际选择时,绝大多数人会或多或少改变他们已有的理想样板,在购买西装的例子中就是如此。在道德情境中,如果一个人无法理解这种改变,那么他就不再是一个道德主体,而变成一台应答机了。简言之,评价标准是在实践判断过程中形成的,或者说评价标准是在评价过程中形成的。评价标准不是从外面拿来而用到评价过程中的东西,因为这种应用意味着根本就不存在判断。

(四)

关于标准,迄今为止,还没有人这样说过。然而,标准或者尺度的概念与评价有着如此密切的关系,因此对标准的思考就提供了对评价结论的检验。必须承认,我在前面讨论中所提出的对评价标准性质的看法,与通常人们对评价标准的观点是格格不入的。我的论点是:评价标准是在评价的过程之中确定的,而不是在评价过程之外确定的,因此不能把评价标准当作支配评价过程的一种现成的东西。在很多人看来,这似乎很荒谬,完全是自相矛盾的。不过,人们对于流行的观点往往未经审察就先接受了;其实,这是一种偏好。一旦接受这一偏好,那么与道德行动有关的判断和认识便失去了一切重要性。假定标准是已经所予的,那么剩下的事情就只是把这个所予的标准机械地应用到正在考虑的实例上去而已——就好像用一把一码的尺子去量布料一样。于是,就不可能存在真正的道德不确定性;如果说哪里好像存在道德的不确定性,那也不过是道德遗憾的别称罢了,这种道德遗憾源于内在的恶,源于对现成的和被提供的规则的认同和使用;道德的不确定性也表示一个人因道德理解力的衰落而导致的道德堕落。有一种教条主张道德标准是先在于、独立于道德判断的,只要这一教条与关于原罪和堕落的另一些教条合在一起,那么人们就必须尊重这一教条的绝对逻辑。但是,一些假定道德标准在道德判断之前而不是在道德判断之中生成的现代理论却不属于这种情况,这些理论无视人们理解中的不确定性和错误。当然,这样的考虑解决不了什么问题,但它们也许有助于我们更少偏好地倾听一种与各种流行的理论所不同的假说。这种假说明确地表达了目前实践的趋势,即目前的实践越来越倾向于将理智活动当作道德的核心要素。

相应地,我们把价值标准当作在反思性评价过程中逐步形成的东西。让我们来看一看，除此之外还有什么选择。如何才能知道一种评价标准？一种方式是通过先验直觉的方法，还有一种方式是通过对先前案例进行抽象。后一种方式把我们推入快乐主义的怀抱。因为快乐主义关于价值标准的观点就是从对以下观念的考虑中而获得其逻辑功效的。这一观念主张，一个在先的、固定的标准（这个标准不是在特定的情境中经过反思而获得的）迫使我们以在先的不可还原的快乐和痛苦为基础，而这些快乐和痛苦本身就是确定的毫无疑义的价值，它们足以充当标准。这些标准本身完全是不受约束的和终极的（ultimate）。这显而易见的常识性选择会将先前情境的"价值"，如将先前一个仁慈之举的价值，**一股脑地**加于患者。但是任何诸如此类的好都只是那个未经分析的情境的一个应变量，因此，除非新的情境与旧的情境一模一样，否则这个"好"对新的情境就根本不适用。只有在把这个"好"解析成清晰的不可改变的单元，而且新情境与旧情境所包含的单元数量是相等的前提下，才可能找到毫无歧义的标准。

这个逻辑无懈可击，并且指向作为评价标准的不能被化简的快乐和痛苦。困难并不在于逻辑，而在于经验事实，经验事实可以证明我们前面的论点。为了进行论证，就算我们承认有一些确定的存在，它们被称作快乐和痛苦，它们也**不是**价值对象（value-objects），而只是一些需要被评价的东西。作为一种存在，完全相同的快乐或者痛苦，在不同的时间，由于被判断方式的不同，其价值是不同的。与吃龙虾所造成的消化不良而带来的痛苦相比，吃龙虾所带来的快乐之价值是什么？当然，那个逻辑规则告诉我们，要把快乐和痛苦解析成基本单元，并且计数。① 然而，这样的基本简单单元似乎完全属于常识范围，就像随便问问街

---

① 分析实在论应该喜好这种快乐主义，可是当下的分析实在论者并不喜好这种快乐主义，这一事实似乎表明分析实在论并没有严肃地对待他们自己的逻辑，由实践动机所致，他们并没有彻底贯彻自己的逻辑。说道德生活呈现了一种高级的组织系统和整合，这既是说这些东西是真的，也是说根据分析逻辑，需要将这些东西分解成终极的和独立的单一体（simples）。除非他们把边沁所说的快乐和痛苦当作终极的，否则他们必须提出一种可接受的替代理论。但是，在这里他们倾向于改变自己逻辑，而把**一些组织系统**（有五花八门的界定）的完善（fulfilment）作为"好"的标准。于是，为保持一致性就得接受这样的假说——在**任何**情况下，一个最终的（eventual）**组织系统**（而不是作为前提的单一体）提供了认识标准。同时，"完善"（或任何相似的词）这个词表示承认：讨论中的这个组织系统并不是本体论意义先在的东西，而是尚未如愿以偿的东西。

上的行人,他们都会知道原子或者电子一样。这样的基本简单单元就像分析心理学家视为方法论上必需的东西一样清晰明白。以牙疼这样一种十分确定的存在为例,它所具有的价值还会因其组织结构和反应的不同而不同,那么显而易见,日常经验中的快乐和痛苦就更加复杂。

不过,我们可以搁置这个难点。我们甚至可以搁置这样一个事实,即一个理论起初完全是从经验出发的,而后来却陷入欲使经验事实吻合辩证法要求的泥淖。但是,有一个难点如此难以克服,以致我们无法将其搁置。在任何情况下,测量标准是基本存在物的量所构成的,基本存在物的量是取决于判断的,而这个判断被认为是由这个量而校准的。评价标准是**由**行动所**造成**的一些单元,这些单元是将来的结果。此刻,判断者的性格(character)就是产生这些结果的条件之一。一个麻木不仁、冷酷无情的人不仅不能预见某些结果,而且无法对某些结果做出恰当的衡量,也不能对这些结果的产生提供宛如一个敏感的人所建构起来的那样一些条件。他完全有可能通过判断而激发出一些行为,而这些行为强化了其器官的麻木感。从逻辑上说,关于道德标准的分析概念为敏感性的刻意钝化提供了养分。如果我们所讨论的问题的症结,只是让快乐单元的数量超过痛苦单元的数量,那么实际上,只要安排一下让某些痛苦感受不到就行了。要获得这个结果,既可以通过操控器官之外的条件来实现,也可以通过致使有机体感觉迟钝而实现。不懈地坚持下去,虽然短期会焦虑不安,产生交感神经性的极度痛苦,但从长远看,这些痛苦都将消除,与此相应,剩下的就全是快乐了。

这是一种久负盛名的对快乐主义的批评。现在我对快乐主义的关注,纯粹出于逻辑方面的原因。我认为,企图从过去的对象里找出一些成分作为评价将来结果的标准是没有希望的。评价-判断有一个明确的目标,即释放出一些不能单纯依靠过去的东西来衡量的崭新因素。然而,如果关于应用于道德的分析逻辑的讨论,不能有助于消解任何一种诉求系统或组织的完善作为道德至善,即作为标准的意义,那么这种讨论就很可能是没用的。如果这种诉求是审慎的,那么它就会要求**重组当下情境,使其实现它目前所不具有的统一**;要求把这种组织当作被创造和被制造出来的东西。显然,这种诉求可以满足前面所描述的实践判断的所有的具体要求。在进行判断时,这个需要通过行动来实现的组织还处于构思和酝酿之中,也就是说,它还只是处在作为重组活动的反思性探究阶段。处于构思和酝酿中的组织既是力求实现的组织的一个条件,**又是**反思性探究充分性的一个应变量,因此显然在这里可以进一步证实我们关于实践判断的陈述,即实践判断是关于判断什么和如何判断的一种判断,它是将当下不完善的情境推向完善所必不可少的部分。更确切地说,它也表明,标准是引导探究达到完满的一个规则:它既是要求审察有助于达到完满诸因素的忠告,也是对抑制识别有助于达到完满诸因素的警告。尽管一个人也许会欺骗自己或欺骗他人,但是其真正的价值权衡会体现在他的**所作所为**中,而不是体现在他的所思所言中,因为"做"就是**实际的**选择,就是完成了的反思。

现在,在道德理论中强烈抨击快乐主义和先验论比较容易做到,但是要看出替代它们的逻辑蕴涵却并不容易。人们常常将组织兴趣或倾向的概念看作内容明确、形式鲜明的概念,而没有将它们当作探究程序的规则,当作行动指南或它们所是的警告,只是当作某种所有的构成要素**在知识方面**都已所予的东西,尽管实际上并非如此。于是,正付诸实施和有待实施的行动就一定不会被当作是具有理智意义的。行动会被视为只是"做"而已,而非一种学习和检验。但是,在一个事实上不完善的情境被完善**之前**,如何才能被彻底地知晓呢?一个构思中的组织在付诸实现之前,关于这个组织的概念,除了是一种有效的假设之外,除了是一种为了弄清将发生什么而对所予因素进行处理的方法之外,还能是什么呢?每一个蕴含理解认识所达目的①之可能性的意图,也同时蕴含着一种对目的之性质的先验启示,要不然就是说,那个组织不过是一个由已经所予的基本部分而组成的整体——难道这就是快乐主义的逻辑?

按照自然科学的归类逻辑,可以把事物的一种所予状态与一个作为模型的现成概念进行比较——如天文现象就要符合天体运行周期。实验科学的方法打破了这种观点;实验科学用一种实验公式取代了所谓的调控模型,这个实验公式

---

① 一定不要忽视,仅仅提起过去所确定的目标就足以构成对行动的刺激。实在论者很可能是将对这个目标的回忆与对目标的认识混为一谈了,因此称之为理解。但是,回忆根本不包含认知,它不过是为一个已经决定的行动按下按钮,发出信号而已。

就是特殊现象自身的整合功能。这个实验公式可作为一种用于更深入的观察和实验的方法,从而是被检验和待发展的。以此类推,可以相信道德标准或道德模型是从行动的特殊情境中生长出来的。对这一点的拒绝,说明人们对科学方法的一般逻辑力量的理解是何其之少。事实上,自然科学直到打破了那个将模型或形式当作知识之标准的教条,才得以进步。然而,我们却因恐惧道德的混乱而死死抓住道德中的类似教条不放。对无序现象的认识能生成一种对法律和秩序的认识,人们曾以为这似乎是不可能的。人们以为,必须提供关于秩序的种种独立的原则,而且必须以现象与固定模型的距离对其做出判定。在实践事务中,关于标准的通常观念与其何等相似。当人们勇于从无规律的现象入手,开始探讨作为新观察和新实验之方法的各种方案时,自然科学就开始其确有把握的进程。按照这些所提出的设想,他们分析、展开、组织现象,从而改善这些设想,而这些设想就是潜在的探究方法。有理由相信,对道德认识形成阻碍的首先是这样一种观念:在构建行动方法时,除了反思,还存在一些作为知识之前提的善的标准。坦然承认道德情境的不确定性,承认行动所依据的所有道德衡量规则都具有假设性,这种承认会被当成不确定性和怀疑论的始作俑者,就像一个传递坏消息的人常常会背负恶名,好像他也参与了他所传递的坏消息中的恶行似的。

不过,可以商榷的是,所有这些并不能证明前面那个陈述是对的,即引发判断和中止判断的那个限制性情境本身并没有什么价值。有人会问,如果一套西装没有价值,买了也不可能获得更多的价值,那又何必买呢?答案很简单:因为他不得不买,因为他的生活情境要求他买。这个答案似乎太笼统了。但它也许会让我们想起,其实在生活中,人从来不会被要求对他是否要行动做出判断,而是被直接要求对他该**如何**行动做出判断。决定不采取行动,这是一个对以某种方式行动的决定,而绝不是关于不行动的判断。它是一个关于要做其他事情的判断,比如关于等待的判断。一个关于最好退出积极主动的生活,而成为高柱修士①的判断,是一个关于以某种方式行动的判断。人的判断受制于一种必然性,

---

① 高柱修士(Simon Stylites),中世纪在高柱顶上苦修的修士。——译者

即无论怎样判断,人都不得不行动。一个关于自杀的决定,并不是一个关于死的决定,而是一种关于采取某种行动的决定。这种行动可能是以"不值得活"这个结论为根据的。作为一个判断,一个关于自杀的决定,是一个关于"以终结将来要求判断和行动的情境之可能性的方式而行动"的结论。任何关于"怎样活"的判断,都是以"生命是一种最高的价值,是一个基准"这样一种判断为基础的,但是,在一个关于自杀的决定中不包含这个判断。更准确地说,它不是依据生命**本身**的价值而做出的判断,而是一种因无法马上找到让一段时间的生活具有意义的具体手段所产生的判断。作为一种将要实施的行动,自杀既属于生活,又是对生活的僭越。一种依据生命价值所做出的判断,顾名思义,回避了这个问题。没有人能通过论证生命的价值而影响一个想要自杀的人;想要说服一个准备自杀的人,唯一可行的方式,就是向他建议和提供各种使生活值得过的条件和手段,换言之,就是对生活提供一种**直接的**激励。

然而,我担心这番论证也许会使我明摆着还没有论证的一个观点变得模糊不清。这个观点就是:关于要做什么的所有慎思,都与一个在某些方面未完善和不确定的情境的完善和确定有关。每一个这样的情境都是具体的,它并非**仅仅**是不完善的,这种不完善性是**属于**一个具体情境的。因此,这个情境就设定了反思过程的限制条件:这个情境确定了究竟要对什么做出判断,而且这个情境的限制条件绝不会在它所限定的实际情境中得到评判。现在我们在日常语言中找到一个词,这个词可以表达那些限制价值判断的条件的性质,这个词就是"无价的"。"无价的"的意思并不是指某种东西与其他东西相比具有至高无上的价值,而是指某种东西的价值为零。这意味着某种东西是超出评价范围的,即某种东西不在判断范围内;无论是否在当下的情境之中,它都不是,也不能是判断内容的一部分;而且,它还是那个主使判断和终止判断的东西。简言之,它意味着,在某种情况下,判断会撞上把某种东西视为宝贵的、当作判断之极限的无理性的行为。

(五)

价值是在判断该做什么的过程中被确定的。也就是说,价值是在这样一种情境中被确定的：偏好取决于对要求行动的情境的各种条件和各种可能性的反思。有人会反对这个观点，理由是：我们实践活动中的慎思常常是以先前的特殊价值为前提的，同时也是以先前的这些价值的某种秩序和等级为前提的。在某种意义上，我不想否认这一点。我们进行审慎选择的情境，或多或少与我们已经做出选择的情境有些相似。当慎思影响了一种评价，而行动又证实和验证了这一评价结论时，这个结果就会保留下来。情境是部分重叠的。在一种情境中，被判断比 N 要好的 M，在另一种情境中被发现比 L 要差，以此类推；于是一种优先就被建立起来了。而且，我们必须拓宽眼界，将我们所生活于其中的共同体中习以为常的反思性偏好秩序纳入我们的视野。被这样构建的价值就将自己作为事实而呈现在之后的情境中了。而且，通过同样的方式，在过去评价中占优势的对象也就将自己作为规范化价值（standardized values）而呈现了。

不过我们必须注意，这样的价值标准只是以可能性为根据的（presumptive）。一方面，它们的地位取决于当下情境与过往情境的相似程度。在一个向前发展的或迅猛变革的社会生活中，关于完全相同的目前价值的假定变得越来越不可能。但是，在现在的评价中，不利用在其他情境中已经构建的价值（valuables）将是愚蠢的。我们必须记住，习惯会使我们忽略差异，并且在不存在同一性的时候以为存在同一性，从而导致对判断的误导。另一方面，过去**对价值的确定**是否具有贡献价值，取决于这个确定过程的批判性程度，特别取决于仔细观察通过践行这种确定而产生的结果的程度。换言之，过去的价值在当下判断中的以可能性为根据的力量，取决于在验证这一价值的过程中所付出的努力。

无论如何，只要进行判断（而不是将对过去的"好"的回忆作为当下行动的直接刺激），所有的评价在某种程度上就都是再评价（revaluation）。如果尼采只是将自己局限于声称所有的判断，在批判性智慧的意义上，都是对先前价值的重估（transvaluation），那他肯定不会引起如此大的轰动。我必须承认，任何一种关于通过判断而改变或改革一个目标的观点，都会招致盲目推崇者的怀疑和敌意。对许多人来说，这好像就是观念论认识论的残余。但是，在我看来，只有三种选择：要么，根本不存在实践判断——作为判断的实践判断只是一种幻象；要么，未来只是对过去的一种重复，或者只是对永恒存在于超验领域的某种东西（逻辑上相同的东西)的复制①;要么,实践判断的目标就是改变或变更所予的东西,这种改变的性质取决于判断,同时也构成判断的内容。除非认识论的实在论者接受前两个选择中的一个,否则,在接受第三个选择时,他似乎一定会不仅仅承认,作为一种后效应(after effect),实践判断会使事情有所不同(这一点,他似乎随时准备承认),而且要承认,判断的重要性和有效性就是使事情有所不同。当然,有人会认为,这只是指出了实践判断与科学判断的差别。但是,只要承认实践判断使事情有所不同的这个事实,就不能再声称:"推想判断的目标就是带来事情有所不同,判断的真理是由判断所实际致使的结果的不同而形成的。"这个关于判断的观点具有摧毁性。如果一个逻辑实在论者认真地对待这样一种见解,即道德善就是一个组织的完善或整合,那么他必须承认,关于这样一种目标的命题是前瞻性的,即这一命题关乎通过行动**将要**获得的目的,而且必须承认,提出这个命题的目的就是促进完善。让我们从这一点入手,而且将这一设想运用于对其他种类的命题的考虑,那么,我想,我们将拥有一种最便捷的手段,来理解下面这种理论之意图,即所有命题都不过是提请验证的可能性知识,它们还不是知识本身。除非人们像武断地将有机体与环境割裂开来,或将主观的与客观的割裂开来那样,将关于"善"的判断与其他的判断割裂开来,否则就没有理由在命题的连续统一体中划出一条泾渭分明的分界线。

但是(这里要消除误解),这并不意味着是某些超自然的(psychic)状态或行动制造了事物之间的差异。首先,判断的论题是将要产生的变化;其次,只有在将判断付诸行动之后,这个论题才会成为一个**目标**(object)。是行动造就了这种区别。然而,行动仅是判断完成(complete)了的目标,而只有在行动中,判断才能作为一种判断而得以完成。有人[尤其是阿德里安·摩尔(Adrian W. Moore)教

---

① 这一观念的支持者一般会以这样一种观念来美化重复论:所判断的目标是朝着接近永恒价值的方向的进步。实际上,进步从来都不是参照超验的永恒价值而做出的判断(对此,我曾不断地指出)。关于进步的判断,所参照的是,在满足特殊情境的需要和条件的前提下,"所期望的结果"的实现——放弃文中所提出的这个教条。从逻辑上说,进步如同接近的观点已无容身之地。这个理论应该这样解读:我们总是努力重复已知的价值,实际上我们却总是屡试屡败。但是,继续不断的失败就是进步的一个奇怪的名称。

授]质问反实用主义者：他们如何能将判断或知识与行动断然地区分开来，然后又随意地承认并坚持，知识会在行动中，进而在存在中造成差异。这是整个问题的症结所在。而且这是一个逻辑问题。这不是关于精神如何影响物质（如行动）的疑难（就像人们以前考虑过的那样），而是心灵如何影响身体这个古老问题的变种。相反，这意味着，只有在误解了判断的逻辑重要性时，知识与行动的关系才会演变为精神（或逻辑）实体作用于物质实体的问题。建设性的论点是：逻辑命题的领域呈现为**可能性**的领域，即呈现为通过现实中明显的行动而使事物得以重组之**可能性**的领域。于是，从命题到行动就不是一个奇迹，而是命题自身特性的实现，即命题自身逻辑意义的实现。当然，我并不认为**一切**命题的情况都是如此。对此，我还没有加以讨论。不过，在说明关于实践判断具有哪种性质的假说是站得住脚时，我至少排除了这一纯粹的辩证法论证：就其本身而论，知识的**本性**拒斥"一切逻辑命题直接或间接的意义，就在于带来差别"这一假说。现在，至少道路已经扫清，而我们可以更无偏好地考虑这一假说自身的价值了。

实用主义的转向*(节选)

理查德·J.伯恩斯坦 著

马 荣 译

盐城工学院

威廉·詹姆斯实用主义多元论的伦理后果

20世纪中叶以来,一个幽灵困扰着哲学。这个幽灵就是相对主义,它是对所谓"笛卡尔式焦虑"的反思。且看我是怎么描述这个焦虑的:

> 把《沉思》(*Meditations*)解读为一段灵魂的旅行,可以帮助我们理解这一点:笛卡尔对基础或阿基米德点的追问不仅是解决形而上学和认识论问题的工具,而且是对一个固定点(fixed point)的追问,这个固定点是坚稳的磐石,我们的人生依赖它来抵抗那破坏一切的流变。在这个旅途中出没的幽灵,不仅是极端的认识论怀疑主义,还有对没有固定之物所带来的疯狂和混乱的恐惧——在这里,我们既不能触碰底部,也不能支撑自己。应用一种冷漠的清晰性,笛卡尔将我们引入明显不可避免的必然性之中——那宏大的诱人的"或者,或者"。或者,我们的存在有一个支撑,它是我们知识的固定基础;

---

* 本译文是教育部人文社科项目(编号:17YJC720020)、江苏省社科基金项目(编号:17ZXD008)的阶段性研究成果。本文选自 Richard J. Bernstein, *The Pragmatic Turn*, Cambridge: Polity Press, 2010, chapter 2, chapter 3.

或者,我们不能逃避让我们疯狂的黑暗力量,从而走向理智和道德的混乱。①

我继续说道:

认为笛卡尔式焦虑主要是一个宗教的、形而上学的、认识论的和道德的焦虑,这是一个错误。这个焦虑拥有多种形式,上述形式只是其中的几种。用海德格尔的话来说,它是"存在论的"(ontological)而不是"存在者的"(ontic),因为它似乎处于我们在世存在的核心。我们的"肯定术语"(god terms)②或许会变化,与笛卡尔的术语可能非常不一样。我们甚至清除了对确定性与不可怀疑性的追问。但是,在一个客观主义者视野的中心,能够引起他们的热情的恰是这样的信念:一定存在一些固定的、永恒的外在限制,它们是稳定的,能给我们提供保证,我们可以诉诸它们。而从其最深刻的层次来看,相对主义认为,不存在这样基本的限制,有的只是我们发明的或暂时采纳的东西。相对主义者怀疑他们的对手,那是因为,他们认为所有形式的客观主义都不可避免地会堕落成粗鄙的或精巧化的种族中心主义,它们错误地通过宣称理性是一种不用证明的普遍性来论证理性所具有的优先性。今天,客观主义者与相对主义者之间的竞争如此激烈,其首要的原因在于,人们越来越发现,所有的东西(不管是上帝、理性,还是哲学、科学和诗歌)都不能够满足人们对最终限制以及那能够保障我们思想和行动的稳固基石的渴求。③

"相对主义"是什么意思?这个问题并不好回答,因为许多被指责为有相对主义思想的哲学家完全否认他们是相对主义者。最好的例子是理查德·罗蒂

---

① Richard J. Bernstein, *Beyond Objectivism and Relativism: Science, Hermenentics, and Praxis*, Philadelphia: University of Pennsylvania Press, 1983, p.18.
② 这个术语是美国修辞学者理查德·M.韦弗(Richard M. Weaver)提出来的,意指"说给特定听众听的词汇,内在包含有积极的、肯定的内涵"。与"god terms"相对应的术语为"devil terms"(否定术语),指内在包含否定内涵的术语。——译者注
③ Richard J. Bernstein, *Beyond Objectivism and Relativism: Science, Hermenentics, and Praxis*, Philadelphia: University of Pennsylvania Press, 1983, p.19.

(Richard Rorty),他揭穿了相对主义讨论的真面目。他说:"相对主义认为,关于特定主题或任一主题的每一个信念都一样好。没有人会持有这种观点。"①但是,还是有很多人指责他所提出的观点会走向相对主义,包括他的实用主义同伴希拉里·普特南(Hilary Putnam)。我不想列举出相对主义的各种含义来,但是我想强调,用一种维特根斯坦式词汇来说,一幅图景已将我们房获,这幅图景就是卡尔·波普(Karl Popper)所描绘的"框架神话"(myth of framework)②。在这个神话中,"我们是囚犯,被囚禁在我们的理论、我们过去的期望和我们的语言做成的框架里",我们被锁闭在这个框架之中,无法与那些处于"截然不同"的架构或范型中的人进行交流。③ 这些不同的框架、语汇和范型相互之间不可通约;要对在这些不同框架中做出的论断进行评价和审察,我们缺乏普遍的(或共同的)标准。当人们拥护或攻击相对主义时,他们头脑中的图景通常就是这样的。

之所以要通过对笛卡尔式焦虑和相对主义的"危害"的讨论来引入实用主义的多元主义,有两个原因。第一,许多批评者认为"多元主义"只是相对主义花哨的别名而已,但是,他们是错的。第二,我会证明,实用主义者们拒绝笛卡尔式焦虑中那宏大的"或者,或者"。我们不是要在终极的固定基础和无基础的相对主义之间做一个选择。实用主义的多元主义不是相对主义,它是针对框架神话所提出的那种相对主义图景而做出的最有力的回应。

詹姆斯的多元主义

我要集中讨论威廉·詹姆斯(William James)的多元主义以及它的伦理和

---

① Richard Rorty, *Consequences of Pragmatism*, Minneapolis: University of Minnesota Press, 1982, p.166.
② Karl R. Popper, "Normal Science and Its Dangers," in *Criticism and the Growth of Knowledge*, ed. Imre Lakatos and Alan Musgrave, Cambridge: Cambridge University Press, 1974, p.56.
③ 同上注。关于波普对框架神话的批判,我进行了讨论,参见 Richard J. Bernstein, *Beyond Objectivism and Relativism: Science, Hermenentics, and Praxis*, Philadelphia: University of Pennsylvania Press, 1983, pp.79-83。

文化后果。詹姆斯给以他在牛津大学所做的演讲为基础的书取名为《多元的宇宙》(1909年),他是第一个赋予"多元主义"这个词以崇高意义的哲学家。但是,甚至在他的第一部哲学论文集《信仰的意志》(1897年)中,他就已经宣布:"一元主义与多元主义的区别或许是哲学中一切区别的源头。"

从表面上看,这个世界就是多元主义的,它的统一性就是某种集合体,而我们的高级思考就是努力从最原初的形式中拯救出这种统一性。如果假定的统一性要比最原初经验中产生的统一性多,那么我们还能发现更多的统一性。但是,绝对的统一性,无论向其疾驰的速度多么快,仍然是无法发现的,仍然只是一个"限界概念"(Grenzbegriff)……最终,在讨论世界的过程中,哲学家必须区分出各种不同的"观点"。从一个观点看来是非常清晰的思想,对另一个观点来说则是纯外在性的东西,是有待解释的材料。否定性的东西、非逻辑的东西,从来没有完全消失。即使你是最伟大的哲学家,也总有些东西是错误的,它外在于你的观点,没有被你的观点所包含,是他者,这就是"命运、运气、自由、自发性、邪恶,或者其他你喜欢的名称"①。詹姆斯又说,一些人假设多元主义是世界的永恒形式,这些人我称之为彻底经验主义者。② 尽管如此,为了更完整地把握詹姆斯的多元主义,我们需要思考他的观点的历史背景和哲学背景。在所有经典实用主义者之中,詹姆斯对英国经验主义传统是最有感情的。他的《实用主义》(1907年)一书是为了纪念约翰·斯图亚特·密尔(John Stuart Mill):"从他那里,我第一次学会了实用主义的开放心态。如果他今天还活着,那么我会把他想象成是我们的领袖。"经验主义是务实的,它坚持把经验当作所有知识的基石,它憎恶行话,习惯用部分解释整体,这些都吸引着詹姆斯。但对于他所看到的经验主义经验概念中的缺陷,他也是最激烈的批评者之一。

我们转向休谟对心灵知觉的描述,这可以帮助我们更好地理解詹姆斯批判经验主义经验概念的目的。休谟的论文是以那振聋发聩的断言开始的:"人心中

---

① William James, *A Pluralistic Universe*, Cambridge, Mass.: Harvard University Press, 1977, pp.5-6.
② William James, *A Pluralistic Universe*, Cambridge, Mass.: Harvard University Press, 1977, p.5.

的所有知觉可划分为两类,一类我称之为印象(impressions),另一类我称之为观念(ideas)。"①这些印象和观念还可以划分为简单的和复杂的两类。"**我们的简单观念,在其第一次出现时,源起于简单印象,与它们相符合,准确地表现了它们。**"②观念是印象的复制品。休谟坚持认为,简单的印象与简单的观念相互之间是截然不同、相互分离的。这个起点对休谟整个认识论和哲学的影响,对他批判性分析归纳、因果关系和人格同一性问题的影响,是不可小觑的。对这些分离的印象和观念之间的联系,我们没有任何直接的知觉。它们是通过联想规律(the principles of association)连接在一起的:相似性、时空的连续性、因果性。关于印象和观念的描述,他如此宣布:"它很明显!"但对詹姆斯来说,情况却不是这样。在《心理学原理》中,詹姆斯认为,对印象和观念的这种描述是错误的。我们不是从截然不同、相互分离的印象和观念开始的。如果这样说,那就是以一个复杂的抽象代替了具体的生动的经验。詹姆斯称之为"理智主义者的谬误"。在其中,我们用人为的稳定的构架代替了经验的实际流动。这就是一种"邪恶的理智主义",怀特海(Alfred North Whitehead)恰当地称之为"错置具体性的谬误"。詹姆斯在其《心理学原理》的《思想之流》一章中宣布:

> 现在我们可以开始从内部来研究心灵。大部分著作都是从感觉开始,把它当作最简单的心理事实,用综合的办法向前进,从低一阶段建构更高一阶段。但是,这等于放弃了探究中的经验方法。没有人拥有简单的感觉自身。从我们出生那天起,意识中就拥有丰富的对象和关系。我们所谓简单的感觉,那是分辨和注意(往往被推到很高的程度)的产物。在心理学中,一开始就承认那明显是天真的包含着缺陷的假设,由此所造成的混乱让人震惊。坏的影响不久就得到了发展,渗透到整项工作中的每一个部分,变得无法修复了。③

---

① David Hume, *A Treatise of Human Nature*, Oxford: Clarendon Press, 1978, p.1.
② David Hume, *A Treatise of Human Nature*, Oxford: Clarendon Press, 1978, p.4.
③ William James, *Principles of Psychology*, 2 vols, Cambridge, Mass.: Harvard University Press, 1981, p.219.

他又说：

> 意识流的持续流动被牺牲了，代替它的是原子主义，是碎片式的建构计划……这些话意味着要对从洛克和休谟而来的整个英国心理学以及从赫尔巴特（Johann Friedrich Herbart）而来的整个德国心理学提出控诉，到目前为止，这两个流派都把"观念"看作分离的主观实体。①

简言之，詹姆斯指责传统的经验主义者"放弃了探究的经验方法"。詹姆斯一遍又一遍地指出，"经验是由分离的原子的集合组成的"这一观念是错误的。从肯定的角度看，我们对在经验的连续流动之中的联系和转换有**直接的**经验。因而，詹姆斯对传统经验观念的批判变得更加彻底了。他挑战了根植于现代认识论之中的主体-客体区分和意识-内容区分。在 1904 年的论文《"意识"存在吗？》中，詹姆斯否定了主体和客体的内在二重性（在这里我们假定了意识和内容的二元性）："**我认为，经验没有内在的二重性，把它分为意识和内容，运用的不是减法，而是加法。**"②例如，同一个经验（如对一个房间的经验）会立刻成为读者个人生活经历中的一个要素，成为一栋房子里的房间的自然③历史中的一个要素。与传统经验主义者不同的是，詹姆斯也强调我们经验过程（experiencing）中创造性的维度、想象性的维度以及选择性的维度，以至于一些评论者认为，尽管詹姆斯对康德和德国唯心主义出言不逊，但是他实际受康德的影响要比他承认的大。谈到詹姆斯尤其是他的名作《"意识"存在吗？》在历史和哲学上的重要性，怀特海说："科学唯物主义和笛卡尔式自我在同一时刻一起受到了挑战，一个受到了科学的挑战，一个受到了哲学的挑战。詹姆斯和他的心理学先行者们是发

---

① William James, *Principles of Psychology*, 2 vols, Cambridge, Mass.：Harvard University Press, 1981, p.195.
② William James, *The Writings of William James*, ed. John J. McDermott, Chicago：University of Chicago Press, 1997, p.172.
③ physical 原意为"物理的"，这里翻译成"自然的"。在古希腊语中，物理和自然是一个词"physis"；在英文中，虽然是 physical 和 natural 是两个词，但意思相通。而在中文里，这两个词意义差别比较大。——译者注

动这个挑战的代表。这个双重挑战标志着延续了250年的时代结束了。"①

为了完整把握詹姆斯的彻底经验主义和他的多元主义之间的关系,我们必须知道,他在经验主义者那误导人的认识论原子主义和唯心主义者那"整体宇宙"(block universe)的一元主义之间努力寻找中介(via media)。詹姆斯提出多元主义的彻底经验主义,是为了反对他与之战斗一生的各种绝对主义和一元主义。我们通常会忘记,在19世纪的最后十年里,各种绝对唯心主义在美国(和英国)占据统治地位。尽管黑格尔和德国唯心主义是产生启发的源泉,但格林(Thomas Hill Green)、布拉德雷(Francis Herbert Bradley)和鲍桑葵(Bernard Bosanquet)还是发展出了他们自己的绝对唯心主义。在美国,罗伊斯(Josiah Royce)是基督教化的绝对唯心主义的最主要的提倡者,也是詹姆斯在哈佛的年轻同事。詹姆斯崇拜罗伊斯,从罗伊斯那里学到很多东西,但是,终其一生,他都在同罗伊斯和英国唯心主义者进行斗争。他磨砺自己的多元主义,是为了反对在他看来属于绝对唯心主义者的那种单薄的、过度理智化的一元论。他对绝对唯心主义,尤其是罗伊斯那基督教化的绝对唯心主义的反对,是全方位的,通常也是充满热情的。他认为,绝对唯心主义的支持者没有给真实的自由意志、创新和机遇留下位置。他们倾向于通过解释来消除存在于世界中的真实的罪恶。他们的经验概念恰是他们所激烈反对的经验主义的一个扭曲的反映。他们选择了一个无所不包的巨大单子(monad)来代替由多种多样单子(多种多样分离的原子式印象)构成的世界。詹姆斯为实用主义真理概念所做的论证,部分源于他要为唯心主义者(他们基本上接受了那认为"真理就是整体"的黑格尔主义)所支持的真理融合理论寻找一个替代选项。唯心主义者缺乏对各种宗教经验的感性认识,他们的上帝概念只是陈旧的哲学抽象的产物。詹姆斯运用各种夸张的修辞,嘲笑一元论的唯心主义:

> 作为绝对者,或者"在永恒的类之下"(sub specie eternitatis),或者"在

---

① Alfred North Whitehead, *Science and the Modem World*, New York: Mentor Books, 1959, p.143.

无限之中"(quatenus infinitus est),这个世界拒绝同情,因为它没有历史。正因为如此,绝对者既不行动也不承受,既没有爱也没有恨;它没有需要,没有欲望,没有追求;它既没有失败也没有成功,既没有敌人也没有朋友,既没有胜利也没有战败。所有和世界相关的东西都是相对的,我们有限的经验处于其中,单是它的变化就有能力引起我们的兴趣。如果根据定义,通达绝对的技艺是不可能的,那么告诉我们绝对的道路就是真实的道路。像爱默生那样劝勉我们将眼睛转向天空,观望它的姿态,又有什么用呢?我是有限的,永远是有限的,我所有的感情所关注的东西都是和有限的世界和有历史的东西纠缠在一起的。①

詹姆斯完全明白,他所提倡的这种多元主义会冒犯到许多哲学家。他谈论的是一种深刻的哲学冲动,这种哲学冲动追求更有序的东西、更清楚的东西和更有体系的东西。从这个方面看,詹姆斯在晚期维特根斯坦那里能找到大量共同话语,晚期维特根斯坦也希望治愈哲学家对确定秩序的渴求。詹姆斯写道:

> 彻底多元主义从哲学家那里得到的赞同是如此之少,这是一件有趣的事。不管唯物主义者还是唯心主义者,哲学家们一直都希望能够清除那些充斥在这个世界之中的杂物。他们用经济的、有序的概念来代替那起初纠缠感官的东西。不管这些概念是出于道德的提升,还是出于理智的净化,从美学上看,它们总是纯粹的、确定的,其目的是从结构上把这个世界归结为一些清晰的、理智的东西。与所有这些理智化图景形成对照的是,我提倡的多元论经验主义所提供的只是低等的现象。它只是一种浑浊的、混乱的哥特式事件,没有清晰的轮廓,其图景也缺少高贵性。②

---

① William James, *A Pluralistic Universe*, Cambridge, Mass.: Harvard University Press, 1977, p.27.
② William James, *A Pluralistic Universe*, Cambridge, Mass.: Harvard University Press, 1977, p.26.

当然，詹姆斯并不赞成，我们发现的世界和经验是什么样，就让它什么样。他知道，我们不可能放弃对秩序的追求，对简化的需要，对一开始所看不到的统一性的需要。但是，即使在这儿，他还是挑战了单一的同质的统一性观念。与教条化的一元主义相对立的多元主义并不否认统一性，但是它引导我们去追问我们所谈论的是哪一种统一性——去看一看我们实际所发现的统一性有多少，我们所意指的是哪一种统一性。"因而，实用主义的问题，如'所知道的统一性是什么？''它会造成什么实际的区别？'，会帮助我们脱离那种把统一性崇高化的狂热，用冷静的思考促使我们进入经验之流中。这一经验之流所显示出的联系和统一性会比我们现在所怀疑的要多，但是，根据实用主义原则，我们没有权利预先在某个方面宣布获得了绝对的一性。"①

如何理解哲学的任务？詹姆斯的多元主义对此有一个回答。把我们的注意力集中到他对洞见和气质的思考上，会找到这个答案。贯穿《多元的宇宙》一书的主题是：人的哲学洞见的特点。詹姆斯告诉我们："人的洞见是一个人最显著的特征。把整个哲学史收入眼中，我们可以看到，那些不同哲学体系能被还原成一些主要的类型，在其由人的巧智所装饰的技术性术语的背后，是许多不同的洞见。这些不同洞见是感知宇宙之本原动力，是观看生活之流的不同模式，它们由各个人的整体性格和他的整个经验所决定，并且从整体上恰好能反映他最喜欢的生活态度。"②詹姆斯还宣布："如果你抓住一个作者的核心洞见，那么理解他就很容易。"③他强调洞见的规范性内涵："在没有洞见的地方，人民（people）就会消逝。职业的哲学家很少会有洞见。"但是，当一个哲学家有洞见的时候，"你可以反复去阅读，而每读一遍，对现实你就会有新的体会"。④ 詹姆斯所谈的这种洞见是一个人创造性的、想象性的定向（orientation），是他"感知世界本原动力"

---

① William James, *Pragmatism*, Cambridge, Mass.: Harvard University Press, 1975, p.73.
② William James, *A Pluralistic Universe*, Cambridge, Mass.: Harvard University Press, 1977, pp.14-5.
③ William James, *A Pluralistic Universe*, Cambridge, Mass.: Harvard University Press, 1977, p.44.
④ William James, *A Pluralistic Universe*, Cambridge, Mass.: Harvard University Press, 1977, p.77.

的体验。詹姆斯对洞见的微妙理解深化了我们对他的多元主义的理解,因为洞见不可避免总是多数的。用普特南(Hilary Putnam)使之流行的一个术语来说,我们有限的人类从来不能用"上帝之眼"(God's-eye)来看问题。我们的洞见总是有限的、部分的、不完整的。

关于论证在表达哲学洞见中的作用,詹姆斯持有一种实用主义姿态,应用这种姿态,他将感受性与想象性的洞见融合在一起。有大量的证据表明,詹姆斯不仅强调论证在哲学中的作用,也重视经验的外在强制性——皮尔士称之为"第二性"。在一个和奎因(Willard Van Orman Quine)思想遥相呼应的段落中,詹姆斯强调,每个人都有一套稳固的意见和"真理",但是,当这些意见互相矛盾的时候,或者我们发现了与这些意见不相符合的事实时,这套意见就会处于一种压力之中。当人们体验到这种压力的时候,事情会怎么样?

> 他会尽可能挽救尽可能多的意见,因为就信念上的事情而言,我们都是极端的保守主义者。因此,他首先会改变这一个意见,然后再改变另外一个意见(因为他们拒绝迅速地改变意见),直到最后,新的观念出现了。他把这个新观念嫁接到传统的意见之上,尽可能减少对传统观念的冲击。这个新观念调和了传统观念和新经验之间的冲突,使得它们能够恰当地、便捷地互相诠释。①

詹姆斯的伦理关怀

在詹姆斯关于多元主义的所有著作中,我们可以发现一种强烈的伦理关怀。他之所以反对绝对唯心主义和一元论,是因为他认为这些思想没有给真实的自由、创新和机遇留下空间,它们忽视了我们在经验中碰到的难以应对的恶。一个多元的宇宙,也是一个开放的宇宙,在其中存在着真实的可能性和真实的偶然

---

① William James, *Pragmatism*, Cambridge, Mass.: Harvard University Press, 1975, p.35.

性，而我们的行动可以使事情变好或变坏。一个多元的宇宙既可能走向悲剧，也可能走向改良。改良主义（meliorism）"认为进步至少是可能的"①，它处于乐观主义与悲观主义中间：乐观主义"相信世界的拯救是必然的"，而悲观主义则"认为世界的拯救是不可能的"。②

詹姆斯对自己的多元主义所带来的伦理后果有清楚的表述。在他两篇著名的论文《论人类中的某种盲目性》和《什么赋予生活意义？》中，我们可以看到这一点。詹姆斯所谓的盲目性是指"在面对不同于我们的动物或他人的感受时所遭遇到的纠结苦恼"③。对那些确实不同于我们的人的感受和意见，我们的倾向是自我中心主义，缺乏敏锐性。"只要我们面临的是陌生者生活的意义，我们的意见往往显得愚蠢、不公道。只要我们以一种绝对的方式对他人的条件和理想进行评断，我们的判断就总是错的。"④詹姆斯谈起他的个人经验。一次，他在南卡莱罗纳山旅行，路过无数的小山谷，这种山谷被清理出来，种上了庄稼。詹姆斯的第一印象是，这是一种不可饶恕的丑恶。"森林被毁了：出于生存而对之进行的'改造'是丑陋的，是一种溃烂，对自然之美的损失，人们一点也想不到要去补偿。"⑤他感到震惊，想知道到底是什么人创造了这样的丑陋。

> 我问我的山中向导兼驾驶员："到底是什么人做了这些清理？"他回答说："我们所有人。为什么？只有让这些山谷都种上庄稼，我们才会高兴。"我立即感到，对当下这个情境，我一直没有抓住它的整体内涵。因为对我来说，所谓清理就是滥伐滥砍，此外别无意义。我以为，对这些拥有健壮的臂

---

① William James, *Pragmatism*, Cambridge, Mass.: Harvard University Press, 1975, p.61.
② William James, *Pragmatism*, Cambridge, Mass.: Harvard University Press, 1975, p.61.
③ William James, *The Writings of William James*, ed. John J. McDermott, Chicago: University of Chicago Press, 1997, p.629.
④ William James, *The Writings of William James*, ed. John J. McDermott, Chicago: University of Chicago Press, 1997, pp.629-30.
⑤ William James, *The Writings of William James*, ed. John J. McDermott, Chicago: University of Chicago Press, 1997, p.631.

膀能够熟练使用斧头的人来说,他们也只能这样想。但是,当他们看到惨不忍睹的树桩时,想到的是自己的胜利。砍削的状态、被围起来的树木以及丑陋的分割开来的铁轨,这些体现的是诚实的汗水、持久的劳苦以及最终的奖赏。小木屋可以保证他们自己、妻子和孩子的安全。简而言之,清理活动在我眼里只是一幅丑陋的图景,对他们来说,却是唤起强烈道德记忆的象征,是对责任、斗争和成功的一曲赞歌。

他们对自身条件的独特理解,我是盲目的;同样,我对自己条件的独特理解,他们也是盲目的,如果他们能瞥一眼我在剑桥的学术生活的话。①

这个故事很平常很亲切,但是故事背后的道理具有普遍的意义。我们经常是盲目的,对确实与我们不同的东西往往感觉不够敏锐,常常容易陷入对它们的讽刺和指责之中。当我们处理宗教、伦理、种族和性别宽容问题时,这种现象就带有更大的破坏性。我们无法从那些与我们的生活经验不同的人的视角去看他们眼中的世界会是什么样子,他们是怎么感受这个世界的。但是,我们可以开阔自身的视野,增进自己的同情心,从而理解别人的观点、别人的生活方式以及别人的视野。这并不是说,当我们郑重其事地去理解别人的观点时,我们就是接受了它们,或者是悬隔了我们的批判性判断。詹姆斯的多元主义不是有气无力、充满哀伤情感的,它呼吁参与到别人的观点和别人的视野之中,而且要带有批判性。它是一种参与式多元主义②。与那种讨论不可公度的范型的相对主义不同,詹姆斯的多元主义要求我们达到两种观点相遇的那一点,从而使得我们与别人能够互相参考。

在《什么赋予生活以意义?》的开头,詹姆斯对其多元主义视野进行了雄辩生动的概括:

---

① William James, *The Writings of William James*, ed. John J. McDermott, Chicago: University of Chicago Press, 1997, p.631.
② 参考我对参与式多元主义的讨论, Richard J. Bernstein, *The New Constellation: The Ethical-Political Horizons of Modernity/ Postmodernity*, Cambridge: Polity Press, 1991, pp.335-9.

在我前面的讨论"论某种盲目性"中，我努力使你感受到生命中浸满了价值和意义，与各种价值和意义交织在一起。我们之所以没有意识到这一点，那是因为我们看问题的视角是外在的、肤浅的。这些意义是为他人存在的，而不是为我们自己存在的。对这一点的理解，不仅仅是出于一种追求思辨知识的兴趣，它有极其显著的实践重要性。我自己感受到这一点，希望我能说服你，让你像我一样感受到它。它是所有宽容（社会宽容、宗教宽容和政治宽容）的基础。统治者在统治其臣民中表现出的愚蠢和残忍，根源就是对这一点的遗忘。在与他人交往的过程中，需要知道的首要事情是，不要干涉别人追求幸福的特殊方式，只要这种方式不是用暴力干涉我们。没有人能够洞察所有的理想，没有人随随便便就能评判它们。每个人对自身的信念都抱有傲慢的教条的态度，这是人类绝大多数不正义和残酷的根源，其所导致的人类个性上的特点即使是天使看了也要哭泣。①

詹姆斯的政治关怀

关于詹姆斯，有一个流行的神话是这样说的：他对政治不感兴趣，他的多元主义实质上是非政治的。但是，詹姆斯是一个参与型的知识分子。詹姆斯所魂牵梦绕的一个政治话题是那引起臭名昭著的 1898 年美西战争的战争狂热情绪。他写了好几篇富有感情的文章和公开信，抗议帝国主义。1899 年 3 月 1 日，在一份给《波士顿晚报》（*Boston Evening Transcript*）的信中，詹姆斯写道：

> 我们现在所公然参与的事情，是扑灭在当前这个伟大的人类世界中最神圣的事物：一个长期遭受奴役的民族试图掌握自身，组织自己的法律和政府，根据自己的理想去追求自身的命运。……那么，为什么我们还要继续做呢？……我们是文明的使者，要承担白人的责任——尽管这种责任经常

---

① William James, *The Writings of William James*, ed. John J. McDermott, Chicago: University of Chicago Press, 1997, p.645.

是痛苦的！……个体的生命什么也不是,我们的责任和命运在呼唤我们,文明必须进步！这是对所谓"现代文明"这个傲慢的偶像的严厉控诉,还有什么控诉比这个更严厉的呢？因而,文明就成了宏大的山谷,在其中回荡的非理性的野性力量之激流是腐化的、复杂的、混乱的,所带来的结果就是今天这个样子！①

詹姆斯的反帝国主义(以及他的反一元论)集中体现在他的这一宣言中:"该死的大帝国！该死的绝对！……我要的是个体和他们的行动。"②

关于美国的非洲裔美国人问题,詹姆斯也是快人快语,称这个问题为"弥漫在群众中的流行病"(lynching epidemic)③。詹姆斯清醒地意识到,群众很容易产生残忍和恶毒的情绪。有些人认为詹姆斯关于人类所持的观点是天真的、感伤的,但是下面讨论群众心理学和私刑的段落显示了詹姆斯的另一面,这一面听上去更像弗洛伊德(甚至尼采)。

人们或许会说,信仰基督教的公民绝对意识不到人性深处的冲动之流以及深藏在内心之中的原始的杀人激情。数世纪以来,宗教、习俗、法律和教育一直在给他施加压力,告诉他杀人的潜能应该被压抑住。通过无数艰辛而获得的结果就是,公众的和平有了保障,直到今天我们还在享受这一福利。处于这种和平中的普通人会忘记,实际上人性中是有残忍的成分的,他以为这种残忍只是非常少见的激情,只能在报纸和小说中读到。④

詹姆斯呼唤强有力的行动以终止由群众暴力所导致的无政府状态。他希望报纸能停止用关于私刑的可怕描述来挑动群众的激情。他要求法律的执行者尽

---

① 引自 Ralph Barton Perry, *The Thought and Character of William James*, 2 vols, Cambridge, Mass.: Harvard University Press, 1948, p.310。
② Ralph Barton Perry, *The Thought and Character of William James*, 2 vols, Cambridge, Mass.: Harvard University Press, 1948, p.315。
③ lynching 本义是"私刑",这种刑罚是由群众执行的,而不是由政府执行的,故而意译为"弥漫在群众中的"。——译者注
④ William James, *Essays, Comments, and Reviews: The Works of William James*, ed. Frederick Burkhardt and Fredson Bowers, Cambridge, Mass.: Harvard University Press, 1987, p.171。

到自己的责任,抵挡住群众的压力。如果做不到这一点,对群众领袖就应该提起诉讼和定罪。"弥漫在群众中的流行病"就是与盲目和不宽容相关的一个极端的例子,立足于他的多元主义视角,詹姆斯对此终身反对。

詹姆斯多元论的遗产:霍勒斯·卡伦和阿兰·罗克

判断一个思想家的重要性有一个方法,就是去评判他对他的学生以及受他启发的人的影响。詹姆斯对年轻一代有巨大的影响,他们用新的方式阐发了他的多元主义。在20世纪的第一个十年,这些人对重塑美国的学术氛围起了核心作用。[1] 杜波依斯(William E. B. Du Bois)和罗克(Alain Locke),两个最为重要的非洲裔美国知识分子,当詹姆斯处于人生中最巅峰的时刻,他们在哈佛大学哲学系学习。卡伦(Horace Kallen)来自一个正统的犹太人家族,他把自己看作詹姆斯早期的哲学继承人之一。伯讷(Randolph Bourne)写信给他的一个朋友说,詹姆斯对生命和现实的看法是当代最有启发性的思想。伯讷的长老会家族在美国有很长的历史。这些思想家应用詹姆斯的多元主义洞见来反对第一次世界大战前后在美国非常盛行的种族主义、宗教极端主义和排外主义思想。要公平对待他们各自的贡献,需要长篇大论,还是让我们把注意力集中在卡伦和罗克的多元主义上。1907年詹姆斯穿越太平洋,发表了系列演讲(后来这些演讲以《多元的宇宙》为名结集出版),来听演讲的人有数百位。在听众中,有两个从哈佛来的美国人,卡伦和罗克。在哈佛大学桑塔亚那(George Santayana)的希腊哲学课上,罗克和卡伦就已经成了好朋友。卡伦获得了谢尔顿旅行奖学金,来到牛津大学学习。罗克是第一个获得罗德奖学金的非洲裔美国人。来自南方的罗德学者们向罗德基金会的理事们申诉,要求他们撤销对罗克的奖励,但被拒绝了。在牛津大学,罗克遭到美国同伴们的排斥,却受到了来自殖民地的学生的欢迎。卡伦对罗克在牛津的遭遇很愤慨,他公开展示自己与罗克的友谊。在美国

---

[1] Louis Menand, *The Metaphysical Club: A Story of Ideas in America*, New York: Farrar, Straus, and Giroux, 2001. 参见《多元主义》这一章。

反移民和反非洲裔美国人的历史上，第一次世界大战前后是最黑暗的时期，到处是对移民的歇斯底里、狂热的排外主义、充满暴力的反犹主义和种族主义。对这种丑陋的心态提出抗议的那些人，大部分受过詹姆斯实用主义多元论的启发。美国可能成为一个什么样的国家？一个开放的、宽容的、多元的国家。当这一点遭到挑战的时候，他们奋起迎接这种挑战。在发表于1915年而现在却非常著名的文章《民主与熔炉》中，卡伦批判了"熔炉"这一比喻。所谓熔炉就是这样的东西，其中的元素失去了它们独特的个性以及对整体的认同，而变成一种同质的集合体。与此相反的是，卡伦写道：

> 从其核心来看，人及其行动即使处于"自然状态"，也不会是一个数学的单位，像"经济人"那样。从时间上看，尤其是从他自身的材质来看，在他的背后是他的祖先；从空间上看，在他的周围是亲属、家族，这些人和他有遥远的共同的血统。在所有这些环境中，他生活着，活动着，存在着。①

卡伦期盼出现新的宗教和种族团体，为他们的文化遗产而自豪。在他眼里，美国是这样的国家，在其中，差异得到承认并被尊重。"我们想让美国怎么样？是合唱，唱着以'亚美利加'（America，新英格兰州学校中的'亚美利加'）为主题的古老的盎格鲁-撒克逊歌曲，或者是和声，亚美利加的主题占主导地位，却是许多主题中的一个，而不是唯一的一个？"②对卡伦来说，合唱是齐一化和同质化的象征，它表明文化一元主义取得了胜利；和声要求有多样化的声音。卡伦所展望的美国是一个民主共同体，在其中，"人类团体未曾异化的属性和目的稳定地持续地发挥作用，逐步驾驭了我们共同生活中的混乱……它的形式是一个联邦共和国，它的实质是各民族体的民主政治，人们自愿、自主地合作，投入自我实现的

---

① Horace M. Kallen, "Democracy versus the Melting-pot: A Study of American Nationality," in *Theories of Ethnicity: A Classical Reader*, ed. Werner Sollors, New York: New York University Press, 1996, p.78.

② Horace M. Kallen, "Democracy versus the Melting-pot: A Study of American Nationality," in *Theories of Ethnicity: A Classical Reader*, ed. Werner Sollors, New York: New York University Press, 1996, p.89.

事业，根据各自的特点促进所有人的完善"①。

卡伦迷恋音乐的比喻，在文章的结尾，他把比喻扩展到交响乐团。

在交响乐队中，每一种乐器由于其材质和形式而各有其独特的音质和音调，在整个交响乐演奏中，不同的乐器各有其适宜的主题和旋律。与此相同的是，在社会中，每一个种族团体就是一种自然的乐器，它的精神和文化就是主题和旋律，它们的和声或嘈杂声一起构成了文明的交响乐。但有一点是不同的：音乐上的交响乐在演奏之前就已经被创作出来了，而在文明的交响乐中，演奏的过程就是创作的过程，因而在其自然的限制之中，它们根据意志（at will）变换，其所形成的和声在广度和多样性上可以变得无比广阔、丰富、美丽。

但是，首要的问题是，美国的统治阶级想要这样一个社会吗？②

如果我们从字面上去理解卡伦的比喻，就会出现严重的问题。"联邦共和国"这样一个政治概念是如何应用到移民和种族团体上的？这一点不完全清楚。尽管卡伦强调个体性，但是他没有充分地注意到不同种族和宗教团体之间的重大差异以及这些差异随着时间流逝而发生改变的方式。他没有关注在不同群体中可能产生的冲突。正如杜威在写给卡伦的一封信中所提到的，以由不同乐器组成的交响乐团来做比喻，所产生的僵硬性可能要超过卡伦的想象。在此后多年中，卡伦一直在修改自己的文化多元主义观点，以使其包纳更多的机动灵活性。像他的老师威廉·詹姆斯一样，他一直在调和对文化多元主义的追求和对个体差异性的敏锐感受。

文化在个体中生长发育，也通过个体来生长发育。文化的生命力就体现在，个体多样化的兴趣得到培育，各种交往方式得到发展。多元主义就是这种文化持存和繁荣的必要条件（sine qua non）。但这里的多元主义与那种建立在不可更改的单子基础上的绝对多元主义是不同的。这里的"必要条件"是流动的、关

---

① Horace M. Kallen, "Democracy versus the Melting-pot: A Study of American Nationality," in *Theories of Ethnicity: A Classical Reader*, ed. Werner Sollors, New York: New York University Press, 1996, p.92.
② Horace M. Kallen, "Democracy versus the Melting-pot: A Study of American Nationality," in *Theories of Ethnicity: A Classical Reader*, ed. Werner Sollors, New York: New York University Press, 1996, p.92.

系性的多元主义,在其中,活生生的个体在交往中相遇,并以此建构他们的个体性历史:他们如何走出团体,如何进入团体? 他们是如何参与到与其同伴或公开或隐蔽的交往团体中的(这些团体各不相同)? 他们为培育、保证和提升各自所珍惜的价值(往往是竞争性的价值)而努力付出的共同的手段是什么?①

在卡伦发表《民主与熔炉》的同一年(1915 年),罗克发表了五个系列演讲[由全国有色人种协会(简称 NAACP)霍华德大学分部举办],主题是"种族接触与种族间关系"(Race Contacts and Interracial Relations)。这些演讲所阐发的关于种族的观点是极其复杂的。相比于卡伦,罗克的观点更加接近詹姆斯那灵活的多元主义精神。罗克挑战了那种认为种族概念有生物学基础的观念。他认为,没有任何固定的因素能决定种族,包括生物学的、社会学的、人类学的或文化的因素,这一观点依赖于弗朗兹·博厄斯(Franz Boas)的工作,也超越了弗朗兹·博厄斯。杰弗里·斯图尔特(Jeffrey C. Stewart)简洁地表述了罗克的主要思想。

> 种族不是一个固定的生物学上的实体,因为种族团体的物理属性在社会和文化环境中会发生改变,甚至在团体内部就会发生巨大的变化。……种族简直就是社会团体或国民团体的另外一种说法,它拥有共同的历史和文化,占据一个地理区域。种族就是文化,因为"每一个文明都是独特的"。……在某种意义上,罗克将种族主义文化理论头足颠倒了:不是特定种族创造文化,而是文化(社会的、政治的、经济的过程)产生了种族特征。②

今天,我们可以说罗克解构了种族概念,他把种族看作一种"族群上的虚构"。但是,这并不意味着种族不具有强有力的实际影响力。罗克并没有主张我们应彻底放弃种族的概念。他与杜波依斯持有同样的信念:为了恢复对自尊的

---

① Horace M. Kallen, *Cultural Pluralism and the American Idea: An Essay in Social Philosophy*, Philadelphia: University of Pennsylvania Press, 1956, p.55.
② Jeffrey C. Stewart, "Introduction to Locke," in *Race Contacts and Interracial Relations*, Alain Locke, Washington, DC: Howard University Press, 1992, pp. xxiv - xxv.

感受,非洲裔美国人需要一种积极的种族观念。他为这种积极的种族观念制定了很高的标准,以促使非洲裔美国人为美国的文学、艺术和文化生活做出自己的贡献。在《新黑人:一种解释》一书中,罗克阐发了这个主题。罗克由此成为"黑人复兴运动"(Harlem Renaissance)的思想领袖之一。罗克对非洲裔美国人的艺术和文学的支持"展示的是他的实用主义,正如他对同化的支持展示的是他的多元主义一样。像威廉·詹姆斯一样,罗克把这个世界看作一个开放的多元宇宙,在其中人类有能力塑造世界。当他为关于种族交往的科学制定纲要时,像詹姆斯一样,他拒绝了所有的决定论,尤其是种族决定论——这种决定论,一方面把黑人绑定在生物机理上,另一方面把黑人所有的行动归为无用,因为社会中有不可克服的种族主义力量"①。

在罗克对种族的反思中,令人印象最深刻的特征是他的世界公民主义(cosmopolitanism)。这一点体现在他对种族概念的考察是放置到世界历史的语境中,而不是限定在美国的语境中。早在"有根的世界公民主义"这个词语被造出来之前,罗克就为非洲裔美国人声张一种有根的世界公民主义。我们是否很快就会看到充满暴力的种族偏见的终结,对此,他并不乐观,但是他表达了一个温和的希望:我们看到的是它的"最后的阶段"。

我想,在种族问题的分析上,我们将达到这样一个位置,我们认为目前美国人应对当前处境的一些行动表明种族问题到达最后的阶段了,我们对这些行动表示欢迎,因为看上去这些行动孕育了社会的最后的努力,以阻遏那不可避免的命运,促进社会的进步。但是,当然,当这些行动所面对的是这样一个明显的或者说现实的处境——对区分的迷恋是仅存的事实——的话,它们有的就只能是一种失败的危机感。②

在克服种族偏见的斗争中,即使是这个最温和的希望,最后还是显得太乐观了。最近关于多元文化主义和身份政治的诸多讨论,仍可以从詹姆斯关于实用

---

① Jeffrey C. Stewart, "Introduction to Locke," in *Race Contacts and Interracial Relations*, Alain Locke, Washington, DC: Howard University Press, 1992, p. xxxiii.
② Alain Locke, *Race Contacts and Interracial Relations*, Washington, DC: Howard University Press, 1992, p.58.

主义多元论的精神和文字中得到不少启发。詹姆斯对具体化（reification）的危险（即认为团体具有固定的身份同一性这一观点所带来的危险）尤其充满洞见。他对身份同一性在历史过程中的变化、发展、突变有敏锐的感受。他对盲目地推崇差异性丝毫不感兴趣。对于如何获得那种把我们连接在一起的共同性，他时刻关心。对于那些能够促进个体性的多元主义洞见，他始终褒扬。从最好的实用性意义上看，詹姆斯坚持认为变化了的历史条件给我们提出了新的挑战，要求我们再三思考，以获得一个实用主义的多元的洞见。詹姆斯关于洞见①所做的雄辩的评论也可以应用于他自身。人的洞见是一个人最重要的事实。"这就是为什么我们可以反复阅读他，而每一次阅读都会带来对现实的新鲜的感受。"②

杜威对激进民主的想象

我们通常会忘记这一点，即"民主"这个词在它漫长的历史中大部分时间带有否定的意味。"dēmokratia"这个希腊词意思是普通人来统治，"demos"即人民。几个世纪以来，一直有这样的担心：人民的不受监督的统治会导致无政府主义，会变成专制。美国的国父们认为他们建造的是一个新的"共和国"（republic），而不是民主国家（democracy）。那复杂的监督平衡机制以及《权利法案》，都意在克服对不受限制的民主机制的滥用。只有到了19世纪，"民主"这个词才开始带有肯定的意味，但即使如此，托克维尔（Alexis de Tocqueville）这位美国民主最著名的评论者，还是针对民主所面对的危险提出了警告。伟大的自由主义思想家密尔（John Stuart Mill）对民主社会鼓励平庸的倾向表示了担忧。即

---

① vision有多种内涵，如洞见、视野、想象、视力、幻象、远见等。从汉语的角度看，各含义之间的差别比较大，很难统一。揆诸哲学上的概念，我们需要知道，这一概念可以与柏拉图的知识概念、意见概念以及希腊人的想象概念相对照，它既不是知识，也不是意见，当然也不是动物所特有的想象。在关于杜威的思想中，伯恩斯坦又使用了"vision"一词，将其译成"想象"，这当然与"fantacy"（想象）是不一样的。——译者注
② William James, *A Pluralistic Universe*, Cambridge, Mass.: Harvard University Press, 1977, p.77.

使在民主的捍卫者那里,一直也有一个潜在的观点,认为一个有效的民主体制可以让所有人都能积极参与。这个想法既不可行,也不美好。

今天,"民主"这个词周围环绕着神圣的光环,它能引起强有力的情绪反应,以至于我们很少去**思考**它对我们实际上意味着什么。讽刺者或许会说,"民主"属于这样一类词,它能够具有或实际上已经具有任何意义——从对自由选举和大众统治的追求到对"自由市场"资本主义的认同。杜威(John Dewey)提醒我们,即使是处于斯大林极权主义统治下的苏联,他们仍在责备"传统意义上属于民主的西方国家(欧洲和美国)背叛了民主的事业,在政治活动和思想原则上把他们自己看作被口头上宣称民主但没有实现民主的国家所误解和背叛的民主理想的代表"①。

正是在这个背景下,我想考察一下民主在杜威著作中的内涵,目的是恢复杜威民主观的核心,从我们今天的角度去评价他的贡献。尤其重要的是,我要关注的是,在我们自身理解和推进民主活动的过程中,还能从杜威那里学到点什么。在现在的哲学家中(甚至是在古代的哲学家中),杜威作为思想者在这一点上十分突出:民主是他所有著作中的中心主题。从他19世纪80年代的早期著作直到他1952年去世,杜威一而再、再而三地回归到民主的内涵这一主题上。在他关于教育、科学、探究、美学、艺术、形而上学、自然和宗教的著作中,民主这个主题是显而易见的。

民主伦理

我的考察从杜威早期一篇内涵明确的论民主的文章开始,即《民主的伦理》,他写这篇文章的时候才29岁,是密歇根大学的一名年轻教授。梅因(Sir Henry

---

① LW17:472.[*The Collecded Works of John Dewey 1892 - 1953*(*The Early Works*, *The Middle Works*, and *The Later Works*), Carbondale: Southern Illinois University Press, 1969 - 1990. 早期著作(The Early Works)简写为EW,中期著作(The Middle Works)简写为MW,晚期著作(The Later Works)简写为LW,紧随其后的是卷数,冒号后面的是页数。下同]

Maine)在《大众政府》中对民主展开了批判,杜威的文章就是对此批判的一篇评论,通过这篇评论,杜威描绘了"民主的理想"。尽管该文的语言晦涩(这是受了杜威从他的导师乔治·莫里斯(George Morris)那里学来的黑格尔主义的浓厚影响),我们还是可以发现几个杜威在他之后的人生中论证、细化和修正过的主题。

我们可以通过杜威引用的几句话来看一看梅因对民主的鄙视:"民主的立法就是破坏性的放肆情绪的野蛮爆发;它是对所有现存制度的肆意颠覆,紧随其后的是终结一切社会政治行动的一长段时期。""认为民主是一种进步的政府形式,没有比这个更大的幻觉了。""群众掌握权力,这对于建立在科学意见上的立法活动来说是最坏的兆头。"①

杜威告诉我们,梅因的民主观包含三个要点:(1) 民主仅仅是一种政府的形式;(2) 政府一定牵涉到臣民与主权的关系、政治贵族和低贱者的关系;(3) 民主是这样一种政府形式,即主权者是个体组成的人群。杜威强烈反对这三个论点,他宣称,梅因的民主观其实就是把政府看作"数量上的集合"(numerical aggregation)。这种民主观的"不可避免的结果"就是"社会契约"理论。杜威直言道:"社会契约理论的本质不是是否有一个契约形成;它的要点在于这个观念,即人类只是个体,在他们达成契约之前,没有任何社会联系。"②杜威斩钉截铁地拒绝了这种前社会的个体观念:"事实是,社会有机体理论——认为人们不是孤立的非社会性的原子,作为人,他们与其他人有内在的联系——已经完全代替了这个理论,即认为人类是一个集合,是一堆沙子,需要人为的砂浆来促成其表面上的结合。如果我们把人类思考为非社会的原子单位,是单纯的群体,那么民主所描绘的图景不过是无政府状态。把民主定义为大多数人的统治,定义为被剁成碎片的主权,其实就是把民主定义为废除社会,解散社会,消灭社会。"③人类的社会本性同时具有描述性和**规范性的**内涵。杜威一贯认为,任何关于人类的理论,只要其不承认人类"不是孤立的非社会性的原子",就是有缺陷的,是

---

① EW1:228.
② EW1:231.
③ EW1:231.

哲学家们误导人的抽象。一旦关于人类独特的社会性的规范性内涵被充分发展出来，它就会导向把民主看作一种生活的伦理形式这样一个观念。在《公众及其问题》(1927年)中，杜威告诉我们:"作为一种观念，民主不是独立于其他共同生活原则之外的一个原则，它指的就是共同体生活自身。作为一种理想，它仅是在理想这个词的理智意义上而被指称的。就是说，它是事情的趋向和运动，这个趋向和运动指向事物最终的限度，即完成了的完美状态。"①

杜威始终强调，民主不仅仅是一种大多数人统治的"政府形式"。"问题的核心不在于投票，也不在于计算选票以发现多数在哪里，而在于多数的形成过程。"②杜威强调了两个联系紧密的观点，这两个观点标示了杜威对民主的独特理解。第一个观点牵涉到人民主权的内涵。人民主权不是由个人在数量上累加起来的。如果我们采纳个人与社会内在相关的社会概念的话，那么我们就会理解"个人是怎样在他自身之内表现了、实现了整个有机体的精神和意志"③。在一个民主社会中，**每一个**个人都是一位拥有主权的公民。杜威在其事业的早期阶段，不仅仅受到黑格尔社会有机体观念的影响，也受他的公理制基督教背景的影响。"这是一种认为每一个公民都是主权者的理论，这个理论虽然表达粗糙，但实质上是正确的；这是一种美国理论，在历史上它的伟大意义有一个理论可以相媲美，即美国同胞也就是每一个人都是上帝的牧师。"④因而，像梅因所建议的那样，类似于所有其他政府形式，民主包含两个阶级，"一个是统治者，一个是被统治者"，这是一个重大错误。"统治并不意味着一个阶级或社会的一部分与其他部分相对立。政府不是由那些掌握行政权的人或坐在立法机构中的人组成的。它由一个政治社会中的所有成员组成。"⑤政府从人民的同意中获得它们的权力，这个民主观念的真实内涵就是如此。

杜威强调正确理解民主的第二个观点是，民主首先是一种**伦理生活**。

---

① LW2：328.
② EW1：234.
③ EW1：236.
④ EW1：237.
⑤ EW1：238.

说民主仅仅是一种政府形式，就好像是说家是对砖头和砂浆的几何式排列，教堂是有长椅、讲坛和塔尖的建筑。是的，确实可以这么说。但是，这样说是错的，它们远不止这些。像所有其他政体一样，民主可以被恰当地命名为对过去历史的回忆，对当下现状的意识，对正在来临的未来的美好想象。一句话，民主是社会的。那就是说，它是一个伦理的概念，它的政治意义是建立在它的伦理意义上的。民主是一种政府形式，仅仅是因为它是一种道德和精神联合的形式。①

杜威把民主看作伦理的时候，他所依赖的是黑格尔对伦理性（sittlichkeit）的丰富思考，是希腊人对伦理（ethos）的理解，他们把伦理理解成标志一个民族所特有的风俗、规范、态度、情感和欲望。在他的整个一生中，杜威始终强调，没有积极的民主伦理或文化，政治的民主就是空洞的，没有意义的。作为一种政府形式的民主依赖于这种活生生的伦理，是这种活生生伦理的自然结果。"政府源于一个巨大的情感、本能、欲望、想法、希望和恐惧、目的的集合体，其中大部分是模糊的，某些是确定的。政府是它们的反映和混合，是它们的投射和产物。"②

民主伦理有什么特别？区分开民主伦理和贵族伦理的是什么？为了突出这种区别，杜威简要概括了柏拉图的《理想国》："这是历史上对贵族理想最完美的描绘。其中，少数最优秀的人是贵族，他们有知识，适合去统治，但他们的统治不是着眼于他们自身的利益，而是着眼于社会整体利益，因而也就是着眼于每个个人的利益。他们不是强行统治他人，而是向他们展示他们最好应该做什么，并在行动中指导他们。"③因此，柏拉图理想中的共和国也是一种道德和精神上联合的形式，在那种联合中，"人性的发展……将他带入到与精神世界，或者用柏拉图的话来说，与城邦（polis）的完美和谐之中"。但是，"在柏拉图看来（所有的贵族制理想也是这样），大众没有能力去形成并且去实现这个理想"。④

---

① EW1：240.
② EW1：240.
③ EW1：242.
④ EW1：241.

民主有别于所有形式的贵族制,因为它以此信念为基础:**所有的**人都能担负自身的责任,都具有个体的创造性。"在民主制中有一种贵族制中所没有的个人主义,它是一种伦理上的而不是数量上的个人主义,它是一种强调自由、责任,起源于伦理理想并为了那个伦理理想而存在的个人主义,而不是无法无天的个人主义。"① 杜威把这种伦理的个人主义称作"个性"(personality)。这种个性不是在本体论上被给定的东西,而是一种"成就"(achievement)。在一个民主制社会,每一个有主权的公民都能够成就"个性"。

杜威在这篇早期的文章中所强调的,不单纯是对贵族制理想的批判。在杜威的整个人生事业之中,他批判所谓的"民主精英主义"或"民主现实主义"。民主现实主义者采纳了一种贵族式的论证。他们宣称,在当代世界,大众媒介已经能够非常有效地操纵个体,而且社会的问题变得如此复杂,因而一个行之有效的民主体制离不开知识分子的"智慧"——这些知识分子,正像柏拉图所说的"贵族"(aristoi),"他们的统治不是着眼于自身的利益,而是着眼于社会整体的利益"。但是,杜威对这些观点的鼓吹者总是深表怀疑,他们认为一个行之有效的民主体制需要一个有责任做出"智慧"决策的知识分子特殊阶层。在杜威和沃特·李普曼(Walter Lippman)的著名争论中,这变成一个中心话题,它也是杜威在《公众及其问题》中要处理的问题。

民主信仰

杜威当然认识到一个民主社会中专家知识所具有的积极角色。他总是强调社会探究对推进社会改革的重要性。但最终说来,是民主社会中的公民在判断和决定,而不是专家。这个观念是杜威民主信仰中的核心。罗伯特·B.韦斯布鲁克(Robert B. Westbrook)富于雄辩地总结了这种民主信仰,他说,杜威"相信,作为伦理理想的民主制呼唤男男女女去建立这样的共同体,在其中,每个个

---

① EW1: 243-4.

体都可以获得必要的机会和资源,通过对政治、社会和文化生活的参与,完全地实现他(或她)的独特的能力和力量"①。杜威的民主信仰从未动摇。在发表《民主的伦理》一文50年后的80岁生日聚会上,他再次强调民主的理想以此信仰为基础,即坚信人在适当的条件下可以做出理智的判断和行动。② 我们可以清楚地看到杜威早期的民主观念与他在《创造性的民主——我们所面临的任务》一文中所肯定的东西之间的连续性。

> 民主是一种生活方式,这种生活方式由对人性可能性的积极信仰所支配。对普通人的信任是民主信条中为人熟知的内容。它所理解的人性体现在每一个人身上,与种族、肤色、性别、出身、物质或精神财富无关。这种信念也可以明文规定,但是,除非在日常生活的所有事件和关系中人们彼此的交往态度体现了这种信念,否则,它就是一纸空文。③

杜威毫不犹豫地说出了他的民主信仰,但是这个信仰不是盲目的信仰,也不是乏味的乐观主义。这种信仰是反思性的,是理智的,它以杜威对人类及其潜能(或好或坏)的深入思考为基础。当遭到他的批评者的挑战时,杜威毫不犹豫地为自己的民主信仰辩护。

> 对手不止一次地批评我对理性以及与理性相关的教育之潜能过度相信,甚至抱有乌托邦空想。但不管怎么说,这种信仰并非我的发明,是我所处的环境赋予我这种信念(因为这些环境是由民主精神激发而成的)。在民主制中,相信咨询、会议、说服、讨论在形成公众意见(从长远来看,是可以自我修正的)中的作用。如果不是相信普通人的理性有能力用普通人的常识去回应自由发生的事实和观念——自由探究、自由集会和自由交流有效保

---

① Robert B. Westbrook, *John Dewey and American Democrat*, Ithaca, NY: Cornell University Press, 1991, p.xv.
② LW14:227.
③ LW14:226.

证了这一点,这种信仰还能是什么?①

我已经讨论了《民主的伦理》一文中的众多细节,尽管杜威的论证很抽象,一些核心观念如"社会有机体"和"个性"也很模糊,但是他的民主观中的主要议题在此都已经得到了概括。进一步说,该文还设定了杜威可能要面对的问题列表,这些问题包括:"现实存在的民主制"与民主的伦理理想之间的关系,冲突在民主社会中的角色以及我们趋近民主理想的手段等问题。《民主的伦理》这篇文章依赖有机体的比喻,依赖与基督教的精神联系。杜威在写作这篇文章时,还没有看到发生在美国城市文化中的生动变化。当杜威在1894年搬到芝加哥的时候,快速工业化、劳资冲突和外来移民引发的实际问题所带来的社会后果充分展现在他的眼前。为了理解杜威是如何发展他的民主观的,我们需要把握杜威最关注的实际问题。杜威激烈地抨击自由放任心态的滥用,抨击对个人主义和假自由主义的崇拜,这些思想在19世纪90年代的美国相当盛行。他相信,对民主的最大威胁来自内部(internal),它们的兴起破坏了民主伦理和民主实践。他鄙视"道德主义"(moralism)——这种主义相信,真实的社会变革可以通过对个人的道德改革的呼唤来实现。他认为,一度服务于激进目标的自由主义,已经被用来为现状辩护,阻碍了社会变革。对"实践"(praxis)的转向,塑造了青年黑格尔和青年马克思的世界观,也塑造了杜威的世界观。但是,杜威从未被暴力革命的观念所吸引,他主张通过民主手段来推进社会改革。

民主是激进的

在较晚的一篇论文《民主是激进的》中,杜威再次强调了他的一贯主张:"民主的基本原则是,为了所有人的自由和个体性这个目的,只能通过符合这个目的的手段来实现。"他还强调:

---

① LW14:227.

民主的目的是一个激进的目的,因为这个目的在任何时候都没有在哪个国家充分实现过。它是激进的,因为它需要社会的经济、法律、文化体制发生巨大的变化。在思想和行动上还没有认识到这些事情的民主自由主义对其自身的内涵以及其内涵所要求的东西还是不自觉的。①

激进的民主理想不是一个不可能实现的"乌托邦"理想,也不是康德意义上的不可能实现的调节性原则。相反,它是一个在**此时此地**可以指导我们行动的"可见目的"(end-in-view)。作为一个理想,它可以成为评价"现存"民主社会的缺陷的一个批判性标准,也可以用来指导具体的行动。阿兰·莱恩(Alan Ryan)完美地捕捉到杜威的这种精神,他在总结自己对杜威的研究时,告诉我们:

> 杜威是一个预言家(visionary)。那是他的追求。他是一个充满好奇心的预言家,因为他所说的不是一个遥远的目的,不是一个不用双手就能创造出来的城邦。他的预言针对的是此时此地,他所预言的是现代世界、现代社会和现代人类(也就是20世纪的美国和美国人)的可能性。②

杜威相信,民主的手段与民主的目的有内在的联系,人们可以在杜威对列夫·托洛茨基的回应中找到他关于这一信念的最清晰、最有力的表述。1937年,78岁高龄的杜威同意担任为审理和评估斯大林针对托洛茨基和他儿子的控告而成立的调查委员会的主席。那时,托洛茨基正在墨西哥流亡,住在迪哥·里维拉(Diego Rivra)的家里。杜威担任这个委员会的主席时,共产主义者和人民阵线的同情者中伤他,他的生命甚至遭到威胁。朋友和家人都劝他不要去墨西哥。尽管如此,杜威还是克服重重险阻去了墨西哥城,在那里参与了调查。他的正义感呼唤他参与了对控告托洛茨基的调查。杜威愿意把学术工作放到一边——在被请求担任委员会主席的时候,他正在撰写《逻辑:探究的理论》,这种愿意也符合他一

---

① LW11:298-9.
② Alan Ryan, *John Dewey and the High Tide of American Liberalism*, New York: Norton, 1995, p.369.

贯的行事方式。"我已把自己的生命献给教育工作——在我看来,这是立足于社会利益而进行的公众启蒙。如果我最终接受这个我现在占据的要担负责任的岗位,那是因为我意识到,不这样行动对我这一生的工作来说就是错误的。"①

杜威在1928年第一次访问苏联的时候,他热情展望了自由和教养的发展情景,但很快他就开始显示出痛苦的失望了。参与调查,与托洛茨基相遇,让杜威学到很多新的东西,对这些东西的反思让杜威写下了下面的话:

> 对所有的美国激进者和所有的苏联的同情者来说,最大的教训就是,他们必须向回走,重新考虑促进社会变革的手段的话题,重新考虑用民主的方法促进社会进步的问题……无产阶级专政已经导致对无产阶级和党的专政,而且我相信,它总会导致这样的结果。没有理由相信,某些类似的事情不会发生在每一个努力要建立共产党政府的国家中。②

在该委员会宣布托洛茨基无罪之后,他在《新国际》上发表了一篇文章《他们的道德和我们的道德》。在这篇文章中,托洛茨基阐述了他对"无产阶级道德解放"的信念,在他看来,无产阶级是从社会发展的规律(首先就是阶级斗争的规律,规律中的规律)推导出他们的行为原则。人们要求杜威做出回应。杜威做了一个有力的回应③,他激烈地批评托洛茨基"目的使手段合法"的观点,批评他放弃了目的和手段相互依赖的原则。杜威强烈反对这个观点:民主的目的可以通过非民主的手段实现。"民主的目的"从不是固定的、静态的,它们是动态的,与民主的过程融合为一体。民主的手段**构建**民主的可见目的。再说,我们的行动总有意外的后果,因而民主的伦理要求一种灵活性,要求我们承认在手段和目的认识上的可错性。杜威宣称,托洛茨基本想避免一种绝对主义,却将我们抛入"另一种绝对主义"。④

---

① LW11:309.
② LW11:331.
③ 人们一直批评杜威的文章晦涩难读,实际上他可以写得很生动,带有很高的热情。对托洛茨基的回应《手段和目的:它们的相互依赖性》,是杜威文笔最好的文章之一。
④ LW13:354. 约翰·杜威的《手段和目的:它们的相互依赖性》,以及列夫·托洛茨基的文章《他们的道德和我们的道德》,都收录在杜威晚期著作第十三卷中。

民主的失败

杜威直面美国民主的失败和局限性。美国的历史不仅是一部追求和成就民主的历史,而且是充满了残忍、暴力和偏执的历史。他在《哲学复兴的需要》(1917年)一文中的结论性评论在今天也能引起一种令人惊奇的回响:

> 我们为我们的现实主义而自豪,这种现实主义追求对事实的真实认识,投身于对生存手段的掌握。我们为我们的实践的唯心主义(a practical idealism)感到自豪,这种信仰是充满活力的,它相信有多种尚未实现的可能,并且愿意为它们的实现做出牺牲。唯心主义容易变成一种对徒劳无功和无所事事的鼓励,而现实主义(realism)则会变成对代表所有者权利的法条主义(legal formalism)的鼓励。我们倾向于把一种散漫无力的乐观主义和对"各取其能力所及"这一思想(这是一种对权力的神化)的认同结合在一起。所有时代的人在实践中都抱有狭隘的现实主义的态度,他们应用理念化的手段在情感和理论上隐藏他们的残忍性。但是,情况或许是,对我们而言,这种倾向从没有像今天这样变得如此危险,如此富有蛊惑性。我们的拯救在于,信仰理智的力量,这种理智能够想象由当前的美好事物所投射出来的未来,能够创造实现它的手段。这个信仰必须培育,要明确地表达出来,而这当然就是我们的哲学无比重大的任务。①

---

① MW10:48. 对杜威的一个常见批评(甚至在他的同情者那里也有)就是:他缺乏对人类罪恶和生命的悲剧意义的深刻感受。对这种方向弄错了的观点的反驳,可以参考胡克1974年的著作(Sydney Hook, *Pragmatism and the Tragic Sense of Life*, New York: Basic Books, 1974)和克劳德2007年的著作(Eddie S. Glaude, *In a Shade of Blue: Pragmatism and the Politics of Black America*, Chicago: University of Chicago Press, 2007)。克劳德表明,杜威的实用主义中有众多的资源能够用来理解今天的美国黑人所面对的问题和机会,尽管杜威忽视了种族问题。也可以参考伯恩斯坦2005年的著作(Richard J. Bernstein, *The Abuse of Evil: The Corruption of Politics and Religion Since 9/11*, Cambridge: Polity Press, 2005)。

杜威对美国正在增长的财团心态也有所警惕。他在1930年的文章中所关注的东西对我们今天的威胁更大了。

> 商业心灵有其自身的话题和语言,有其自身的利益,有其自身的私人团体。拥有这种心灵的人,他们的力量联合起来,可以大范围决定社会的心态和工业社会的治理,甚至比政府自身的政治影响力还要大……现在我们已经有了历史上前所未有的思想上的、道德上的财团组织,尽管它们还没有正式的、法律的地位。①

沃特·李普曼在19世纪20年代批评无所不知的公民概念,并且描绘了大众媒体扭曲公众意见的方式,杜威对他的诊断是同意的。杜威自己也谈论"公众的失落":"公众看上去是失落了,这当然令人迷惑。"②但是,李普曼认为美国民主的最大希望是可能会出现的不追求私利的专家之领导,而杜威的想法与此不同,他声称,疗治这一民主弊端的方式是更激进、更坚定的民主。

> 过去的老说法,疗治民主弊端的方式是更多的民主,如果被理解成,通过引进与已经存在的机械组织类似的更多的机械组织,或者使这个机械组织更加精致、更加完美来消除民主的弊病,这种理解是不恰当的。过去的老说法也意味着要回到观念本身去,明晰和深化我们对它的理解,用我们对它的意义的把握来批判、评论它在政治机构上的产物。③

---

① LW5:61. 一些批评杜威的"左派人士",最著名的是拉什(Christopher Lasch),批评他支持"财团自由主义"。但是,正如阿兰·莱恩所注意到的:"拉什看得非常准确,杜威批判工业社会的观点来自一种可以粗略地称之为财团主义者的思想,但是他误解了这一思想的结果;'粗略地'是关键,因为杜威的批评与维护财团主义者国家或者维护现代商业财团没有任何关系。杜威讨厌现代商业财团的几乎所有表现形式——它的官僚和等级结构,在工场地面上或白领办公室中程序化的工作实践,管理和真实劳动的分离,隔离人与自然的亲密接触。"(Alan Ryan, *John Dewey and the High Tide of American Liberalism*, New York: Norton, 1995, p.177)
② LW2:249.
③ LW2:325.

如果要把民主变成每天活生生的现实的话,那么我们的任务就是"通过审慎的坚决的努力来重新创造一种民主……从它的起源看,这种民主是人类和环境按时运结合的产物"①。当个体的人去投票的时候,再也不能表现得好像民主已经发生了。民主是个体生活的个性方式,只有当它在我们的日常生活中被实践的时候,它才会成为具体的现实。

托马斯·杰斐逊是杜威心目的英雄,因为他对民主的理解是彻头彻尾道德意义上的,从民主的基础到民主的方法和目的。杰斐逊认为,美国从农业社会向工业社会的转变会给民主带来巨大的挑战。但是,杜威认为工业化不是问题,问题在于"地方性共同体的解体和动荡"。杜威崇拜杰斐逊,原因在于,杰斐逊清楚地意识到,若要实现民主的诺言,就需要公民积极参与到地方性共同体之中。杰斐逊把这些小型共和国称作"小区"(wards)。"新英格兰城镇会议(town meeting)的作用不仅在理论上,而且在实践上,给杰斐逊留下了深刻的影响,他希望这种东西能够成为全国治理过程中一个有机组成部分。"②因而,我们必须找到激发地方共同体活力的新道路,培育发展公民可以参与讨论和思考的多样化公共空间(multiple publics)。

超越社群主义和自由主义

当下关于民主政治理论的讨论主要分为两派:社群主义者和自由主义者。一般说来,社群主义者为我们赖以发现政治认同的生存共同体的中心地位而辩护。桑德尔(Michael J. Sandel)是对罗尔斯(John Rawls)的自由主义进行社群主义批判的第一人,他区分了三种意义上的共同体:工具性的、情感性的和构成性的。"社会中的成员的联合依赖于某种共同体,这一坚定的观点并不意味着他们中的大部分人宣布自己拥有一种共同体情感,能自觉追求共同体的目标,而是说他们认为自己的身份认同(他们的感情和追求的主体,而不是客体)在一定程

---

① LW14:225.
② LW14:217.

度上是由他们身处其中的共同体来界定的。"①自由主义者对这个意义上的共同体表示警惕,因为他们担忧这种共同体容易引起对个体权利和自由的侵犯。杜威在社群主义者和自由主义者之间的对立中会采取什么立场?杜威著作中的一些段落看上去似乎可以把杜威置于两个阵营之中,尤其是这些段落脱离上下文的时候。但是,杜威会认为这是一个**错误的**对立。像社群主义者一样,杜威强调,民主需要有平等的公民可以参与其中进行共同探究的公共空间和共同体。在《公众及其问题》中,他说:"除非地方性的共同体生活得到恢复,否则的话,公众就不能解决它所面临的最急迫的问题——找到自身和界定自身。"②但是,杜威从没有想过民主的共同体生活和自由主义不相契合。自由主义不是一个固定的死板的教条,而是一个处于运动变化中的传统,在其发展中,不同的时候服务于不同的目的。在18世纪,自由主义主要强调个体自由(liberty)和宗教信仰自由(freedom),这种自由主义成功扫除了无数的权力滥用。在19世纪,自由主义的观念扩展到经济利益。自由的观念包含"对心灵自由的热烈追求——思想自由以及言论、写作、出版和集会的自由。早期对信仰自由的兴趣被普遍化了,也因此被深化了、宽泛化了"③。但是,另外一些事情也同时发生了。自由主义变得僵化:堕落成"假自由主义"。它变成对不受控制的自由放任的企业活动的合理化。更进一步说,这种"假自由主义""把个体想象成某种给定的已经完成的东西,把自由想象成对个体的现成拥有,这种个体为了展示自己,只需要把外在的限制去掉"④。在1935年的大萧条时期,杜威呼唤一种真正可称为积极的新自由主义。

现在,自由主义必须变得激进(radical)。"激进"意指彻底地认识到在制度安排上实行彻底变化的必要性,以及采取相应的行动促成这些变化的

---

① Michael J. Sandel, *Liberalism and the Limits of Justice*, Cambridge: Cambridge University Press, 1982, p.147.
② LW2: 370.
③ LW11: 290.
④ LW11: 290.

必要性。由于实际情况包含的可能性与实际状态之间的鸿沟如此之深,因此**临时**(ad hoc)采取的零星措施不可能弥补它。无论如何,产生变化的过程是一个渐进的过程。但是,如果"改革"没有以无所不包的计划为基础的社会目标,只是解决这个弊端或那个弊端,那么这种改革完全不同于那种重构(re-forming,改革的字面意义)事物的制度架构的改革。一个多世纪以前的自由主义者,在当时被指责为颠覆性的激进分子,新的经济秩序被建立起来之后,他们才变成**现状的**辩护者,满足于对社会做一些修修补补的工作。如果激进主义被定义为对社会需要发生彻底变化的认识,那么今天任何一种非激进的自由主义都是与现实无关的,也是注定要失败的。①

这一段表达了杜威对自由主义传统发生激进转变的希望,这种激进的转变不仅仅是与地方性的生存共同体相契合的,它也需要这种共同体。尽管这里有激动人心的修辞,尽管杜威总是强调要面向具体问题,为实现可见目的而规划手段,但是杜威从来没有"为这些制度安排的彻底变革制订过什么规划",也从没有设想过"促使这些变化发生的相应手段"。我将在本章末回到杜威激进自由主义概念上的这个缺陷,但是,我想强调的是,杜威对民主的想象融合了社群主义和自由主义的洞见。他拒绝宣称这两种思想是不相契合的;相反,它们是相互依赖的。杜威所想象的民主共同体鼓励个体的创造性、个人的责任感、对权利的保护和积极的公民参与。

冲突在民主政治中的角色

在前面我说过,《民主的伦理》不仅引入了杜威的民主想象中的中心议题,而且展现了他所要面对的严重问题。其中最严重的问题是,冲突在民主政体中到底扮演什么角色。对"社会有机体"概念的过度依赖模糊了这个问题,因为它强

---

① LW11:41.

调个体与社会有机体之间的和谐。杜威告诉我们:"至少在概念中,民主达到了社会组织的理想状态;在其中,个体和社会是有机统一的。""整体真实地活在每一个成员之中……有机体把它自身显现为一个理想的或精神的真实生命,显示为**意志**的统一体。"①这个社会有机体的概念不仅是成问题的,甚至能产生反民主的结果。它没有公正地对待民主的一个特征,即冲突和斗争——杜威意识到这一特征是富有生气的民主制的灵魂。

杜威搬到芝加哥时,正赶上著名的普尔曼罢工所带来的巨大冲突。杜威密切地关注着这场罢工,他显然同情罢工工人。他开始思考发生在民主社会中的冲突所起的重要作用。韦斯布鲁克注意到,杜威相信:"对社会生活来说(就像个体生活一样),消除冲突是'没有希望,自相矛盾的',它会涉及对充满冲突的'趋于崩解的统一体'的不断重构。这种认为冲突是必不可免的并在社会生活中扮演潜在的作用的观点,使得杜威与改良者[包括简·亚当斯(Jane Addams)]区别开来,那些改良者认为,冲突并不是必然的,也不会起任何好的作用。"②但是,杜威也把自己和那些主张社会达尔文主义的人区别开来,那些人错误地认为,残酷的"生存竞争"是人类生活的主导原则。在民主政治中,冲突不仅仅是"不可消除的",而且对成就社会改革和社会正义来说是"基础性的东西"。杜威不再把民主看作个体与社会之间的理想的有机统一体。总会爆发新的冲突,要点是人们如何"回应"冲突,这需要想象力、理智和对解决具体问题的执着。杜威可能会同意下述关于民主政治的雄辩叙述:

> 民主政治是拥有不同利益、视角和观点的人之间的相遇,在这种相遇之中,他们会重新考虑以及共同修正他们的观点和利益(既有个人的,也有共同的)。它总是发生在冲突的、知识不完备的、不确定的环境之中,但在这种环境之中,共同的行动是必不可少的。所得到的决定或多或少总是暂时的,可能要被重新思考,也很少得到一致同意。重要的不是一致同意,而是对

---

① EW1: 237.
② Robert B. Westbrook, *John Dewey and American Democrat*, Ithaca, NY: Cornell University Press, 1991, p. 80.

话。只有在民主的政治斗争中,实质性的共同利益才会被发现被创造出来,它在被分享的同时也处于竞争之中。当用民主的方式即公开和说服来应对冲突的时候,冲突就是能够使民主运转的东西,就是能够促进观点和利益互相修正的东西,而不是对民主有害的东西。①

我们又一次看到杜威如何在两个极端之间找到了中间道路。许多政治理论家强调民主政治中的敌对方面,强调民主对冲突的需要,强调民主因冲突而建立起来的方式。也有些人强调民主中的审慎性特征,即对对话、思考和劝服的需要。这两者都需要一个健康的民主政体。敌对性政治的拥护者对讨论"共同体""和谐""同意""思考"是持怀疑态度的。他们认为,这些"安抚人心"的词语遮蔽了压迫性权力,压制了那些公民权被剥夺了的人的声音。"一致同意"意味着民主政治的死亡。但是,这些"敌对性"政治的辩护者经常不能正视走向极端的敌对性所带来的危险。正像黑格尔提醒我们的那样,敌对性会带来不是你死就是我亡的斗争,它不仅要打败对手,而且要消灭他。我已经说过,首要的问题是我们如何**回应**冲突。杜威在此正是强调"协商、会议、劝服和讨论在形成共同意见中的作用"②。这是任何有生命力的民主所要面临的实际问题。人们必须做的不仅是保护少数或异见者的权利,而且要发展出一种鼓励多元性和不同观点的文化。杜威强调,没有富有创造性的冲突,就有骄傲自大和停滞不前的危险。但是,如果没有对思考和公众讨论的严肃参与,如果没有认真建构得到普遍信任和尊重的共同体价值,民主就可能堕落为纯粹的意志的斗争和赤裸裸的权力斗争。

杜威与这些"审慎性民主"的支持者还有另外一个重要的区别。有些"审慎性民主"论点夸大了理性劝服在民主政治中的作用。有一种倾向,就是过分强调理性论证的作用和潜能。杜威对哲学家和政治理论家赋予理性的特点(尤其是当他们把理性和感性、欲望、激情做出尖锐对比的时候)从来就是不满意的,他更喜欢去讨论理智(intelligence)以及理智的行动。理智不是一种特定的机能,它

---

① Hanna Pitkin and Sara Shumer, "On Participation," *Democracy*, 1982(2): 43-54.
② LW14: 227.

指向一系列习惯和倾向,包括关注细节,富于想象和热情地承担责任。对杜威来说,最为**基本**的事情的就是理智在日常生活中的体现。

民主、社会合作和教育

霍尼斯(Axel Honneth)说,杜威的激进民主观优胜于目前讨论的两种流行的民主观:"杜威努力论证意义扩展了的民主原则,与共和主义和民主程序主义不同的是,他是通过社会合作的模式而不是交谈协商的模式得到他的原则的。简而言之,因为杜威希望把民主理解成自觉进行共同体合作的形态,他能把当代民主理论中两种对立的观点融合在一起。""杜威的民主理论在过于道德化的共和主义和空洞的程序主义两种错误的选择之间开辟了第三条道路。"①杜威"所理解的民主伦理生活是一种经验的结果,这种经验是社会所有成员都能拥有的,他们相互之间通过合理的分工组织而能有紧密的合作"②。

自从"语言学转向"以来,民主的理论家中就一直有一种倾向,即完全用言语行为和语言程序来消除差异。相比而言,杜威对激进民主的想象更为厚重:它没有局限在审慎思考或所谓公共理性上;它笼括了所有的经验,以所有的经验为前提。民主需要一种强健的民主文化,在其中,构成民主**伦理**的态度、情感和习惯能够展示出来。

从这个视角看,我们可以理解杜威何以对教育尤其是针对年青人的教育保持了一生的兴趣。培养对社会不正义保持敏感的个体,发展要求社会变革的灵活的理智习惯,其希望就在于民主的公共教育。在《我的教学信条》(1897年)中,杜威坚持"教育是社会变革的基本方法",以及"每一个对教育感兴趣的人都

---

① Axel Honneth,"Democracy as Reflexive Cooperation: John Dewey and the Theory of Democracy Today," *Political Theory*, 1998 (26): 765.
② Axel Honneth,"Democracy as Reflexive Cooperation: John Dewey and the Theory of Democracy Today," *Political Theory*, 1998 (26): 780. 如果想了解杜威民主观的当代相关性所做的充满活力的辩护,可以参见 Jeffrey Stout, *Democracy and Tradition*, Princeton: Princeton University Press, 2004.

应坚持,对社会进步和改革来说,学校具有首要的意义,是最有效的,可以通过教育唤醒社会实现学校所代表的理想"。与许多对杜威的教育思想的歪曲解释不同的是,杜威是感伤主义的一个激烈的持久的批判者。"在死板和乏味、形式主义和墨守成规之外,没有什么比感伤主义对教育的危害更大了……这种感伤主义是分离感觉和行动的必然结果。"①

关于杜威对激进民主的想象,我所强调的许多要点,可以在杜威的《创造性的民主》一文的最后一段中找到凝练的表述:

> 与其他生活方式相比,只有民主全心全意相信经验过程既是手段也是目的,相信经验过程能产生科学,而科学是唯一可信赖的指明未来经验方向的权威,科学释放了人们呼唤新事物的情感、需要和愿望。而没有民主的生活方式限制经验的接触、交流、沟通和互动,没有这些,经验无法稳定,也不能扩张和丰富。这种释放和丰富的任务是每天都要做的。既然这项工作只有在经验自身走到终点的前提之下才会有终点,那么民主的任务就是不断创造更加自由、更为人性的经验。在这个过程中,每一个人既是贡献者,也是分享者。②

杜威的当代相关性

就杜威的激进民主观的吸引力来说,可以从很多角度去批评他。他对制度分析——这些制度是民主社会得以繁荣所必需的——强调得太少。或许,最严重的一个弱点是我前面已经提示过的那一个。杜威宣称,激进的自由主义需要"一个建立在无所不包的计划上的社会目标",但是杜威从没有阐明这个"无所不包的计划"的细节。更严重的是,尽管他一直强调,为了促使激进民主的实现,需要推动一项基础的经济变革,但是关于这项变革的细节他也从没有提示过。杜

---

① EW5:93.
② LW14:229-30.

威通常无法理解那些阻碍他所呼唤的政治和教育改革的强有力的力量。但是，考虑到杜威是一位引领其时代的社会改革者这一事实，对他的批评是要打些折扣的。在芝加哥，他与简·亚当斯在赫尔屋（Hull House）里有过密切的合作。他协助建立了美国公民自由联盟（American Civil Liberties Union）、新社会研究所（New School for Social Research）、美国教师联盟（American Federation of Teachers）以及许多其他的进步的群众组织。他是言论自由和公民权利的坚定支持者，他领导了保护马克西姆·高尔基和伯兰特·罗素（Bertrand Russell）权利的运动。尽管他坚定地认同美国民主传统，他的兴趣仍是国际性的。他给日本、中国、土耳其、墨西哥和南非的政府官员、民族主义团体和教育者提供建议。在所有这些行动中，体现的思想都是他的激进民主想象。杜威是一个"有根的世界公民"①。他坚定地认同美国杰斐逊和爱默生的传统。但是，在他对民主的激进想象中，没有任何带有地方性色彩的东西。不管是在理论上还是在实践上，他都深入地参与了在世界范围中鼓动民主实践的活动。他是一个彻底的参与了民主的公共知识分子。除非我们持续不断地将民主伦理融合在我们的日常生活中，否则的话，民主很容易变得空洞，没有意义。

今天，在学术界，关于民主理论还能引发热烈的讨论。不幸的是，这些讨论大部分局限在其他的学术圈子中。杜威所拥有的能力是少有的，他能越出学术界，面向广大的公民听众讲话，去讨论普通人关心的问题。我并不认为可以通过转向杜威而找到解决我们这个时代的民主所面临的问题和危机的办法。杜威会首先坚持，新的冲突、新的问题需要新的解决办法。但是，杜威把激进民主想象成"个体生活的个性化方式，在其中我们不断追求交流的完满性"，这一点仍能启发我们重新思考、重新激活"真实的现存的民主"。"创造性的民主"仍是摆在我们面前的任务。

---

① "有根的世界公民"这一表达在近年来已经获得自身的生命，但是我相信，米切尔·科恩（Mitchell Cohen）是第一个使用这一表达的人。

威尔弗里德·塞拉斯：规范与理由[*]

谢丽尔·米萨克 著
王 玮译
浙江大学哲学系

　　威尔弗里德·塞拉斯(Wilfrid Sellars,1912—1989)是罗伊·伍德·塞拉斯(Roy Wood Sellars)之子,罗伊·伍德·塞拉斯这位批判实在论者和桑塔亚那(George Santayana)等人曾作为20世纪初中期的实用主义者在同一个领域耕耘。塞拉斯的教育路线与哈佛主导的模式不同。他曾在密歇根大学获得学士学位,到慕尼黑大学走了一趟,然后在布法罗完成硕士学位的学习。20世纪30年代中期,他在牛津——一个相当不适宜实用主义的时间和地点——作为一位罗德学者获得了第二个学士学位,并开始攻读关于康德的哲学博士。一年之后,他去了哈佛,在那受教于刘易斯(Clarence Irving Lewis)和奎因(Willard Van Orman Quine)。他自己的事业在明尼苏达大学、耶鲁大学和匹兹堡大学展开。

　　我们可能会说,儿子继承了他父亲的自然主义,还有对实用主义的一个尴尬立场。因为年轻的塞拉斯完全契合实用主义传统,却没有一直与实用主义

---

[*] 译自 Cheryl Misak, *The American Pragmatists*, Oxford: Oxford University Press, 2013, Ch. 12.3, pp.218 - 24。作者谢丽尔·米萨克为加拿大多伦多大学哲学系教授。本文系国家社科基金重大项目"实用主义研究"(项目编号：14ZDB022)的成果。

者为盟。① 也许这是因为他提防那些将其关于意指和真的洞见"误解"为对意指和真的分析的实用主义者②。塞拉斯和皮尔士(Charles Sanders Peirce)一样警惕这个可能,即实用主义者未必(例如)将真定义为长远来看的成功预测③。其实,塞拉斯完美体现了皮尔士-刘易斯式实用主义的精神。他对实用主义的创始人知之甚多,频繁利用皮尔士在普型和殊型之间的区分,而且理查德·伯恩斯坦(Richard Bernstein)与他深入谈论了皮尔士。④ 他与杜威(John Dewey)的联系更为明确。但他与刘易斯的理智关系是另一个看起来困扰着刘易斯声誉的学术空白。

和刘易斯一样,塞拉斯主要受逻辑经验主义和康德的影响。他接受了康德的要义:没有概念,你就不能理解经验。这是全体实用主义者都接受的要义。还是和刘易斯一样,与奎因相悖,他对科学判断和伦理判断都很感兴趣。在1950年,即在著名的《经验主义与心灵哲学》一文发表之前,塞拉斯向悉尼·胡克(Sidney Hook)为庆祝杜威90岁生日而举办的杜威专题讨论会投稿。他的文章题为"语言、规则与行为",他在其中预示了将会成为他对哲学的主要贡献的观点——一个融贯深刻地描述了有效性或正确性的规范观念的自然主义、经验主义或实用主义的立场。

在这篇文章中,塞拉斯告诉我们,实用主义常被刻画为一种粗略的描述主

---

① 罗伯特·内维尔(Robert Neville)是塞拉斯的学生,(在通信中)称他对约翰·E.史密斯(John Edwin Smith,耶鲁哲学系的一位实用主义学者)不以为然,因为他认为史密斯只是解释别人,没有直接致力于解答哲学问题。内维尔说,塞拉斯来到耶鲁,明确想要使之成为一个分析哲学系,这让他和那些在多元主义意识形态下工作的人关系紧张。他也评论说,塞拉斯认为自己试图做的,就是他父亲在哲学领域已经做的,只是他采取的是分析的方式。当这些争论越来越激烈的时候,理查德·罗蒂(Richard Rorty)刚研究生毕业。内维尔说,罗蒂作为一位塞拉斯主义者离开了耶鲁。我们将在下一章看到,罗蒂对这件事的忠心是复杂的。
② Wilfrid Sellars, "Some Reflections on Language Games," in *In the Space of Reasons: Selected Essays of Wilfrid Sellars*, ed. Kevin Scharp and Robert Brandom, Cambridge, MA: Harvard University Press, 2007, p.40.
③ Wilfrid Sellars, "Truth as Correspondence," *The Journal of Philosophy*, 1962(2): 29.
④ 私人通信。

义,据此"所有有意指的概念和问题属于经验的或描述的科学"。当他说实用主义者有时"以荷兰小男孩抵御一场来势汹汹的理性主义洪水袭击自然主义沃土的热忱"①提出了那些之于真和道德义务的描述主义解释时,是在向杜威示意。不过,实用主义会比那更精深②。他想要采纳实用主义者的洞见,减少一些热忱,增加一些理性主义。他想要谈谈一个理解规范的自然主义立场。

他想要探讨我们的评判实践——我们怎么证成我们的所做,以及我们怎么评价一个行动是对还是错,一个论证是有效还是无效,一个信念有根据还是无根据。他说,这个探讨要通过看一些其中"词项'有效'(valid)和'正确'(correct)似乎被恰当地(我会说正确地)使用的典型语境"③。我们知道怎么在我们的语言中运用规范词项。这是一项我们可以更善长或更不善长的技能,正如我们可以更善长或更不善长运用桥梁规则。他因此呼吁"一种哲学导向的行为主义心理学"④或一种"实践的经验主义"⑤,会启发我们遵守一条规则以及有正当理由这样做是怎么一回事。他呼吁理清何时以及为何我们认为因为一条规则或出于一种必然某事就要被做。

当他说"科学就在于试着阐述一个会使人类机体适应环境的规则支配行为

---

① Wilfrid Sellars, "Language, Rules and Behavior," in *John Dewey: Philosopher of Science and Freedom: A Symposium*, ed. Sidney Hook, New York: Barnes and Noble, 1949, pp. 291-2.
② Wilfrid Sellars, "Language, Rules and Behavior," in *John Dewey: Philosopher of Science and Freedom: A Symposium*, ed. Sidney Hook, New York: Barnes and Noble, 1949, pp. 289-90.
③ Wilfrid Sellars, "Language, Rules and Behavior," in *John Dewey: Philosopher of Science and Freedom: A Symposium*, ed. Sidney Hook, New York: Barnes and Noble, 1949, p. 293.
④ Wilfrid Sellars, "Language, Rules and Behavior," in *John Dewey: Philosopher of Science and Freedom: A Symposium*, ed. Sidney Hook, New York: Barnes and Noble, 1949, p. 289.
⑤ Wilfrid Sellars, "Language, Rules and Behavior," in *John Dewey: Philosopher of Science and Freedom: A Symposium*, ed. Sidney Hook, New York: Barnes and Noble, 1949, p. 301.

系统"①,他也在(这次是积极地)示意杜威。这个我们称为"科学"的规则支配行为系统是我们需要首先探讨的,不只是从一个描述的("这是我们做的")视角,还从一个规范的("这是我们应当做的")视角来探讨。在科学中,我们一直在试着修改和修订我们的规则。我们也意识到存在替选规则,从而我们不能说我们肯定知道我们掌握了正确的。但有时我们发现"连最惊人的科学进展也没有诱惑我们放弃的规则",即我们似乎"没有重要替选"的规则②。我们把它们视为核心的、坚实的或稳定的。读者会注意到,这个思想是每个实用主义者都有的。③

塞拉斯看到,在这个事实面前,即语言、科学和逻辑的规则可以改变,他不得不理解这个想法,即真的弄对了什么。在这里他的实用主义色彩得到完全展示:

> 为何是这一组规则而非另一组?怎么证成采纳一组规则本身?我想要能够说我们实践证成采纳规则,确切地讲,这至少会是接近真相的第一步。我的看法与实用主义的更精深形式的密切关系是明显的。④

他在"警告的氛围"中结束,用维特根斯坦的话表达了这个看法,即我们不能真的找到我们的规则的真正起因。"实在联系"或必然性只不过是我们的规则的"影子",不能径直看到。我们在"现存规则"的框架中操作,我们不能通过以某种方

---

① Wilfrid Sellars, "Language, Rules and Behavior," in *John Dewey: Philosopher of Science and Freedom: A Symposium*, ed. Sidney Hook, New York: Barnes and Noble, 1949, p.312.
② Wilfrid Sellars, "Language, Rules and Behavior," in *John Dewey: Philosopher of Science and Freedom: A Symposium*, ed. Sidney Hook, New York: Barnes and Noble, 1949, pp.313-4.
③ 读者也会注意到与维特根斯坦的坚实又铰接的命题的相似。参见 David Bakhurst and Cheryl Misak, "Wittgenstein and Pragmatism," in *A Companion to Wittgenstein*, ed. Hans-Johann Glock and John Hyman, Oxford: Wiley-Blackwell, 2017 和 Andrew W. Howat, "Regulative Assumptions, Hinge Propositions and the Peircean Conception of Truth," *Erkenntnis*, online publication。
④ Wilfrid Sellars, "Language, Rules and Behavior," in *John Dewey: Philosopher of Science and Freedom: A Symposium*, ed. Sidney Hook, New York: Barnes and Noble, 1949, pp.314-5.

式走出那个框架去更客观地观看它们,来把握它们或它们的证成。

塞拉斯以实用主义的所有其他精深样式,通过仔细考究得到一个经验是怎么一回事,来将经验主义和理性主义两者的洞见结合起来。他不会接受理性主义者的这个想法,即"用之于实在诸特征间的一个必然联系的非语言把握"①来解释"必须"(must)或"应当"(ought)。那是理性主义者的错误。但他会将某个康德带入经验主义的图画。他很清楚这一步的实用主义根源:"这里我们得向约翰·杜威致敬,他非常清楚地看到,对感觉材料的认知所予性的理解,既是理性主义的最后防线,也是其开路先锋。"②感觉之于我们的任何所予都牵涉认知。这是理性主义的洞见,被皮尔士和刘易斯极其敏锐地加以领会。

塞拉斯对道德"应当"和其他种类的必然性都感兴趣。他通过靠近作评判判断的实践来处理问题。在他看来,对我们证成我们的道德义务的尝试,情感主义者没有给我们提供听起来为真的解释。情感主义并非"忠于道德思想和经验的现象学"③。"使伦理的'应当'成为甚至足球迷的'hurrah'(喝彩声)的第二代近亲,完全没有理解它的意谓"④。

广受赞誉的是,塞拉斯继续阐述了《语言、规则与行为》中的想法。他在那里概述的之于规则控制的行为的自然主义或经验主义的描述,在1956年的《经验主义与心灵哲学》中得到其最著名的表达。《经验主义与心灵哲学》是一篇长文,在一些方面很像奎因的《经验主义的两个教条》。它也被认为是20世纪最重要的哲学文章之一。它也是对逻辑经验主义的抨击。它也对当代实用主义的一些

---

① Wilfrid Sellars, "Language, Rules and Behavior," in *John Dewey: Philosopher of Science and Freedom: A Symposium*, ed. Sidney Hook, New York: Barnes and Noble, 1949, p.301.
② Wilfrid Sellars, "Language, Rules and Behavior," in *John Dewey: Philosopher of Science and Freedom: A Symposium*, ed. Sidney Hook, New York: Barnes and Noble, 1949, pp.304-5.
③ Wilfrid Sellars, "Language, Rules and Behavior," in *John Dewey: Philosopher of Science and Freedom: A Symposium*, ed. Sidney Hook, New York: Barnes and Noble, 1949, p.294.
④ Wilfrid Sellars, "Language, Rules and Behavior," in *John Dewey: Philosopher of Science and Freedom: A Symposium*, ed. Sidney Hook, New York: Barnes and Noble, 1949, p.294.

大咖影响甚巨,而且它也(用理查德·伯恩斯坦的话讲)"读起来像对皮尔士1868至1869年著名论文系列的评注……我认为塞拉斯提出的论证都在皮尔士的预料之中"①。

伯恩斯坦是对的。塞拉斯的论证与皮尔士在《关于人应有的一些能力的几个问题》中提出的那些论证非常相似,其中皮尔士说没有直接觉知,因为"每次认知逻辑上都是从之前的认知来确定的"。我不会给读者一一做出比较,而只是会概括塞拉斯的立场当其出现在《经验主义与心灵哲学》中时的实用主义本性。在之后的职业生涯中,塞拉斯一直以这些实用主义主题为基础——例如,在1966年他做的洛克讲座中,这些讲座作为《科学与形而上学》一书出版。

塞拉斯背弃了知识基础的隐喻:

> 最重要的是,这幅图画因其静态特征而引人误解。我们似乎不得不在大象立于巨龟之上这幅图画(什么支撑巨龟?)和黑格尔式知识巨蟒首尾相衔这幅图画(它从哪里开始?)之间做出选择。两者都行不通。因为经验知识和其精深延伸(科学)一样,是理性的,不是因为它有一个基础,而是因为它是一项自我调整的事业,能让任何断言处于危险之中,尽管不是同时让全部断言如此。②

这当然让人很容易想起皮尔士的想法,即科学是一项自我调整的事业,仅当信念陷入怀疑时才修改它们。

塞拉斯对他所称的"所予神话"发起持续致命的抨击。这是对"一个专业

---

① Richard J. Bernstein, *The Pragmatic Century: Conversations with Richard Bernstein*, ed. Sheila Grave Davaney and Warren G. Frisina, Albany, NY: State University of New York Press, 2006. 布兰顿(*Making It Explicit: Reasoning, Representing, and Discursive Commitment*, Cambridge, MA: Harvard University Press, 1994)和罗蒂("Introduction," in *Empiricism and the Philosophy of Mind*, Cambridge, MA: Harvard University Press, 1997, p.5)也看到了塞拉斯的作品与皮尔士这些文章之间的相似之处。

② Wilfrid Sellars, *Empiricism and the Philosophy of Mind*, Cambridge, MA: Harvard University Press, 1997, p.79.

的——认识论的——行话"①的抨击,这行主要是逻辑经验主义者的,尽管他也抨击笛卡尔主义者和休谟主义者。这个神话是"'严格且恰当称谓的'观察由某些自我确证的非言语片断构成,这些片断的权威性传递给言语执行和准言语执行"②。这个神话是这个非常强势的想法(就出自逻辑经验主义者的书),即"认识的事实可以完全……分析为非认识的事实,无论是现象的还是行为的,公共的还是私人的"③。那就是说,塞拉斯对所予想法的不满主要是由于20世纪中期的哲学家们偏向于认为"哲学家的任务"是"定义分析——可以说,'把大的分为小的'"。塞拉斯说,这个"原子主义的哲学是陷阱和错觉"。④

塞拉斯推翻了所予神话。他论证说不存在基本的或纯粹的知识——一个信念只能被另一个信念证成。而且,所有信念都有一个不可避免的概念要素。甚至把握一个像三角形这样简单的东西也要求有三角形的概念,从而我们可以将它这样归类。从最初开始觉知什么,就是运用一个概念来回应它。觉知——所有的——"是语言的事"⑤。我们在皮尔士、刘易斯以及所有其他实用主义者那里看到了这个思想。塞拉斯将其用干脆、新鲜的语言来表述:仅当我们能将那个信念置于"理由的逻辑空间"内才能说我们得到一个信念。语句的真正意指以及真正的认识动作,在塞拉斯看来,就是其在索取和接受理由的——"证成且能证成我们的话"的——游戏内的功能或角色。⑥

因为知识和理解是概念的和推论的,所以可能会有错误。这是皮尔士在1868年非常清楚地阐明的一个观点,刘易斯同样清楚地阐明过。塞拉斯继续论

---

① Wilfrid Sellars, *Empiricism and the Philosophy of Mind*, Cambridge, MA: Harvard University Press, 1997, p.13.
② Wilfrid Sellars, *Empiricism and the Philosophy of Mind*, Cambridge, MA: Harvard University Press, 1997, p.77.
③ Wilfrid Sellars, *Empiricism and the Philosophy of Mind*, Cambridge, MA: Harvard University Press, 1997, p.19.
④ Wilfrid Sellars, *Empiricism and the Philosophy of Mind*, Cambridge, MA: Harvard University Press, 1997, p.80.
⑤ Wilfrid Sellars, *Empiricism and the Philosophy of Mind*, Cambridge, MA: Harvard University Press, 1997, p.63.
⑥ Wilfrid Sellars, *Empiricism and the Philosophy of Mind*, Cambridge, MA: Harvard University Press, 1997, p.76.

证说,这些实践从根本上来说是规范的:拥有一个概念意味着我们能正确地使用它,从而可以给出或不给出运用它的理由。使用语言的能力是人类生活的核心,而规范性是使用语言的核心。

虽然可能看起来给予和索取理由的实践完全是人的(human),从而是全然主体间的,但是塞拉斯事实上想要为科学实在论抵御一种经验主义,即认为人受困于观察的领域,根本得不到关于外在世界的知识。他说:

> 如果我拒绝传统经验主义的框架,那并非因为我想说经验知识没有基础。因为这样说就是暗示它真的是"所谓的经验知识",也是将其看作谣言和骗局。这幅图画显然有些道理:人类知识基于一个层级的命题——观察报告——这些命题不像其他命题基于它们那样基于其他命题。①

和刘易斯与皮尔士一样,塞拉斯想要重视经验,而不使之成为神话的——它不能是神话的。它不能是原始的,或不能摆脱我们的概念。

在塞拉斯看来,真是可正确语义断定性。可正确语义断定性在不同的探究——科学的、道德的和数学的——中会看起来有所不同。不过,尽管如此,全部这些领域的陈述可以被正确断定。他说:

> 说一个命题为真,就是说它是可断定的,在这里这不是说能够断定的(它要是一个命题就必须如此),而是说可正确断定的;可断定的,即依照相关语义规则,根据这些规则可能要求的附加(尽管未具体说明的)信息……然后,"真的"意味着可语义断定的……真的多样对应相关的语义规则的多样。②

这当然是之于真的皮尔士式描述。而且,和奎因一样,塞拉斯认为"科学是万物

---

① Wilfrid Sellars, *Empiricism and the Philosophy of Mind*, Cambridge, MA: Harvard University Press, 1997, p.78.
② Wilfrid Sellars, *Science and Metaphysics: Variations on Kantian Themes*, London: Routledge & Kegan Paul, 1992, p.101.

的尺度,是什么是其所是的尺度,也是什么不是其所不是的尺度"①。因为科学是我们最重要也最古老的话语之一——"是已在史学家们所称的'前科学阶段'存在的一维话语的繁荣时期"②。即塞拉斯走了从传统经验主义到完全的实用主义或自然主义的一步。强势的逻辑经验主义者没有走那一步。例如,逻辑经验主义者之于理论的或不可观察的实体的反实在论基于一幅知识图画,据此所有知识的根据是可被观察到的。因此,和实用主义者一样,逻辑经验主义者不会说如果最佳科学告诉我们某些不可观察的实体实存,那么它们实存。

在《哲学与人的科学意象》中,塞拉斯探讨了这个问题,即科学和日常感知常常看起来存在张力。在两个明显有竞争的意象之间存在一场较量。"显见意象"是关于世界中的我们自己的常识意象。我们从观察中,借助于由来已久的哲学和其他修改,得到这个意象。"科学意象"的对象是像理论物理学的看似相异的诸世界中的原子和其他不可感知的实体之类。塞拉斯认为,哲学的目的是找到一个方式来将这两个意象视为没有张力。他论证说,它们得被视为关于在世之人的单个"立体"意象③。这个想法让人想起杜威的尝试,即把我们的负载价值的自我和我们的环境视为一体。不过,塞拉斯的描述——据此我们之于我们的第一次序实践的第二次序反思将这两个视角融合为一幅融贯的图画——不带有杜威不能丢弃的形而上学包袱。

和最好的实用主义者一样,塞拉斯想要远离这个建议,即当前的科学理论为真:

> 哲学家的视角不能仅限于对于正在发展的科学在方法论上是明智之选的那个。他必须也尝试设想从那个作为科学事业的范导典范的视角——我们犹豫要不要称之为完备科学——来描画的世界。那么,我认为,实质对应

---

① Wilfrid Sellars, *Empiricism and the Philosophy of Mind*, Cambridge, MA: Harvard University Press, 1997, p.83.
② Wilfrid Sellars, *Empiricism and the Philosophy of Mind*, Cambridge, MA: Harvard University Press, 1997, p.81.
③ 原文注释标注的出处为 Wilfrid Sellars, "Truth as Correspondence," *The Journal of Philosophy*, 1962(2): 29,但此处并未提及这一点。——译者注

> 规则预期这样的定义：不适合在正在发展的科学中践行，但在科学知识的理想状况中践行就是达成一个统一的世界画面，其中在方法论上重要的观察和理论框架的二元论可能被超越，理论世界和观察世界将成为一体。①

毫无疑问，塞拉斯属于实用主义传统。

当然，他也得全力解决这个问题，即如果我们要从我们自己的探究和给予理由的实践开始，那么我们是否能真的理解关于弄对了什么的想法。这样说是鲁莽的：塞拉斯或其他实用主义者对此做出了完美的回答。根据马克·兰斯（Mark Lance）的讲述，20 世纪 80 年代中期，他直接向他的老师提出了这个问题。他和一个同学

> 给他讲解了我们所称的"右翼"塞拉斯主义和"左翼"塞拉斯主义。右翼塞拉斯主义认为，规范……可还原为一个行为模式、行为的加固和批判……等等。左翼塞拉斯主义认为规范的是不可还原的——"彻头彻尾的规范"。简言之，我们从未就他认可哪个观点得到一个直接的回答：塞拉斯一直坚持，这个区分太过粗略，我们需要多读一读。②

我说过，最好的实用主义者赞同塞拉斯，即我们可以在两个极端之间找到一个立场。我们从我们已有的开始，然后借助于相左的经验带来的震惊，我们在适当的地方加固、批判、修订，直到我们得到一个真正经得起证据和论证检验的信念——一个会继续可被断定的信念。不过，在下一章，我们将看到一种极端的左翼塞拉斯主义怎么在接下来几十年中成为实用主义的主导面孔。*

---

① Wilfrid Sellars, "Theoretical Explanation," in *Philosophy of Science: The Delaware Seminar*, ed. Bernard Baumrin, Vol. ii, New York: Interscience Publishers, 1963, pp. 61–78.

② Mark Lance, "Placing in a Space of Norms: Neo-Sellarsian Philosophy in the Twenty-First Century", in *The Oxford Handbook of American Philosophy*, ed. Cheryl Misak, Oxford: Oxford University Press, 2008, p. 413.

* 原文下一章讲述理查德·罗蒂。——译者注

《杜威选集》导读

【编者按】在翻译出版39卷本《杜威全集》的基础上,2016年起复旦大学杜威中心与华东师范大学出版社再度合作,由7位分卷主编从1600万字的《杜威全集》中,按照每卷40万字左右的体量,精心选择,合理编排,编纂成6卷本的《杜威选集》,2017年年底由华东师范大学出版社悉数推出。

本辑以全景导读方式,汇集了《杜威选集》全部6篇"编者序",分别从杜威哲学、教育学与心理学、价值论与伦理学、政治哲学与法哲学、宗教观与艺术论、杜威论中国等视角,引领读者进入杜威学术思想的深邃境界。原序中涉及编辑体例等文字,在收录时略有删减。

《哥白尼式的革命——杜威哲学》编者序

王成兵

北京师范大学哲学学院

顾名思义,《哥白尼式的革命——杜威哲学》主要选编了杜威有关哲学的部分经典文献。本卷选取的文献力图更集中地反映杜威对"纯哲学"问题讨论的精华。作为哲学家的杜威或许与传统意义上的西方哲学家有很大不同,他的哲学主题、论述方式、专业术语、学术旨趣等都有自己的独到之处和个性特色。因此,在选编杜威关于一般性哲学问题的文献时,我们虽然尽可能选取哲学色彩浓厚一些的文本,但是,总的来说,我们无法用西方哲学严格意义上的形而上学、认识论、真理观、逻辑学等框架来进行分类和呈现。

坦率地说,作为对杜威哲学有着浓厚兴趣并且多年从事杜威哲学研究工作与教学工作的专业人员,如何解读杜威哲学经典,也是一个一直困扰着我本人的难题。在编辑这卷文集的过程中,我经常思考这个问题。借此机会,我简单谈几点对杜威哲学文本解读的感受:

第一,在文本阅读中进一步理解杜威哲学"哥白尼式的革命"的内涵和意义。本卷选用"哥白尼式的革命——杜威哲学"作为书名,这大概是6卷选集中最早确定下来的分卷名称,也是大家多次讨论中最早、最容易获得共识的名称之一。之所以如此,我想是因为,作为杜威哲学的研究者,大家都能够理解杜威哲学本身在现代西方哲学中所应当具有的但多少受到低估或忽视的地位。杜威在《确定性的寻求:关于知行关系的研究》的第十一章中明确使用并论证了"哥白尼式的革命"这个提法。他认为,哲学上真正的哥白尼式的革命在于充分肯定自然过程中所发生的变化不定和丰富多样的相互作用。杜威提出,哥白尼式的革命的意义在于,我们并不需要把知识当作唯一能够把握实在的东西,我们所经验到的这个世界就是一个实在的世界。其实,对杜威哲学文本了解比较多的读者都知道,杜威这个关键论点不仅仅出现在《确定性的寻求:关于知行关系的研究》中,在距今大约100年的《哲学复兴的需要》中,杜威对认识论上的"旁观者"态度的批判和对新旧经验观念的考察,实际上就是他心目中"哥白尼式的革命"的另一种简明但不失深刻的宣告。

进一步说,回顾现代西方哲学一个多世纪以来的演变过程,我们不难发现,杜威哲学所关注的许多核心问题,本来就是现代西方哲学所关注和讨论的关键问题。在这个问题上,二者或者是"殊途同归",或者是"不谋而合"。从时间上说,杜威提出的一些纯哲学论题并不晚于其他一些现代西方哲学家所提出的具有划时代意义的论题,只不过杜威与学院哲学的疏离关系以及独特的话语方式,使他的很多重要见解没有得到学术界的充分重视。比如,一般来说,杜威对思辨哲学持怀疑甚至否定态度,但他也无法完全回避形而上学问题。杜威对经验观念的阐发、对共同意义问题的思考等,都是其形而上学问题研究的一部分。更具体地说,杜威在其哲学中对连续性和整体性原则的考察,就是杜威意义上的形而上学建构工作的重要内容。

第二,在西方哲学史的语境中去思考和解读杜威的哲学文献。近些年来,国外学术界比较重视从西方哲学史进路去重新理解杜威哲学。学术界比较重视将包括杜威在内的实用主义作为哲学史上一个具有必然性和合理性的学派来进行讨论。比如,当代实用主义哲学家理查德·伯恩斯坦(Richard J. Bernstein)就非常强调古典实用主义哲学出场的哲学史背景。① 在伯恩斯坦看来,詹姆斯、皮尔士、杜威参与并推动的在马萨诸塞州剑桥组建的形而上学俱乐部,提供了当时美国哲学的主要交流平台,然而,常常被忽视的另一个来自欧洲大陆的文化背景是,剑桥并不是当时美国唯一的哲学活动中心。在19世纪,许多影响深远的德国知识分子移民到美国,他们中的一些人成了著名人物。这些人也带来了对德

---

① 参见 Richard J. Bernstein, *The Pragmatic Turn*, Cambridge:Malden, M:Polity Press, 2010。

国哲学,尤其是对康德和黑格尔哲学的兴趣。"康德俱乐部"和"黑格尔俱乐部"分别在密苏里州和俄亥俄州得以成立。这些事实也佐证了杜威对当时美国哲学界的一个基本判断,即新康德主义和黑格尔主义在19世纪末期的美国是非常重要的。这或许表明了这个话题背后隐含的关于杜威等美国实用主义哲学家和德国观念论者之间的关系问题。我们在本卷选集最初版本的设计中,是希望专门列入杜威对德国古典哲学以及其他西方哲学家的讨论内容的,不过,很遗憾的是,由于种种原因,最后只好放弃这部分内容,希望读者在研究中有意识地加以关注和梳理。

第三,留意从个人观念史的维度思考和把握杜威哲学文本。实用主义哲学家的思想自身有一个启动、成熟和转化的过程。不过,对每一位实用主义哲学家来说,这个过程可能表现出很大的差异性。这一点尤其要引起我们重视。比如,关于杜威的哲学,大家都知道经验观念是其最为重要的哲学观念之一,大家也知道,杜威关于经验观念的论述集中出现在《哲学的改造》(1919年)与《经验与自然》(1925年)之中。如果认真解读杜威在本卷收录的《哲学复兴的需要》中对经验观念所做的若干方面的阐释,我们也许会意识到,杜威的很多为我们所熟知的观点的提出和阐述,比我们想象的要早很多。另外,对于1859年出生的杜威来说,在写作《哲学复兴的需要》的时候,他已经往60岁上走了。杜威对经验观的讨论与他之前几十年哲学生涯中所做的经验观的研究以及将近10年后在《经验与自然》中对经验观的总结性思考之间,到底具有什么样的逻辑线索,这些都是我们需要下功夫思考和挖掘的。我们建议,读者在阅读杜威的哲学文献时,可以尝试选取杜威一些关键观念作为起点,在个人理智史和思想史的发展逻辑中进行由点到线的研究,并举一反三,逐步摸索一条合理、有效、有助于走出杜威哲学迷宫的路线图。不过,需要强调的是,由于杜威很多哲学观念并不是按照时间线索发展出来的,而且由于专门术语方面的不一致以及语言内涵的差别,即使他的同一个词汇在不同语境中也具有不同的涵义,这也使得即便《杜威全集》的中文版到现在已经出齐多年,但是研究者们依然在为找到理解杜威整体哲学思想的路线图而苦苦摸索。这就更需要我们用更大的耐心和毅力、更强的理解力去解读杜威的哲学文本。

第四，把杜威的探究理论与其逻辑学文本和学说结合起来解读。按照整体设计，本卷还包括杜威逻辑学文本，不过，由于篇幅限制，本卷收集的杜威逻辑学文献很有限。我们认为，首先，杜威的逻辑学思想并没有得到学术界的充分讨论。其次，杜威的确想尝试着对逻辑学做一些改变。他讨论了逻辑的对象、判断和命题等学说，也提出了一些新的想法。比如，传统的逻辑开始于词项，词项组成命题，命题进而组成论证。杜威则从判断开始，命题被当作判断的组成因素。杜威甚至提出，命题没有对错，只有合适或不合适、有效和无效之分。不过，在我们看来，杜威不是为逻辑而逻辑，从根本上说，杜威力图把逻辑形式看作有机体在特定情境中进行探究的思想工具。在杜威那里，探究式反思性的有机体力图通过对环境的适应而寻求稳定性，而逻辑形式能够通过其讨论的题材和获得有根据的结论来促进探究。我们认为，如果以这样的出发点去看待杜威的逻辑学，可能会更容易得出一些具有建设性的结论。

《经验的重构——杜威教育学与心理学》编者序*

李业富

香港优才书院

  杜威对教育的影响既是全球性的,也是非比寻常的。① 上世纪,已有多不胜数的文章或图书论述他的教育思想,以至人们很难再提出任何新的独特视角。关于他的教育论文集,至少有五本著名的选集。② 我的挑战是,在杜威研究的汪洋中找到一条航线,以便为中国将来的教育家和教师们呈现一幅简明图景。

  杜威在教育方面的著作甚丰,但他早期的杰作之一无疑是《我的教育信条》(1897 年),该论文写于他在芝加哥大学任教的那段岁月(1894—1904 年)。从《我的教育信条》开始,他的教育思想在《学校与社会》(1899 年)、《儿童与课程》(1902 年)、《民主与教育》(1915 年)以及《经验与教育》(1938 年)等著作中得到

---

* 本文初始为英文,由上海社会科学院哲学研究所周靖译为中文。
① 美国、德国和中国均有杜威研究中心。关于研究杜威的国际视角,请参见 Larry A. Hickman and Giuseppe Spadafora, *John Dewey's Educational Philosophy in International Perspective: A New Democracy for The Twenty-first Century*, Illinois: Southern Illinois University Press, 2009。
② 参见 John Dewey, *Education Today*, ed. Joseph Ratner, New York: G. P. Putnam's Sons, 1940; Martin S. Dworkin, *Dewey on Education: Selections*, New York: Teachers College Press, 1959; Reginald D. Archambault, ed., *John Dewey on Education: Selected Writings*, Chicago: The University of Chicago Press, 1964; Larry A. Hickman and Thomas M. Alexander, eds., *The Essential Dewey*, Volumes 1 & 2, Bloomington: Indiana University Press, 1998; and Douglas J. Simpson and Jr. Sam F. Stack, eds., *Teachers, Leaders and Schools: Essays by John Dewey*, Illinois: Southern Illinois University Press, 2010。

了进一步的发展和论述。为了帮助读者破解杜威,我首要的任务是对《我的教育信条》追根溯源。这个故事从密歇根大学开始。

一、密歇根的岁月与杜威"恋上"教育

1884年9月,一名女大学生正热切等待着一位年轻哲学教授来到密歇根,教导她心理学。她的名字叫爱丽丝(Harriet Alice Chipman),是一位对哲学和心理学皆感兴趣的哲学系学生。爱丽丝聪明伶俐,爱接纳新观念和科学思想,具有"坚定的勇气、活力和丰富的知识",是一位进步、有教养的女士。[①] 她在等待的人便是杜威,一名来自霍普金斯大学的年轻博士,其专长为心理学和哲学。

爱丽丝有着"深沉的宗教本性",但从未"接纳任何教会的教条"。[②] 她的观点和态度同杜威的十分契合。更重要的是,她有着强烈的社会责任感,并对教育感兴趣,计划在毕业后投身教育事业。他们住在同一栋宿舍里,并很快坠入爱河。随之而来的第一个结果是:杜威对女权主义和教育的兴趣骤涨。在《教育与女性健康》(《杜威全集·早期著作》第一卷,第52—55页)以及《高等教育中的健康与性别》(《杜威全集·早期著作》第一卷,第56—64页)两篇文章中,杜威运用了统计学的方法证明,教育确实对女性的健康无害。杜威也开始研究欧洲的教育理论,审视高中和大学教育中的课程设置问题。紧接着的第二个结果是:他们在1885年9月订婚,并于1886年夏季成婚。自那时开始,杜威便醉心于教育以及运用心理学来检视教育。

---

① Jane M. Dewey, "Biography of John Dewey," in *The Philosophy of John Dewey*, ed. Paul A. Schilpp, New York: Tudor Publishing Company, 1939, p.22.
② Jane M. Dewey, "Biography of John Dewey," in *The Philosophy of John Dewey*, ed. Paul A. Schilpp, New York: Tudor Publishing Company, 1939, p.22.

二、杜威的原则和抉择的时刻

"我宁愿挨饿,看着我的孩子们挨饿,也不愿看到杜威牺牲自己的原则。"①爱丽丝坚定地宣称道。这些原则是什么呢?他们又面临怎样的窘境,以至于要做出什么牺牲呢?

那是在1906年,读者很快便会明白其中的关联。那时候,杜威早已离开密歇根大学(1884—1894年),转到芝加哥大学任教,并最终出任哥伦比亚大学教授(1905—1930年)。在爱丽丝的支持下,杜威投身公共事务和社会公益事业。1906年4月,俄国作家高尔基访问美国,并为沙俄的革命事业募捐。陪同他的是妻子——安德烈耶娃,一位著名的俄国演员。杜威参与组织了高尔基的欢迎会。几天内,高尔基已经募捐到8000美元。而后事件变了质。谣言四起,有人说高尔基的"伴侣"不是他的妻子——这位女演员是他的情妇!几乎所有人都开始对高尔基避而不见。震惊于这些道听途说,纽约的旅馆把高尔基和安德烈耶娃赶出门外。没有一家旅馆敢收留他们,因为他们骇人听闻地破坏了传统道德。他们该往何处落脚呢?

对杜威和爱丽丝来说,这变成面临抉择的时刻。他们也会因传统道德的谣言而离弃这位革命小说家吗?他们会依从公众意见,抑或保持思想的独立性?随着事态的进一步发展,他们勇敢地邀请高尔基和安德烈耶娃搬到他们在哥伦比亚大学校园的居所,随后还办了一个私人派对。在这个派对上,安德烈耶娃对一群美国进步女性做了讲话。有兴趣的读者可以进一步查阅马丁著作中所写的"高尔基事件"②。关于杜威和纽约先锋人物的关系,则可参看道尔顿的相关

---

① Jay Martin, *The Education of John Dewey: A Biography*, New York: Columbia University Press, 2003, p.241.
② Jay Martin, *The Education of John Dewey: A Biography*, New York: Columbia University Press, 2002, pp.230-42.

著作。①

　　这里所涉及的原则有：言论自由、表达自由、学术自由，简言之，即自由地思考和行动。这些自由对杜威所信赖和珍视的民主社会内的运作至关重要。岌岌可危的是杜威在哥伦比亚大学的新教席。由于背负着宗教和神学方面的历史，学校管理层大都站在传统道德的立场上。②当杜威为高尔基和安德烈耶娃提供住所时，他是在用他的职位冒险。

　　上述叙事最终引领到我的要点：道德或伦理，是杜威教育思想的基石。对于杜威来说，道德不仅是理论，还是实践。杜威夫妇有着强烈的道德感，并对传统道德持批判态度。即使在密歇根的那段岁月里，杜威也讲授伦理学课程，并出版了两本书：《批判的伦理学理论纲要》(《杜威全集·早期著作》第三卷，第195—331页)以及《伦理学研究(教学大纲)》(《杜威全集·早期著作》第四卷，第189—311页)。我们如何组织我们的学校系统？为了儿童，为了更好的社会，我们应该如何进行道德训练？这些都是杜威教育思想中反复出现的主题。总结而言，我们可以把杜威的教育思想追溯至他的密歇根时期。

三、《我的教育信条》的形成

　　我试图从两条路径绘出《我的教育信条》的形成。心理学方面，杜威发表了论文《新心理学》(1884年)，出版了《心理学》(1887年)一书，随后是对《婴儿语言的心理学》(1894年)的研究。当然，值得提及的还有《论情绪》一文。伦理学方面，杜威出版了两本书。这两本书均写于密歇根。杜威转到芝加哥后，开设了多门课程，教材包括：《教育伦理学》，这来自他在1895年所做的6次讲座(《杜威

---

① 参见 Thomas C. Dalton, *Becoming John Dewey: Dilemmas of a Philosopher and Naturalist*, Bloomington: Indiana University Press, 2002, chapters 4-6。

② 杜威的老师皮尔士(Charles Peirce)也在1884年被霍普金斯大学开除，原因是他同他妻子之外的女人同居。参见 Robert Burch, "Charles Sanders Peirce," *The Stanford Encyclopedia of Philosophy*, Winter 2014 Edition。

全集·早期著作》第五卷,第 223—232 页);以及《教育心理学》,这来自他在 1896 年所做的 12 次讲座(《杜威全集·早期著作》第五卷,第 233—254 页)。几乎同时,杜威在 1896 年的《全国赫尔巴特协会首次年鉴的第二增补版》上发表了《与意志训练有关的兴趣》一文,在该文中,他建立起教育和心理学之间的关系。这些著作汇合成为他的《我的教育信条》(1897 年 1 月)一文,以及另外两篇发表于 1897 年的同样重要的文章:一篇是心理学方面的,即《学校课程的心理学维度》;另一篇是伦理学方面的,即《构成教育基础的伦理原则》。

四、从密歇根到芝加哥:无产阶级革命还是社会改良主义?

虽然马克思预言了 1848 年欧洲大陆的无产阶级革命,但这场革命并未旋即成功。尽管如此,无产阶级革命的浪潮冲击着全世界,绵延数十年。大概 50 年后,它波及美国领土——正在经历工业化进程的新世界,大都市变成无产阶级和资产阶级的战场。1894 年,杜威来到了大都市之一的芝加哥。

美国正经历着 19 世纪最后数十年的巨变。工业革命从欧洲传到美国。到达芝加哥后,杜威观察到,"这个地方是全球最大的炖锅"①。杜威是正确的。为了纪念哥伦布 1492 年的航行,芝加哥刚在 1893 年举办过"世界哥伦布博览会"(世界博览会)。② 芝加哥林立着钢筋混凝土建筑,标志着科技的发展以及当代资本主义的财富。然而,芝加哥的面纱下却掩藏着社会疾病和严重的社会矛盾:城市贫穷、资本家对工人的剥削严重、童工问题、工业罢工、失业、卖淫以及政府腐败等。

1894 年迅速蔓延的"普尔曼铁路工人罢工事件"警醒了杜威。然而,他走上了社会改良的路线,他通过在赫尔屋授课的方式表达他的主张。赫尔屋是用来

---

① Jay Martin, *The Education of John Dewey: A Biography*, New York: Columbia University Press, 2002, p.158.
② 细致的讨论请参见 Erik Larson, *The Devil in the White City: Murder, Magic, and Madness at the Fair that Changed America*, New York: Vintage Books, 2003.

安置芝加哥失业者和新移民的福利机构,由亚当斯(Jane Addams)创立。亚当斯是1931年诺贝尔和平奖的获得者,被后人称为"社会工作之母"。① 亚当斯积极的行动和承担赢得了杜威的赞誉。杜威看到了社会改良的可行性,而无须冲突和革命。教育因此被他视为实现社会改良、达至公平和正义的工具。

五、杜威十大教育著作概述

杜威的思想非常复杂。他的写作风格也是模糊且充满辩证性的:他时常提出两种对立的观点,并试图消解掉它们,然后提出一种新的、有着更高综合性的新观点。但是,人们很难跟上杜威的思路。这或许是他常被误读的部分原因。② 为了帮助读者理解杜威,做一些简要的介绍是有用的。③ 我在这里提供杜威最著名的几本教育著作的简介,按时间顺序罗列如下:

1.《与意志训练有关的兴趣》(1896年)

这是杜威第一篇把心理学运用于教育学的重要文章。大家要留意,杜威在心理学和黑格尔哲学方面的背景,以及他的《论情绪》(《杜威全集·早期著作》第四卷,第134—163页)一文。本文进一步阐述他的情绪理论。作为自我的表达,兴趣可以分为两个阶段:直接的兴趣和愉悦的情绪阶段,以及间接的兴趣和意

---

① 亚当斯的生平请参见 Robin K. Berson, *Jane Addams: A Biography*, California: Greenwood, 2004 以及 Allen F. Davis, *American Heroine: The Life and Legend of Jane Addams*, Oxford: Oxford University Press, 1973。
② Martin S. Dworkin, *Dewey on Education: Selections*, New York: Teachers College Press, 1959, p.13.
③ 有兴趣的读者可以参阅 Richard Pring, *John Dewey: A Philosopher of Education for Our Time?*, New York: Continuum, 2007; David Hildebrand, *Dewey*, Oxford: Oneworld Publications, 2008; Jim Garrison, Stephan Neubert, and Kersten Reich, *John Dewey's Philosophy of Education*, New York: Palgrave Macmillan, 2012. 如果你想对历史背景有进一步的了解,探究杜威的思想如何影响美国教育,请进一步阅读 Spencer J. Maxcy, ed., *John Dewey and American Education*, Volumes 1-3, Bristol: Thoemmes Press, 2002。

志的知性阶段(《杜威全集·早期著作》第五卷,第 93—94 页)。对于杜威来说,自我表达的意思是,一个儿童如何在他的活动中展现自己,包括一些紧张或冲动性的内在状态的行动。那么,教育的目的便在于培育兴趣,为自我表达提供支持。

2. 《构成教育基础的伦理原则》(1897 年)

50 年前,杜威研究者阿尔尚博(Reginald Archambault)指出,对杜威来说,"伦理学是教育的关键"①。正如我对杜威早期著作所做的年表揭示的那样,阿尔尚博是对的。《构成教育基础的伦理原则》对学校体系进行批评:学校错误地关注死记硬背,在学校中,"社会精神没有得到培养"(《杜威全集·早期著作》第五卷,第 48 页)。杜威指出,学校根本上是具有一定目的的社会组织,它的伦理目标应该是:为当代民主社会培养有道德、负责任的公民。

3. 《学校课程的心理学维度》(1897 年 4 月)

杜威把心理学运用到学校课程设置问题上,提出对"兴趣"进行"心理学的探究":"我们的研究是找出孩子们的实际兴趣所在"(《杜威全集·早期著作》第五卷,第 131 页)。杜威把儿童成长和经验放置在最为重要的位置上。教师必须观察和思考儿童的注意力、关注点、兴趣以及经验,以确保儿童所受的教育对其来说是有意义的。杜威在这里论证,课程从来不应该是固定的:选择课程应该基于社会和人类的兴趣。心理学可以通过发现处于学习和成长中的儿童经验的规律来确定教学模式,因此,杜威提出一个有名的概念:"经验的重构"(《杜威全集·早期著作》第五卷,第 133 页)。

4. 《我的教育信条》(1897 年 1 月)

1896 年,杜威在芝加哥大学创立大学附属小学,即广为人知的"杜威学校"。这一教育宣言概括了杜威的教育学观点。本选集更收录了杜威的《一次教育学

---

① Reginald D. Archambault, *John Dewey on Education: Selected Writings*, Chicago: The University of Chicago Press, 1964, p. xxi.

的实验》(1896年)一文,读者可从中阅读到杜威自己如何讲述他的实验学校。

5.《学校与社会》(1899年)

无论对一所大学,还是对一个学者来说,"杜威学校"都是一项开创性的工程。它引起了美国国内的关注,甚至有国际访客来访。显然,杜威的卓见吸引了一批高素质的教师,他们兢兢业业、专业且热情地把杜威的理念付诸实践,并获得了令人惊叹的成果,引起公共关注。1899年,杜威对"杜威学校"的"家长及其他有兴趣的人士"做了三场讲座。他的讲座主题是:需要从社会范围内更大的变化的视角看"新教育"(《杜威全集·中期著作》第一卷,第6页)。伯内特(Joe R. Burnett)总结道,"工业化、城市化、科学和技术已经带来了一场'历史上从未有过的迅猛、广泛而彻底的'革命"(《杜威全集·中期著作》第一卷,导言,第10页),即杜威所说的"教育中哥白尼式的革命",它从以教师为中心的教育转向了以儿童为中心的教育(《杜威全集·中期著作》第一卷,第8页)。① 讲座空前成功,讲稿在一年内再版数次,累积销售达7500余册。② 杜威不仅概述了他的观点,还运用真实生动的例子描绘学校的运行以及他的角色。③

6.《儿童与课程》(1902年)

当杜威忙于教学,管理芝加哥大学系内事务,并监督他的实验学校时,他也忙于心理学的研究,成果便是《心理发展的原则——以婴儿早期为例》(1899年)(《杜威全集·中期著作》第一卷,第124—135页)以及《心理发展》(1900年)(《杜威全集·中期著作》第一卷,第136—155页)两篇文章,已收录在本选集的

---

① 新近的阐述请参见 Paul Fairfield, *Education after Dewey*, London: Continuum, 2009。
② John Dewey, *The School and Society: The Child and the Curriculum*, with an introduction by Philip W. Jackson, Chicago: University of Chicago Press, 1990, p. xi.
③ 对杜威学校的讨论,请参见 Katherin C. Mayhew, and Anna C. Edwards, *The Dewey School*, New York: Appleton-Century-Crofts, 1936。新近的阐述请参见 Laurel N. Tanner, *Dewey's Laboratory School: Lessons for Today*, New York: Teachers College Press, 1997。

心理学部分。那个时候,杜威进一步阐明了关于儿童内在的、自发性的成长需求的观点。有些研究者把课程视作事先写好的教材,杜威对此做出严厉的批评。杜威提议把教材"心理化",即"反过来,又变成它由之起源并产生意义的那种直接而个体化的经验"(《杜威全集·中期著作》第二卷,第219页)。

7.《实用主义对教育的影响》(1909年)

杜威是美国实用主义哲学的奠基人之一。紧随詹姆斯之后,杜威于1907年所做的分水岭性质的讲座《实用主义:一个旧思想方法的新名称》,把实用主义思想运用于教育。他从讨论智力开始:"按照实用主义的观点,智力或者思想的力量是在有机生命体为确保其功能成功得以发挥所作的斗争中发展出来的。"(《杜威全集·早期著作》第四卷,第142页)而后,他运用实用主义思想解释了人类心灵和知识的发展,最后再度以道德目标作结:学校将会"把道德目标和社会同情、合作与进步整合进自身"(《杜威全集·中期著作》第四卷,第151页)。

8.《明天的学校》(1915年)

杜威在1904年辞掉芝加哥大学的教席。直到1915年,他才重返教育。这一次他的助手是他的女儿伊夫琳(Evelyn Dewey),时年26岁。此次的新作是《明天的学校》。伊夫琳进行实地考察,拜访著名的进步学校,访问校长、老师和家长,以描述发生在美国的进步教育运动;杜威则运用卢梭(Jean-Jacques Rousseau)、裴斯泰洛齐(Johann H. Pestalozzi)、赫尔巴特(Johann F. Herbart)、福禄培尔(Friedrich Frobel)、蒙台梭利(Maria Montessori)以及他自己的教育理论来给出论证,访谈学校包括:位于亚拉巴马州费尔霍普的约翰逊夫人学校(第二章),梅里安(James L. Meriam)教授在哥伦比亚建的密苏里州大学附属小学(第三章),纽约市师范学院幼儿园(第五章),印第安纳州加里市的多所学校(第十章)等。

9.《民主与教育》(1915年)

《民主与教育》是杜威对教育的系统性论述,其副标题是"教育哲学导论"。

该书出版于 1915 年,共 26 章,长达 420 余页。该书彻底、全面、系统地阐述了杜威在教育学方面的思想,覆盖了教育学多方面的问题:理论、课程、教学、社会功能以及儿童学习。由于篇幅所限,本选集只能选录关键的五章:《教育的各种目标》(第八章)、《以自然发展和社会效能为目标》(第九章)、《教育作为一种社会功能》(第二章)、《教育中的民主概念》(第七章)以及《教育作为成长》(第四章)。再次建议读者参阅《杜威全集·中期著作》第九卷中收录的其他章节。杜威无疑是超越其时代的,他的思想与今天仍息息相关。①

10.《经验与教育》(1938 年)

1939 年第二次世界大战爆发时,杜威已经抵达他的思想高峰和其学术生涯的最后阶段。当时他已 80 岁高龄,并"继续以非凡的速度发表文章……哲学史上无人能与之匹敌"②。

透过《经验与自然》(1925 年)——《杜威全集·晚期著作》第一卷——中"自然主义的经验论"的棱镜看,杜威指出需要在以下三方面进行教育改革:教材(subject-matter)、道德训练和学校组织。他试图解释传统教育失败的原因:传统的旧式教育只教导人们过去的知识,无法联系未来,提供不良的教育体验。新的进步教育是对旧式教育的反抗,它试图提供积极的体验(第一章)。这一批评受到了经验"连续性""交互作用"这些标准的论证(第三章)。再进一步,我们需要自由:观察、思考和理智的自由(第五章)。我们也需要澄清目的的意义,即经验在驯化冲动中如何获得了增长(第六章)。教材应该以持续不断的螺旋形的方式进行(第七章)。上述章节——除了第三章——均收录于本

---

① 例如 Timothy B. Jones, "John Dewey: Still Ahead of His Time," in *Dewey's Democracy and Education Revisited: Contemporary Discourses for Democratic Education and Leadership*, ed. Patrick M. Jenlink, Lanham: Rowman & Littlefield Publishers, 2009 以及 Craig A. Cunningham, "Transforming Schooling through Technology: Twenty-First-Century Approaches to Participatory Learning," in *John Dewey at 150: Reflections for a New Century*, ed. Anthony G. Rud, Jim Garrison, and Lynda Stone, Indiana: Purdue University Press, 2009。

② Jo Ann Boydston, ed., *The Collected Works of John Dewey*, *The Later Works*, Volume 13, Carbondale, IL: Southern Illinois University Press, 1988, p. x.

选集内。

请容我在此谈谈杜威与进步教育。杜威一向被视为进步教育理论的代言人、领袖,但是他更是一名"被误读的先知,而非我们应谨小慎微对之服从的领头人"①。1928年3月,杜威在进步教育协会第八届年会上发表演讲,题为"进步教育与教育科学"(此演讲稿被收录于本选集),他呼吁,以儿童为中心的教育应该是"一种有组织、成体系、理性的"教育(《杜威全集·晚期著作》第三卷,第200页)。杜威同进步教育的争论持续至今。②

六、作为心理学家的杜威

人们视杜威为教育理论家和哲学家,其实他起初是一名心理学家,并在心理学上做出了重要贡献。我们来谈谈他的心理学。

杜威在佛蒙特大学(University of Vermont)求学时(1875—1879年)就开始研习心理学。他年轻时读到赫胥黎(Thomas Huxley)的《生理学基础》和斯宾塞(Herbert Spencer)的《心理学基础》,并深受到这两本书的启发。③ 在霍普金斯大学读研究院时(1882—1884年),他在豪尔(Granville Stanley Hall)的指导下研究心理学。杜威获得博士学位时,发表了《新心理学》一文,时年25岁。同年,他在密歇根大学谋得教职。三年后,即1887年,他出版了《心理学》一书,这本长

---

① Martin S. Dworkin, *Dewey on Education: Selections*, New York: Teachers College Press, 1959, p.10.
② 关于这一争论的历史说明,请参见 Larrence A. Cremin, "John Dewey and the Progressive-Education Movement, 1915 – 1952," *The School Review*, 1959 (LXVII): 160 以及 Thomas D. Fallace, "Tracing John Dewey's Influence on Progressive Education, 1903 – 1951: Toward a Received Dewey," *Teachers College Record*, 2011, 113(3): 463 – 92。关于近期的评论,请参见 John Howlett, *Progressive Education: A Critical Introduction*, New York: Bloomsbury Academic, 2013。
③ 参见 Jane M. Dewey, Biography of John Dewey, in *The Philosophy of John Dewey*, ed. Paul A. Schilpp, New York: Tudor Publishing Company, 1939, p.10。

达 366 页的心理学课本很快在大西洋两岸为他赢得了声誉和认可。①

这便是这位含苞待放的年轻学者的成功故事。杜威为什么能在短短几年间取得这样辉煌的成就呢？那时的心理学作为一门新学科，是否很容易提出一些新思维或新研究方法呢？那时的心理学是怎样的？

七、19 世纪心理学的时代精神

要回答这些问题，可能要写一整本书。概括地说，19 世纪 80 年代的心理学是一个高度复杂的研究领域，英国和德国研究者在该领域竞争激烈。主要的思想家和理论有：斯宾塞的进化论②、贝恩（Alexander Bain）的英国联结主义心理学以及冯特的德国实验心理学。③

心理学在概念和方法上不断推陈出新，同时承继了哲学的传统，诸如笛卡尔的心身问题、康德的思维范畴以及黑格尔的"绝对"和"理性"概念等一大堆问题。此外，一些死路歧途，特别是颅相学和通灵学，主导了公众对心理学的期望。这些领域经过发展，也已达到非常复杂的形态，研究人员很难提出一些新想法而一举成名。④ 杜威在这复杂的学术领域中建立起自己的观点理论，他之所以声名鹊起，绝非仅凭运气，他也绝非是在合适的时间出现的合适的人。恰恰相反，他是一个具卓越才智的年轻美国学者，经过不懈的努力终于取得了成就。

---

① 参见 Jay Martin，*The Education of John Dewey: A Biography*，New York：Columbia University Press，2002，pp. 104 – 5。
② 斯宾塞（1820—1903），其代表作《综合哲学体系》（*A System of Synthetic Philosophy*）共十卷，写于 1860 至 1896 年，几乎涵盖了所有人类知识的主题。
③ 冯特（1832—1920），现代心理学之父，出版了《沃尔克心理学》（*Volker psychologie*）一书。该书为十卷本巨著，始于 1863 年，直至他逝世才完成。
④ 有兴趣的读者可以进一步参阅 Baldwin R. Hergenhahn and Tracy Henley，*An Introduction to the History of Psychology*（7th Edition），Wadsworth：Cengage Learning，2014；Duane P. Schultz and Sydney E. Schultz，*A History of Modern Psychology*（9th Edition），Boston：Cengage Learning，2008；Marc Brysbaert and Kathy Rastle，*Historical and Conceptual Issues in Psychology*，New York：Pearson，2009。

八、杜威心理学的发展轨迹：1884—1933年概述

除了划时代的《新心理学》(1884年)以及获得广泛认同的《心理学》(1887年)，杜威在密歇根大学时期持续发表了多篇心理学方面的论文，例如《婴儿语言的心理学》(1894年)、《论情绪》(1894年)等。他在心理学上最著名的论文《心理学中的反射弧概念》发表于1896年7月刊的《心理学评论》杂志。这篇文章被誉为是接下来50年里最重要的心理学文献，因为该论文宣告了美国心理学中功能主义学派的诞生。① 1899年，杜威当选美国心理学会主席，并做了题为"心理学与社会实践"的主席致辞，该文显示了他向社会心理学的转向和兴趣。

杜威在1909年出版《我们如何思维》一书，该书被视为思维研究和教育心理学的开创性著作。基于1918年所做的一系列讲座，杜威在1922年出版《人性与行为：社会心理学导论》一书。该书中，杜威试图回答心理学的终极问题：人类的本性，社会如何演化，以及两者有着怎样的互动关系。在其晚期著作《经验与自然》(1925年)中，杜威探索人类生存的本质以及人类经验。在这本书内，杜威回到他心理学中初始的问题——"意识"问题，其中有一整章《存在、观念和意识》专门讨论此问题(《杜威全集·晚期著作》第一卷，第八章)。他在《自然主义的感觉-知觉理论》(1926年)、《有情感地思考》(1926年)以及《质化思维》(1930年)等文中对"意识"问题进行深入探讨。在他的晚期著作中，个体意识的思想慢慢地被他的经验和文化观念所取代。② 本选集选录了数篇关于杜威意识理论的文章。

---

① 参见 Duane P. Schultz & Sydney E. Schultz, *A History of Modern Psychology* (9th Edition), Boston: Cengage Learning, 2008, p.207.
② 参见《杜威全集·晚期著作》第一卷，第161—191页；Douglas Browning, Introduction, in *The Influence of Darwin on Philosophy and Other Essays in Contemporary Thought*, ed. Larry A. Hickman, Southern Illinois: Southern Illinois University, 2007, pp. ix - xxxii；以及胡克(Sidney Hook)为《杜威全集·晚期著作》第一卷所写的导言。

九、杜威心理学方面主要著作概述

1.《新心理学》(1884年)

这是一份心理学宣言,杜威思想在此首次登台,但此心理学宣言却常被忽视和误解。年仅25岁的杜威大胆地整理整个心理学,并阐明自己的观点。在一段不足250字、表达娴熟的段落中,杜威用15个要点勾画了人类心灵的图景(《杜威全集·早期著作》第一卷,第40—41页)。他一开始便批判旧式的心理学,对以往的研究做了总结,并把那些研究同18世纪和19世纪的时代精神联系起来。他认可生理心理学是"一个新工具,引入了一个新方法——实验的方法",这种新方法导致了心理学的新方向(《杜威全集·早期著作》第一卷,第44页)。但是,他同时指出,生理学不是心理学:它仅是一种间接的探究心理过程和活动的方法(《杜威全集·早期著作》第一卷,第45页)。生理学只解释物理的机制,心理学还必须解释整个人的经验。因此,杜威拥抱具体的经验和心理的生命。可以说,经验是杜威思想的基石,他在晚期著作中不断对经验加以发展和阐述。

《新心理学》展示了杜威在心理学上的卓见、广博和深刻理解。该文预示着杜威将来在儿童心理学、社会心理学、思维及其局限、生命经验和意义、存在和意识等方面将有进一步阐释。该论文无疑是心理学的一项重要成就——尽管在当时和今日人们并未认识到这一点,甚至鲜有讨论。希克曼(Larry A. Hickman)和亚历山大(Thomas M. Alexander)合编的《杜威文萃》[①]一书未选录该文,费斯迈尔(Steven Fesmire)的《杜威》[②]一书也未提及该文。讽刺的是,该文的一小部分延伸成为功能主义,在十年后被重视并流行起来。

[①] 参见 Larry A. Hickman and Thomas M. Alexander, eds., *The Essential Dewey*, Volumes 1 & 2, Bloomington: Indianna University Press, 1998.

[②] 参见 Steven Fesmire, *Dewey*, London: Routledge, 2015, pp.15-6.

2.《心理学》(1887年)

《心理学》是杜威出版的第一本书,该书在当时的美国是具有开创性的教科书。杜威为撰写此书付出了令人惊叹的努力。《杜威全集》的主编博伊兹顿(Jo Ann Boydston)周密地梳理了《心理学》一书,并列出了共计331项参考文献,其中182条是德语文献,34条是法语文献,还有115条英语文献。这些文献涉及1876年至1886年间出版的心理学重要著作。据我估算,这意味着多达16万页学术作品。即便杜威仅彻底阅读了其中10%的篇章,他也要读1.6万页,平均每月阅读800页。杜威在1884年9月至1886年4月期间阅读了大量著作,把非常多的思想综合进了这本教科书里。

一开始,杜威指出,关于自我的科学是心理学的主题(《杜威全集·早期著作》第二卷,第6页)。而后,他使用"心灵"一词来表示有意识的"智性自我"。杜威认同把意识视为心理学的主题,多次强调意识是一个"事实"。① 意识分为三个方面:认知,包括知识的、信息的、理解的等;情感,包括感觉情感的主体状态,愉悦-痛苦等;意志,包括意愿、达到某一目的而努力的心理过程等。(《杜威全集·早期著作》第二卷,第15—16页)感兴趣的读者可能注意到,当今的人类心理学(human psychology)大体还保留着这种分类。当杜威的学生施耐德(Herbert Schneider)批评杜威是"旧瓶装新酒"时,他也承认杜威从德国唯心主义转向成长的自我(《杜威全集·早期著作》第二卷,导读,第1—5页)。《心理学》一书是杜威的个人成就:他以康德和黑格尔为基础,借助当代心理学和实验方法中的新思维,论述他的哲学思想。毫不夸大地说,杜威所有心理学上的想法都可以追溯到这个萌芽的基床。本选集选录了《心理学》前两章和第二、第三部分的导论内容。

3.《心理学中的反射弧概念》(1896年)

历史充满了反讽和滑稽剧,学术思想史也不例外。人们从未意识到杜威的

---

① 杜威多次提及这一点,参见诸如《心理学》第一章(《杜威全集·早期著作》第二卷,第6—14页),《新心理学》(《杜威全集·早期著作》第一卷,第48页)。杜威曾着重强调这一点,他在《作为哲学方法的心理学》中写道:"自我意识实际上是一个经验事实(我并不怕使用这个词)。"(《杜威全集·早期著作》第一卷,第118页)

《新心理学》这野心勃勃的宣言会做出重要贡献,当时如此,现在亦如此。但在12年后的1896年,杜威发表《心理学中的反射弧概念》一文后——具有反讽意味的是——他很快被视为是心理学中功能主义学派的创始人,心理学的史学家甚至称这篇文章"宣告了美国功能主义心理学的独立"①。这一次,杜威正是在合适的时间和地点恰好出现的合适的人。

那时候,心理学在美国取得了长足的发展。数以百计的美国年轻学者蜂拥至欧洲学习最新的思潮,待回国后成为弄潮儿。在经历了上一代对欧洲心理学的输入之后,他们想发展出美国式的心理学。美国社会风气青睐进化论思想、社会达尔文主义、自由企业以及自由。人们关注于事物和思想如何运作(有着怎样的功能)以及它们有什么用处。心理学中的功能主义很快被视为一种新的真知卓见。这是美国人第一次在心理学中提出自己本土的思想!剑桥有詹姆斯,芝加哥有杜威,功能主义绵延数代。正因《心理学中的反射弧概念》一文,人们认定杜威诞下了功能主义。

4.《我们如何思维》(1909年,1933年)

杜威在思维研究中的开创性著作《我们如何思维》初现于1909年。根据研究,杜威对思维的思考超过30年。② 早在1900年,杜威讨论了儿童的心灵,对其记忆和联想能力做了探究(《杜威全集·中期著作》第一卷,第144—145页)。到了1909年,他进而提出反思性思维的概念。在接下来的20年里,杜威对思维的分类逐步发展和扩充,包括情感思维(1926年)、质化思维(1930年),乃至实践思维(1926年)。但是,反思性思维在教育过程中十分重要,以至杜威在1933年对著作进行修订,供教育界和社会大众阅读,希望借此改变美国体制的面貌。③他还加强了逻辑上论述的依据(第二部分)。因此,本选集以《我们如何思维》

---

① Edwin G. Boring, "John Dewey: 1859 - 1952," *American Journal of Psychology*, 1953(66): 146.
② 杜威的学生胡克把杜威关于"思维的思考"追溯至1902年《逻辑学理论研究》之中,参见胡克在《杜威·中期著作》(第二卷)中所写的导言。
③ 参见 Richard Rorty, *The Collected Works of John Dewey*, *The Later Works*, Volume 8, Introduction, 1986, p. xi.

(1933年)为基础。该书是杜威最终的、修订后的阐述。

5.《人性与行为》(1922年)

这是杜威在心理学方面最深潜难懂的一本书。在这本只有227页的小书中,捆扎了许多概念、观点和理论。简单地总结说,人类的环境包含物理的社会力量。它有着人类本性,在同环境的相互作用中,本性表现为行为。人类本性有三种成分:理智(intelligence)、冲动、习惯。"冲动"是无法改变的自然法则,是人类的本能、欲望和盲目的自发性。习俗和习惯以旧有的方式压制冲动,让人能够行事。而后,冲动中产生思想。思想或理智发明新的手段和目的,打破习俗,并释放冲动。旧有的限制行为的道德,将被能够适应新环境的道德所取代。①

杜威的教育学思想建基于他的心理学思想。他将心理学视作关乎意识的科学,具有改进人类的价值。那么,教育便是一种手段、活动,通过对现代民主社会的改良,达到改善人类生活的目的。道德是杜威的主要关注点,经验是其哲学中的基础性概念。经验的重构引发人的成长,成为杜威心理学和教育学的中心思想。实际上,杜威在《心理学与社会实践》(1900年)和《民主与教育》(1915年)中对此均有论述。随着他从进化论和德国唯心主义中发展出实用主义思想,杜威的学术研究始于《新心理学》,止于《经验与教育》。噫吁嚱,杜威,忠于己,诚真人也!

---

① 这一梗概基于笔者的文章,参见 Rex Li, "John Dewey's Notion of Human Nature," *the International Symposium on the Centenary of Democracy and Education*, 23 October, 2015, Hong Kong。

《批评之批评——杜威价值论与伦理学》编者序

冯 平

复旦大学哲学学院

在《存在、价值和批评》一文中,杜威写道:哲学实质上就是批评。在各种不同的批评方式中,它具有显著的地位,似乎可以说,哲学就是批评之批评。杜威所说的"批评"指的是具有鉴别作用的判断、审慎的评价。"只要在鉴别的题材是有关于好或价值的地方,判断就可以恰当地称为批评。"(《杜威全集·晚期著作》第一卷,第254页)杜威的价值论和伦理学恰是一种基于实验经验主义立场的"批评之批评"。

杜威的价值论

杜威的价值论是现代西方价值论经验主义价值论中最重要的一种。它是颠覆性的:它尝试颠覆逻辑实证主义的反价值理论,颠覆以追求"永恒价值""终极价值"为旨趣的超验主义价值论,颠覆以兴趣界定价值的描述性的经验主义价值论,颠覆事实与价值的二元划分,颠覆手段与目的的二元划分,颠覆内在价值与外在价值、目的价值与手段价值的二元划分,颠覆绝对、超验的"价值等级"的合法性,颠覆绝对、超验的价值标准。同时,它又是建构性的。它将实验方法引入价值研究,建构了实验经验主义研究理念,建构了以评价判断为核心的实验经验主义价值论。它以"行动"为核心展开了一场价值论的哥白尼式的革命。

这场革命是从哲学的根基处开始的。杜威在批判古典哲学观的同时，阐释了一种以价值论理念为核心的实验经验主义哲学观：哲学研究的根本目的是为人类行动提供智慧，人类行动的根本难题是价值选择，价值选择的根本难题是价值判断，因此哲学研究的核心问题是价值判断；在这个意义上，哲学是关于如何形成能有效指导行动的价值判断的理论。

杜威价值论的重大变革之一：转换了价值论的核心概念和核心问题，将"价值判断"而不是"价值"作为价值论研究的核心概念和核心问题；转换了讨论"价值"的方式，从因果关系上和从操作上界说价值，而不是描述关于价值的直接经验。

杜威价值论的重大变革之二：创立了实验经验主义的价值判断理论。杜威明确区分了"关于价值的判断"和"评价判断"：前者是一种事后判断，只是对那些给定的价值和给定的效用的陈述或记录，而后者是一种事前判断，是对一种价值可能性的判断；前者是流行的价值论研究的主题，而后者是杜威价值论的主题。杜威认为，严格说来前者并不是判断，而是穿着判断外衣的陈述。"评价判断"的对象不是给定的已然存在着的价值，而是一种通过某种行动才有可能成为存在的价值。因此，评价判断是对一种尚未存在的、有可能通过活动而被创造出来的价值承载者的判断。评价判断的首要功能和首要特点就是：创造价值。从内容上说，评价判断是关于经验对象的条件与结果的判断；从功能上说，评价判断是对于我们的想望、情感和享受的形成起调节作用的判断；就形成而言，评价判断是由对经验对象的条件与结果的探究而获得的结论。评价不是陈述，而是分析，是权衡，是预测，是判断，是一种认识性活动。评价判断是以现实为基础而形成的对一种行动结果的事前预测性判断。因而，它是一种指导行动的判断，是一种可以得到经验验证和在经验中得到修正的判断。它是预期性的，而不是回顾性的；是实验性的，而不是报道性的；是假设性的，而不是陈述性的；是复合的，而不是单一的。

杜威价值论的重大变革之三：颠覆了价值论的两个教条，即颠覆了事实与价值的二元划分，颠覆了手段与目的的二元划分。在杜威看来，"价值与事实的关系"问题完全是人为的，因为它依赖于和来自于一些毫无事实根据的假设。如果不走出"价值领域"而进入物理学、生理学、人类学、历史学和社会心理学等领域的题材之中,就不可能得出能被证明具有充分根据的评价判断。

"价值判断是主观的"是诸多对立的价值论理论的共同信念。这一信念的要害在于:它所主张的是关于价值的真正的命题和/或关于价值的真正的判断是不可能的,因为价值所具有的性质,使我们完全不能用认识的方式处理价值问题。杜威认为,价值判断是在人类文化背景中的选择与拒绝行动的当然的组成部分。价值判断的做出是与具体的社会文化情境、与具体的行动情境血肉相连的;价值判断中的所有被当作导致主观性的要素,如欲望、情感、兴趣、目的等等,都是有经验根据的,都是可以进行经验观察和探究的,同时也都是可以通过这种探究而加以改善的;价值判断的形成是一个经验探究和预测因果关系与发展可能性的过程,理性是这一过程成其为这一过程的本质特征;作为结论的价值判断是对未来可能性的一种预测,这种预测可以通过这一预测所指导的行动而进行验证,并且可以在行动中进行改善,尽管对价值判断的检验只是相对可靠的。因此,杜威明确地将"证明指导人类事务的真正的命题是可能的"确定为自己哲学的主题。

杜威所进行的价值论哥白尼式的革命,彻底否定了追求绝对确定性的合理性,彻底否定了存在一个超验世界的假设,彻底否定了事实与价值、手段与目的的二元划分,彻底否定了追求绝对价值、追求永恒价值、追求绝对价值标准、追求绝对价值秩序的合理性。这场革命坚决主张将为人类的价值选择提供智慧作为哲学的使命,坚决主张将评价判断作为哲学研究的主题,坚决主张根据具体情境确定和改善价值判断标准,坚决主张根据行动的后果判断价值和价值判断。这场革命完成了价值论研究立场和研究方法的两次转换,即由超验主义立场、方法向经验主义立场、方法的转换,再由描述性经验主义立场、方法向实验经验主义立场、方法的转换;完成了以心灵为中心向以交互作用为中心的转换;完成了由崇拜权威到尊重理性的转换;完成了将判断标准从依据前件到依据后果的转换;完成了从无生气地依赖过去到有意识地创造未来的转换;完成了心灵由一个外部旁观式的认知者到前进不息的世界活剧中的积极参与者的转换;完成了从寻求与固定物相联系的确定性到寻求安全和变化的转变。

杜威的伦理学

杜威认为,哲学有三大分支,即美学、逻辑学和伦理学,它们所从事的都是价值研究(《杜威全集·早期著作》第四卷,第 118 页)。伦理学是杜威全集的重要内容,它主要体现在下述作为教材而写作的著作和本选集所选取的论文之中。

《杜威全集·早期著作》第三卷收入了杜威第一本伦理学著作《批判的伦理学理论纲要》(1891 年)。在此杜威提出,伦理学是关于行为(conduct)的科学,它要做的就是通过行为去理解人类活动。伦理学所关注的是人的行为举止中的道义要素,考察行为举止以发现其价值由何物所赋予。它要参照使行动得以发生的目的和真实意义去探究整体性的行为,伦理学的任务在于进行**评判**。(《杜威全集·早期著作》第三卷,第 199 页)该书第一部分是对**自由**或**道德能力**及其**实现**这三个抽象问题的讨论,第二部分讨论善赖以客观实现的诸形式和制度、家庭、国家等,第三部分说明个体的道德经验。(《杜威全集·早期著作》第三卷,第 201 页)

《杜威全集·早期著作》第四卷(1893—1894 年)收入了杜威的第二本伦理学著作《伦理学研究(教学大纲)》。在此,杜威再次强调,伦理学的主题即根据品行的**价值**做出批判性的、系统的判断。(《杜威全集·早期著作》第四卷,第 192 页)韦恩·A. R. 雷斯(Wayne A. R. Leys)在导读中写道,以《伦理学研究》为检测标准,我们不仅能够看清他向着 10 年后即将倡导的"工具逻辑"迈进了多远,而且能够看清他向着 15 年后将要那样具有说服力地予以论证的"反映伦理学"迈进了多远。此时伦理学的公设不再用形而上学的术语,而是用心理学的术语来阐述了。(《杜威全集·早期著作》第四卷,导读,第 4 页)

《杜威全集·中期著作》第三卷(1903—1906 年)所收入的伦理学文章,是把握杜威伦理学发展的重要文本。此卷导言的作者达内尔·拉克(Dranell Rucker)认为,此卷处于从整体上审视杜威哲学的合适位置。杜威哲学的标志性特征已经十分清楚,并且被很好地确立起来,可以与一个更见多识广的群体交流并获益。探究(inquiry)的方法作为杜威哲学的特征,已经被概括出来且极具成效,尽管他将在之后的 30 年里继续改进他的理论。(《杜威全集·中期著作》第三卷,导言,第 1 页)与这种哲学视野密不可分的是,随着摆脱早期的绝对主义,杜威逐渐意识到,关于人类情境(situation)的任何总体观点都强求某种一致性,而不是在理解经验呈现为何物时起到引导作用,这是一种危险的做法。几乎此卷的每一篇论文都表明杜威不辞辛劳地想要在思想上弥合那些在生活中持续不断地困扰着现代人的裂缝。(《杜威全集·中期著作》第三卷,导言,第 2 页)20 世纪人类的困境体现为两个方面:一是人们在过去视作救赎的那些习俗的崩溃;一是个体急剧增长的自我意识和自我中心论,个体不再有意义地与世界保持联系,而同时个体的存在和价值却仍然依靠这个世界。孤立个体的出现,使杜威有必要为迷失的但本质上仍然是社会性的人这个问题找到一个社会性的解决办法。对他来说,这也是民主问题的关键。(《杜威全集·中期著作》第三卷,导言,第 3 页)

伦理学的科学化是此卷的主题。《对道德进行科学研究的逻辑条件》一文展现了杜威所做的最细致的论证,这个论证作为思想基础支撑着杜威以下的主张:如果人们要对他们的世界获得一定程度的控制,足以取代偶然性和盲目的制度体制,例如统治力量,那么伦理学必须科学化。如果科学和价值是没有联系的,如果这个世界的价值脱离于它的存在,那么人类在 20 世纪面临的困境就似乎是令人绝望的,因为它超越了理智的界限。绝望或者对某一不可知的神的祈祷,便成为唯一可能的反应。出于这个原因,杜威坚持认为,哲学的问题就是科学和价值的关系问题。(《杜威全集·中期著作》第三卷,导言,第 5 页)

在《伦理学》词条中,杜威写道:作为科学的伦理学,涉及收集、描述、解释和划分经验事实;而关于正确和错误的判断,正是现实地体现于或应用于这些经验事实的。它可以被划分为社会的或者社会学的伦理学,以及个人的或者心理学的伦理学。前者处理习惯、实践、观念、信仰、期望、制度等等,这些东西能现实地在历史或者当代生活中被发现,并且存在于不同的人种、民族和文化等级等等之中,它们是关于行动之道德价值的判断所产生的结果或者是产生这些判断的原因。心理伦理学与探索个体的道德意识之起源和发展相关,即与探索关于正确和错误的判断、义务的感受、怜悯和羞耻的情感、对赞扬的渴求之起源和发展相关,与探索(对应于关于正确或者美德之判断的)活动的不同习惯之起源和发展相关。心理伦理学从个体的心理结构出发来讨论自由和自主的行动之可能性和性质。它把行为处理为某些心理要素、分类或者联系的表现,即进行心理学的分析。作为技艺(art)的伦理学,涉及发现和阐明人们借以实现目标的行动准则。这些准则可以被看作具有指令或命令的性质,能够进行规定和指导;或者被看作能指导个体最有效地朝着所求结果前进的技术准则,因此这些准则与绘画或者木工的准则在种类上并无不同。(《杜威全集·中期著作》第三卷,第30页)

在《伦理学中的心理学方法》一文中,杜威希望能够一方面接受把心理学作为纯粹自然科学的一般区分,另一方面又能赞同心理学为伦理学的方法提供了一个必不可少的组成部分。(《杜威全集·中期著作》第三卷,第43页)他说,虽然使用心理学并不会告诉我们具体的伦理理念是什么,但心理学可以告诉我们:如果任何经验能够成为理念,那么这样的经验必定是什么。心理学指出了起源和使用的条件,任何有特定性质的经验如果要正确地被界定为目标、目的或意图,那么它必定要遵照这些条件。(《杜威全集·中期著作》第三卷,第44页)

《杜威全集·中期著作》第五卷收入了杜威和塔夫茨(James Hayden Tufts)在1908年合作出版的著作《伦理学》。查尔斯·L.史蒂文森(Charles L. Stevenson)为此卷写了导言。史蒂文森说:它是这样的一部著作,其作者充满了思想但很难清晰地表达它们;尽管如此,它还是成功地揭示了他经常受其指导的实际见解。(《杜威全集·中期著作》第五卷,导言,第2页)对方法的兴趣渗透在他的大量论述中,包括在《伦理学》和其他著作中。(《杜威全集·中期著作》第五卷,导言,第4页)

此卷精彩地展现了杜威伦理学方法中颇具特色的"戏剧排练"法。史蒂文森说,杜威不仅提出了这种方法的可能性,还用它举例说明这种在伦理学中唯一有重要地位的推理方法。(《杜威全集·中期著作》第五卷,导言,第5页)杜威认为,戏剧排练是伦理学深思熟虑的重要方法。我们通过预测会发生,或者合计如果实行了会有什么结果,来估计任何现在的欲望或冲动的意义或重要性。(《杜

威全集·中期著作》第五卷,第 231—232 页)①

《杜威全集·晚期著作》第七卷收入了 1932 年版杜威和塔夫茨《伦理学》的修订版。这一版几乎是 1908 年版的全部重写。由亚伯拉罕·埃德尔(Abraham Edel)和伊丽莎白·弗劳尔(Elizabeth Flower)写的导言详细地考察了 1908 年版与 1932 年版的差别。

他们认为,造成这一差别的最重要的原因是时代的变化。第一版出版于这样的时期:工业主义正高歌猛进,挑战还不能适应其要求的社会制度;人们仍然把未来看成一个不断进步和民主增长的时代;数学和物理学的革命尚未渗透到哲学思想中;伦理学和社会哲学还在反思调和达尔文主义和传统宗教的努力;帝国主义在大国间瓜分世界的斗争开始改变政治关系的特征,引入新的暴力的秩序。人们尚未意识到世界的变化多么巨大。而 1932 年版的时代背景就不同了。工业主义进入超速发展时期,城市社会明显地形成,但它还处于世界性大萧条时期。和平发展的期望被第一次世界大战粉碎,缓慢的民主增长的远景被苏联的共产主义、意大利的法西斯主义以及德国的纳粹主义迫在眉睫的威胁所打断。新的物理学替代了牛顿观点,新的逻辑正在动摇哲学;哲学从宗教中独立出来,成为一门专业。社会科学动摇了许多人关于人类生活研究的主张,在方法和研究上给该领域带来了不同的视野。伦理学处于特别不稳定的地位:以前,它停靠在舒适的假设上,即人们赞同道德,只是在如何为它辩护上发生争论;现在,它惊愕地感到,在道德问题上有根本的冲突。杜威第一版《伦理学》到第二版《伦理学》的变化,是对这四分之一世纪里社会科学成长和历史经验教训的回应。(《杜威全集·晚期著作》第七卷,导言,第 2—3 页)

亚伯拉罕·埃德尔和伊丽莎白·弗劳尔认为,1932 年版对 1908 年版做了两个重大的修正:一个是研究伦理学理论的社会文化维度,另一个是研究伦理学概念之间的联系。(《杜威全集·晚期著作》第七卷,第 4 页)1908 年版是用心理的伦理学来阐述其伦理学概念的,以善为其核心概念。(《杜威全集·晚期著

---

① 斯蒂文·费什米尔(Steven Fesmire)在《杜威与道德想象力:伦理学中的实用主义》一书中深入地讨论了戏剧排练的意义。他认为在杜威看来,道德想象对于道德判断至关重要,因而道德想象力是人类伦理生活的重要因素。

作》第七卷,第5页)1932年版增加了社会文化假设。这一假设的确立涉及什么是个体的含义,涉及评估作为社会的和道德的思想中的范畴的个人和社会的对立。此外,还必须确立反思观念,它将对形形色色关于理性、合理性和增进知识的方法进行哲学思考。(《杜威全集·晚期著作》第七卷,第6页)1932年版对"社会的"和"个人的"给出了决定性的断言:我们将用对发生在具体时间、地点的确定的冲突的考虑,来取代个人和社会之间的普遍对立。"社会的"和"个人的"都没有固定的含义。(《杜威全集·晚期著作》第七卷,导言,第9—10页)

1932年版的另一个变化是:抛弃了道德演化的线性观点。替代线性观点的是,在具体的社会历史语境中,对社会现象做更为真实的社会历史分析。从简单展示更高层次的意识和个人道德的出现,转向解释性探索社会条件的影响。在《杜威全集·晚期著作》第三卷的《人类学和伦理学》一文中,杜威详细地考察了道德演化的不同解释,他得出结论,反对把道德概念、道德实践和制度的、智慧的变化隔离开来;他没有发现毫不含糊地由事实证明的确定的演化模式,无论是远离还是趋近更大的个体性;他强调影响的多元化,认为需要专门进行研究。这篇文章标志着1908年版历史基础的终结。(《杜威全集·晚期著作》第七卷,导言,第7页)

同时,1932年版完成的概念结构的变化,增强了杜威对伦理学的中心看法,即伦理学的具体任务是用最广泛的经验教训和创新资源来解决具体问题,而不是应用具有道德普遍性一成不变的、预先设定的模式。(《杜威全集·晚期著作》第七卷,导言,第18页)

亚伯拉罕·埃德尔和伊丽莎白·弗劳尔认为,1932年版与1908年版相比,最大的变化是关于善的观念。善的概念是功能化的。善的基本作用是评价冲突中的各种选择,在决定中形成目的。这种把善的判断聚焦于评价特性的做法,在20世纪20年代导致了杜威对**价值**观念旷日持久的关注。这表现在他一系列的论文和论辩中,这些论辩(1932年版之后)在其《评价理论》(1939年)达到顶峰之前,历时超过20年,甚至之后也断断续续。在杜威的著述中,特别是20世纪20年代的著述中,当他把善作为一个伦理学概念来讨论时,评价的功能占据主导地位。善在道德情景中作为一个决定的评价作用,在1932年版中是明确的。(《杜

威全集·晚期著作》第七卷,导言,第 20—21 页)

亚伯拉罕·埃德尔和伊丽莎白·弗劳尔还认为,杜威伦理学理论中有三个主题特别值得注意:(1)基因方法;(2)理论和实践的关系;(3)伦理学理论中的科学预设。(《杜威全集·晚期著作》第七卷,导言,第 21 页)1932 年版假定了把科学知识输入伦理学理论。把伦理学和知识增长联系起来,随着知识的增长而修正、改进,是杜威伦理学的基本观点。他们认为,对杜威伦理学理论从 1908 年版到 1932 年版的发展的研究表明,这种科学和伦理学相互作用的理论在杜威伦理学中是一以贯之的。(《杜威全集·晚期著作》第七卷,导言,第 23 页)

《民主之为自由——杜威政治哲学与法哲学》编者序

张国清
浙江大学政治学系

一

"像所有民主主义者一样,实用主义者不仅致力于政治民主,而且致力于社会民主、自由民主和多元民主。"①约翰·杜威正是这样一位实用主义者。他尝试打通理论和实践、科学和信仰、民主和自由的隔阂,认为除了民主生活,现代人找不到另一种更加美好的社会生活。杜威关注人的当下实践及其后果,用民主政治观取代独断政治观,提升人们对现代民主生活的整体期望。杜威认为,哲学、科学和民主相融。他的实用主义政治和法哲学,既是对现代民主观念的合理论证,也是对它的真实描述。

---

① Ruth Anna Putnam, "Democracy and Value Inquiry," in *A Companion to Pragmatism*, ed. John R. Shook and Joseph Margolis, Malden, MA: Blackwell Publishing, 2006, p.278.

二

杜威感兴趣的问题,不是古老的本体论问题,而是"实践问题、生活问题、道德问题和社会问题"①。杜威认为:"哲学必须成为道德、政治的诊断和预判方法;世界处于生成之中,我们须为它助一臂之力。"②他试图把所有问题都用一套连贯的语言来表述,用一个统一的方法来解答。他最终把它落实为一种心理学观点,抛弃了旧的本体论,发展了作为哲学方法的心理学。正如科学、哲学和心理学具有内在协调性或一致性一样,它们总体上是相通的。杜威把政治哲学视为他的哲学和科学观的自然延伸,是他的哲学方法在社会和政治领域的具体应用。

"民主共同体"是杜威设计的理想社会,是"在自我意识中对这种世界的再造"。③ 它是一个有机体,各个部分相互联通,不仅表现为物理的连续性与有效沟通,而且体现为"意志统一体"④。个体与共同体共享文化精神或价值观念,有着休戚与共的共同感。共同体为个体的全面发展提供条件与环境,个性的意义在共同体中得到体现。个体与共同体的二元对立被消解。个体不再作为异化的身份存在,而是在共同体内部享有自由民主的生活。与此同时,个体承担着共同体义务,通过履行义务,个体既成就了自我,又促成了共同体。

杜威的"民主共同体"设想,与罗尔斯的"良序社会"(well-ordered society)设计相似。自由民主不是良序社会的必要要素,罗尔斯表示,良序社会是:"(1) 每个人都接受、也知道别人接受同样的正义原则;(2) 基本的社会制度普遍地满

---

① Frank Thilly, *A History of Philosophy*, New York: Henry Holt and Co., 1914, p. 571.
② Frank Thilly, *A History of Philosophy*, New York: Henry Holt and Co., 1914, p. 572.
③ 《杜威全集·早期著作》第三卷,吴新文、邵强进等译,华东师范大学出版社2010年版,第293页。
④ 《杜威全集·早期著作》第一卷,张国清、朱进东、王大林译,华东师范大学出版社2010年版,第183页。

足、也普遍为人所知地满足这些原则。在这种情况下,当人们可能相互提出过分的要求时,他们总还承认一种共同的观点,他们的要求可以按这种观点来裁定。如果说人们对自己的利益的爱好使他们必然相互提防,那么他们共同的正义感又使他们牢固的合作成为可能。在目标互异的个人中间,一种共有的正义观建立起公民友谊的纽带,对正义的普遍欲望限制着对其他目标的追逐。我们可以设想一种公开的正义观,正是它构成了一个组织良好的人类联合体的基本条件。"①罗尔斯设计的良序社会有五个要素。它们依次是:"在社会基本制度层面确立作为社会目标的公平正义,在人民层面树立人民对社会基本制度的普遍信任,在基层社区层面建立稳定、体面的社会共同体,在公共政策层面建立向社会低层倾斜的公共利益调节机制,在哲学、宗教和道德观念领域建立友善、宽容而仁慈的价值冲突和解机制。"②相比之下,杜威则珍视自由、公正与博爱等传统自由主义价值观念,把民主提升为普通民众的生活方式。今天的美国人民仍然在享受着杜威民主思想的红利。

杜威试图给所有人类活动都打上民主的烙印,与许多人把民主政治和信仰自由严格区分的做法不同,杜威主张两者的兼容性,甚至把民主理念贯彻到宗教领域,努力打通宗教信仰、哲学研究与民主生活的关节点,完成宗教和教会的政治化、世俗化转型,使宗教及其教会成为他构想的民主理想国的延伸地带。正如罗蒂评价的那样:"杜威关于'理想和实在统一'的主要象征是,以惠特曼对待美国的方式来对待美国:作为向尚未被梦想到的、更丰富多彩的人类幸福形式的可能性开放的象征。"③杜威尽管不像罗蒂认为的那样简单地抛弃了基督教,而是在更广泛意义上实践着基督教义,但是他的确努力实现罗蒂所谓的"基督教的社会希望"。在现代民主政治中融入自由信仰是杜威政治和法哲学的重要贡献之一。

---

① 〔美〕约翰·罗尔斯:《正义论(修订版)》,何怀宏、何包钢、廖申白译,中国社会科学出版社2009年版,第4页。
② 张国清:《罗尔斯的良序社会理论及其批判》,《复旦学报(社会科学版)》2014年第4期。
③ 〔美〕理查德·罗蒂:《文化政治哲学》,张国清译,北京大学出版社2011年版,第46页。

杜威是积极的社会活动家，足迹遍布世界各地，他的政治和法哲学蕴含着世界大同主义的理想。他曾在五四运动期间来到中国讲学并逗留两年之久。杜威对中国，同情多于批评，建议多于苛责。杜威的中国之行，直接成为启动中国现代化的一个重要因素。然而，当年在中国传播的杜威思想，由于"问题"和"主义"之争而受到了误解。杜威似乎成为只求解决"问题"而不管求索"主义"的哲学家。这是简单化处理思想启蒙的信仰维度的必然结果。现在回过头来看，在杜威的实用主义政治哲学体系中，民主、信仰和社会进步构成一个内在相关联的整体。有信仰而没有民主，只能是专制独裁；有民主而无信仰，只能是民粹盲动。

三

政治关乎每个人的切身利益，政治哲学是对人们分享社会基本资源方式的理想化探讨。科学、民主和公民教育构成杜威政治哲学的三大论题。科学处理人与自然的关系，以发现真理或积累知识，改造自然，造福人类，推进科技进步，全面提高人类生活能力和生活质量为目标。民主处理人与人的关系，主要依靠一套渗透到社会公共生活细节的民主程序，协调和解决公共利益与个人利益的碰撞、摩擦和冲突。公民教育处理人与自身的关系，同时也成为解决科学和民主问题的条件。杜威认为，"大社会"（Great Society）和"大共同体"（Great Community）的根本差别在于民主在其中扮演着不同角色。他的政治哲学的主要任务，就在于论证从多元的价值冲突的"大社会"向和谐的价值同构的"大共同体"转变的可能性。确切地说，民主及其实现途径，是杜威政治哲学的基本议题。学校、科研机构、社会和政府分别是解决科学、民主和公民教育问题的重要场所。杜威尤其推崇学校在其中扮演的核心角色。杜威打破了学校和社会的隔离状态，把学校完全融入社会之中，把学校作为实现民主的重要场所，社会则是放大了的学校。民主贯穿于所有这些社会实践领域。

1927年出版的《公众及其问题》是杜威最全面研究民主问题的著作，集中体现了杜威的政治哲学思想。杜威写作这个著作的背景是一战之后的美国社会政治局面。当时美国社会弥漫着对民主的不信任,民众深深怀疑民主的可能性。美国人起初一边倒地支持一战,后来则全盘反对一战。美国也有过战后红色恐怖(Red Scare),政府很快颁布禁止条例。1925年3月23日,美国田纳西州颁布一项反智法令,禁止在课堂上讲授进化论。当年6月,一位名叫约翰·斯科普斯(John Scopes)的物理教师以身试法,制造了轰动美国的猴子案件(Monkey Trial)。这个案件的焦点是科学和宗教的关系。斯科普斯最终被判有罪,受罚100美元。在当时,欧洲法西斯运动发展迅速,民主的前景暗淡。有人表示:"民主解决不了复杂的现代生活问题。"[1]

针对当时的美国政治社会局势和反民主倾向,杜威发表了《公众及其问题》,反驳民主已经失败的论调,表示美国需要更充分更丰富的民主。杜威的基本假定是,公共事务必须高于个人事务,或者公共事务必须比个人事务重要,个人事务不得妨碍公共事务。因此,公共利益必须高于个人利益,个人利益不得妨碍公共利益。政府正是为了完成公共事务而成立的机构,它是为全体民众服务的,而不是为某些特殊个体服务的。由于公共事务和个人事务必定发生碰撞,公共利益和个人利益必定发生摩擦,杜威试图找到一条路径来解决那些碰撞和摩擦。他明确地把保护公共利益放在首位。

因此,杜威主张国家应当发挥积极的作用。不同于个人主义的自由主义者,杜威主张,国家要介入民众的生活,介入重要社会资源的分配。"国家是这样一种公共组织,它通过官员保护其成员分享的利益来发挥作用。"[2]杜威表示国家有四个特点。第一,国家必须超越狭隘的社区性或地方性空间,保护这些空间不受侵占或侵害是国家的责任。存在任何一个有限的社区无法穷尽的公共空间。这些无主领地或公地属于国家。第二,存在由国家或政府提供的社会生活环境和公共安全保障,包括食品安全、道路交通安全和各种公共服务。第三,存在需要国家或政府给予专门保护的民众,保障他们的生活与生产安全是国家和政府

---

[1] Jim Garrison, ed., *Reconstructing Democracy, Recontextualizing Dewey: Pragmatism and Interactive Constructivism in the Twenty first Century*, New York: State University of New York Press, 2008, p.20.

[2] John Dewey, *The Public and Its Problems: An Essay in Political Inquiry*, University Park, PA: Pennsylvania State University Press, 2012, p.256.

的责任。保护弱者免受社会或强者的伤害尤其是国家的责任。他们可以是暂时性弱者,比如儿童,也可以是永久性弱者,比如残疾人。杜威表示:"当相关各方所处地位不平等时,他们的关系就会偏向于某一方,另一方的利益就会受到损害。"①这个时候,作为国家代理人,政府就应当是弱者的保护人。杜威从进化论观点来看待政府职能的变化。第一,政府职能的大小以完成公共事务作为衡量标准。第二,美国民主发展有一个历史过程。民主政府不是生来就有的,而是随着历史发展而发展的。美国民主政府和国家"诞生于对现有政府形式与国家形式的反叛"②。美国人民天生对政府有着防备心理,想尽办法要把政府的恶减到最低水平。于是,民主成为预防政府之政治过失的最佳选择。美国民主政治正因此而发展起来。

---

① John Dewey, *The Public and Its Problems: An Essay in Political Inquiry*, University Park, PA: Pennsylvania State University Press, p.274.
② John Dewey, *The Public and its Problems: An Essay in Political Inquiry*, University Park, PA: Pennsylvania State University Press, 2012, p.288.

《超自然的自然——杜威宗教观与艺术论》编者序

王新生　陈　佳
复旦大学哲学学院

上　篇

在各种各样的论题中,杜威在宗教论题上相对"沉默寡言",这点在杜威有生之年就被很多评论家指了出来,他们认为杜威在宗教上的寡言少语与杜威的思想地位并不相配。随着《共同信仰》的出版,杜威在宗教方面的系统思想首次大白于天下,杜威不谈宗教的状况终于得到改观。由于《共同信仰》是杜威宗教思想的集中写照,本选集加以全文收录。

杜威较少单独谈论宗教,但这并不意味着他较少涉及宗教问题,实际上他在宗教与社会、宗教与教育、宗教与科学等方面都有不少论述。鉴于编者在本选集中对这些主题都已经尽力归类,大家可以有针对性地阅读,再加上篇幅所限,所以原则上不再对具体篇目一一进行阐述,只就杜威的宗教思想的整体演进和框架加以梳理。

一、新黑格尔主义、进化论与詹姆斯

杜威,1859年出生于美国佛蒙特州的伯灵顿,是年查尔斯·达尔文的《物种起源》出版。杜威离开黑格尔绝对唯心主义的思想成长过程一直处在进化论的

重要影响之下。这是我们理解杜威宗教思想的一个重要维度。

根据杜威的回忆,童年时期他在信仰方面的经验是痛苦和压抑的。杜威一方面在家乡的树林和湖泊中过着亲近自然的童年生活,但是新英格兰地区的总体文化氛围,特别是杜威的母亲不断逼问杜威是否"正确对待耶稣",母亲那种福音派的公理会信仰留给他一种"区分和区别感",一种"自我与世界、灵魂与躯体以及自然与上帝的异化感",总之令他感到"一种痛苦的压抑"。(LW5:153)

根据麦克斯·伊斯特曼(Max Eastman)对杜威的采访,我们得知杜威早年读书的时候有一天晚上有过"神秘经验"。尽管那个经验不是一种非常强烈的神秘经验,其中没有异象等,只是一种蒙福的感觉,但是解决了一直困扰杜威的有关自己祷告的时候是否当真的忧虑。杜威说:"从此我不再有任何担忧,也没有信念。对我而言,信仰意味着不担忧。"①

可见,杜威逐渐放弃了具体的宗教信仰和宗教信条,但他还是具有基督教文化背景下形成的强烈宗教感,这是我们在理解杜威宗教思想的时候要加以注意的。杜威的这一特征在《共同信仰》中有关"宗教"与"宗教性的"的论述方面得到集中体现。

杜威形成以《共同信仰》为标志的较为成熟而系统的宗教观,经历了一个漫长的过程。特别是在上帝的形而上学方面,杜威经历了一个立足新黑格尔主义到离弃黑格尔主义的过程。1884年他写道:"作为完美的人格或者意志的上帝是唯一的实在,而且是所有活动的源泉。因而是个人人格的所有活动的源泉。这个完美的意志是个人生活的动机、源泉和实现。他(个人)已经摒弃他自己的作为一种非实在的特定生活;他已经断言唯一的实在是那普遍意志,而他的所有行动都发生在那个实在之中。"②

杜威在1930年写道:"我已经渐渐离开黑格尔主义……不过我永远不会想

---

① Max Eastman, "John Dewey," *Atlantic* 168, 1941 (6): 673.
② 转引自 George H. Mead, *John Dewey, the Man and His Philosophy*, Cambridge: University Press, 1930, p.100。

忽视、更不会想否认结缘黑格尔在我的思想中所留下的长久积淀。"①

杜威在约翰·霍普金斯大学读哲学研究班期间,深受莫里斯(George Sylvester Morris)所讲授的黑格尔绝对唯心主义的影响,而绝对唯心主义是那个时代英国和德国的主导性哲学流派。杜威早期实际上是绝对唯心主义的捍卫者。在他看来,作为新兴学科的心理学,作为一门意识科学,可以用来支持唯心主义的基本主张。如此,他认为心理学就不会是对于人们自我-形象的一种新的科学威胁,反而是一把发现超越的精神实在的钥匙。为此,杜威不遗余力地在其首部著作《心理学》中论证其"心理学唯心主义"。

但是杜威的这类观点与当时已经颇具影响力的达尔文《物种起源》的进化论相抵牾,后者认为在生存竞争之外,在存在领域没有绝对的目的或意义。1890年威廉·詹姆斯(William James)的《心理学原理》给了杜威的心理学唯心主义致命的一击,因为詹姆斯从一种达尔文进化论的进路来处理心理,认为在维系生命方面,心理与手足和心脏一样具有能动的作用。1898年,詹姆斯在其演讲《哲学概念和实践结果》中论证说,人们的观念不是世界的"图画",而是"世界假说",是植根于习惯之中的行动计划。绝对唯心主义与进化论之间的对立促使杜威思考这样一个问题,就是在进化论面前人们属灵的自我-形象如何确立的问题。

在詹姆斯的"实用主义"的影响下,杜威最终脱离绝对唯心主义。而且在这样一种大趋势下,杜威对于詹姆斯《心理学原理》遗留的问题进行研究,用今天人们所知的"反馈环"取代了詹姆斯的"反应弧"。杜威认识到"学习"比"知识"更重要,后者主要是对既有信念提供合理性的证明。在杜威那里,"知识何以可能""我们如何能够认识外部世界"等所谓的传统哲学问题其实都不是问题。鉴于从出生的那一刻开始人们就在生物方面和文化方面与世界牵涉一起,所以学习是一个永恒的任务,如何成为一个更好的学习者才是问题之所在。这解释了为什么杜威早期对于宗教有一定兴趣,在芝加哥履职期间(1894—1904年)却对唯心主义日益寡言少语,与此同时他的著作中宗教问题开始淡出,让位于对教育的强调。

---

① John Dewey, "The Philosopher in the Making," in *Contemporary American Philosophy*, II, ed. George P. Adams and William P. Montague, New York: Macmillan Co., 1930, p.10.

二、知识与经验

杜威与绝对唯心主义的决裂出现在他 1905 年离开芝加哥大学,到哥伦比亚大学任终身教职的时候。尽管杜威在芝加哥大学期间这种决裂已有迹象,但是对绝对唯心主义进行批评的代表作《直接经验主义的前提》《经验与客观唯心主义》和《信念与存在》等都是在哥伦比亚大学任教初期发表的。在这些作品和之后的作品中,杜威都把唯心主义作为"知识分子的谬误"的主要例证,就是把已知与实在等同,把理念当作完全现实化了的实在。杜威在哥伦比亚大学执教时期是他成为具有国际影响的哲学家和社会活动家的时期,他的主要哲学著作包括两部论宗教的著作《确定性的寻求》(1929 年)和《共同信仰》(1934 年)在内。

限于篇幅,《确定性的寻求》没有收入本选集之内。《确定性的寻求》源于杜威 1929 年在爱丁堡的吉福德讲座,这个讲座旨在讲述"自然神学",即从科学的进路处理上帝问题。杜威的讲座主要借助他的工具主义探求理论批评传统的哲学知识观。就像在《经验与自然》中一样,杜威把人的生命描绘为被"不定和稳定"这两个交织在一起的主题所主导。这两个主题的交替律动导致人们通过开发得以控制环境的工具和技能来探索确保过渡性的善的途径。另一方面,对于这些善的热望促使我们设想它们已经"安全和确保了",永恒存在于一个属灵的领域。通过认为这些善以某种方式已经存在于另一个更真实的世界之中,我们人类"对于善的寻求"便偏移到"对于确定性的寻求"。

在最后一讲中,杜威才直奔宗教这个主题。他在上述观点的基础上,提出一个极富挑战性的问题:倘若认识到那些理念并不属于一个实在的、现实的和完美的领域,而是属于一个可能的、因而人们必须借助行动予以实现的领域,那么该当如何?尽管人们或许失去"永恒价值"保证的虚假满足,但是会认识到,理念需要予以想象,予以奋斗,而且要不断予以重估,以便成为人的生存中活生生的意义。杜威说,"宗教性的态度"会是"一种存在的诸种可能性之感觉"和"对于这些可能性之事业的献身"。(LW4:242)换言之,正如托马斯·M. 亚历山大(Thomas M. Alexander)在杜威《共同信仰》单行本的导言中所指出的,杜威建议用"可能的东西的属灵性"取代"现实的东西的属灵性"。

《共同信仰》可以视作杜威《确定性的寻求》中相关宗教思想萌芽的开花结果。

一方面,《确定性的寻求》所得出的上述结论,令人进一步有所期待,需要详细展开;另一方面,《基督教世纪》中围绕杜威的上帝观所展开的论战需要他予以全面的回应与阐释。在该杂志内外围绕杜威上帝观和宗教观所展开的论战中,各色宗教立场一应俱全:有像《有一个上帝吗》中那样的开明派,有基要派和保守派,甚至有战斗的无神论派。特别值得一提的是,其中还有新教神学家、倡导若有必要可借助强力进行社会改革的莱因霍尔德·尼布尔(Reinhold Niebuhr)。他批评杜威的人性观过于天真和乐观,没有认真对待原罪和罪恶问题。在这个背景下,杜威感到有必要自我澄清,而耶鲁大学则不失时机地给予杜威"特里讲座"这个机会,《共同信仰》则是这个旨在"用科学和哲学的亮光审视宗教"的"特里讲座"的一个成果。

三、反对超自然主义

《共同信仰》是杜威集中论述宗教问题最为重要的著作,他在其中处理了三个重要的主题:(1)诸宗教与作为一种经验形式的"宗教性的"之间的区别;(2)作为理想的或可能的东西与实在的或现实的东西之交会的上帝;(3)把"宗教性的"作为一种弥漫性的经验模式灌输到民主生活之中。在杜威看来,建制性的宗教经常抑制或阻挠人们在他们的生活中经验到"宗教性的"东西。结果之一就是,当人们拒斥他们在其中被培养起来的宗教的时候,他们也拒绝了在生活中宗教性的东西的重要性。杜威所针对的演说对象正是这些人。

尽管杜威经历了一个放弃黑格尔主义的过程,但是黑格尔主义在他思想中的积淀在《共同信仰》中对于上帝的界定方面仍然有所体现。他说,上帝概指激起我们去渴望、去行动的所有理想目的的统一体。他进而承认:"'上帝'代表着诸般理想价值的一种统一,而这种统一是当想象力伴生于品行时而起源的,本质上是想象性的——这一观念伴有因我们频繁地使用'想象力'这个词语,指谓幻想和可疑的实在而来的文字困难。作为理想的理想目的之现实性,是由它们在行动中不可否认的力量所保证的。理想不是幻觉,因为想象力是理想由之得到把握的官能。"①换言之,除了作为我们对指导我们行动的那些非客观的理想的

---

① 《杜威全集·晚期著作》第九卷,王新生、朱剑虹、沈诗懿译,华东师范大学出版社2015年版,第25页。

想象投射，上帝并不存在。既然上帝的观念不是实在的，因而，既然是由幻想所创造的，那么它并非因为满足于把我们的希望和欲望理想化的目的而是幻觉性的。

与这种无神论的信条相一致，杜威猛烈抨击宗教这个观念，宗教佯装代表人与一个客观的和人格性的神的关系。他区分了自此著名的"宗教"与"宗教性的"。人的行为所投射出的理想是宗教性的，但并不保证是宗教，因为没有宗教予以崇拜的额外的、精神性的神。根据杜威的说法，"为了某个理想之故而排除万难，且因为深信其一般的和持久的价值而不顾个人得失所投身的任何活动，在属性上都是宗教性的"①。然后杜威对宗教进行了挞伐："倘若我就诸般宗教和宗教貌似说过什么刺耳的话，那是因为一个坚定的信念，即尽管诸般宗教宣称拥有诸般理想和超自然手段的垄断权，而且据称唯有凭此，它们才能百尺竿头更进一步，但这种宣称阻遏了对区别性的宗教性价值的领会（是）自然的经验所固有的。万一有人被我频繁地运用形容词'宗教性的'所误导，以致把我所说的看成是对作为诸般宗教而过去了的东西的一种乔装辩护，倘若因为此而非别的原因，我应该表示歉意。就像我所构想的那样，宗教性的价值与诸般宗教之间的对立无法衔接。恰恰因为这些价值的释放如此重要，以至于对它们与诸般宗教的信经和膜拜之间的认同必须加以消解。"②

杜威反对超自然主义，并不满足于用他的概念性的理想替代人格性的上帝而否定宗教的基础。杜威进一步反对他所称的理性的自杀和人为弥补弱点而对启示和神恩的信仰。在杜威看来，人本身有能力获得所需要的一切知识和达到所想要的所有抱负。如果必须有信仰的话，那么就让信仰成为人在相互合作中对彼此的信仰。他说："经由有所指导的、合作性的人类奋斗不断揭示真理——这种信仰在属性上比任何对于一个完成了的启示的信仰都更具有宗教性。"③杜威自然主义的一个主要原则就是拒斥任何一种固定教义或信条，它们基于启示，

---

① 《杜威全集·晚期著作》第九卷，王新生、朱剑虹、沈诗懿译，华东师范大学出版社2015年版，第16页。
② 同上书，第16—17页。
③ 同上书，第16页。

从而窒息了必须摆脱这样的羁绊的人类科学的进步。

杜威认为,对一种宗教而言,某种固定的教义机制是必需的。但是,信仰连续的和富有活力的探究的可能性并不把到达真理限定在事物的任何渠道或者图式方面。它并不首先说真理是普遍的,而后再说只有一条到达它的道路。它并不依赖于服从任何教理或者教条而寻求保证。它相信的是,人和环境之间的自然互动将孕育更多的智慧,产生更多的知识,只要那些界定起作用的智慧的科学方法被进一步推进到世界的神秘性之中。

杜威基于人自身理性的自律而不是上帝启示的权威给信仰下了这样一个定义:"存在这样的事,即对于智力的信仰在属性上变成宗教性的——这个事实可能解释了一些宗教人士何以竭力贬损作为一种力量的智力。他们恰切地感到,这般信仰是一种危险的对手。"①

在杜威看来,知识是如此,在行动和成就方面,同样为真。"人们从未充分地运用所拥有的力量以推进生活中的善,因为他们一直等待着自己和自然之外的某种力量,代理他们有责任去做的工作。依赖外部力量,等于放弃了人的努力。"②

对人的这种自我完善能力的神化可能会面对诘难,对此杜威辩护说,这并不是把人个体地或者集体地同自然隔离开来,也并不假设人的努力的需要和责任之外的东西。因而,不单独是人自己,而是与自然合一的人达到人的存在的任何可能目标;而且所说的目标是完全可及的,因为它谦逊地并不奢望任何超出尘世的自然的和暂时的那些善之外的东西。"它并不包含对于善的千禧年的期待。"③

四、"宗教性的"与"共同信仰"

杜威《共同信仰》中"宗教性的"经验是不同于詹姆斯《宗教经验种种》中的"宗教性的经验"的一种特殊的心理经验,在杜威那里,它是一种对于世界的现实

---

① 《杜威全集·晚期著作》第九卷,王新生、朱剑虹、沈诗懿译,华东师范大学出版社2015年版,第16页。
② 同上书,第26页。
③ 同上注。

性和可能性的经验,它是一种对于生活的态度。作为年轻教师的杜威本人就经历过这种改造性的经验。

同样值得注意的是,杜威《共同信仰》中"共同"一词也有其独特理解,并非只是桑塔亚那所嘲讽的"人人分享""平平常常""司空见惯"的意思。在杜威看来,"共同信仰"意味着一种对人类生活的潜质通过行动而现实化,并且终将在意义上和价值上得到真正成全的共同信仰。①

人们对杜威的一种误解是,以为杜威认为"平常的"经验本身就足够了,从而批评他过于乐观。其实杜威并非认为事物像存在的那样就是足够的,他看到现代社会阻碍了绝大多数人的生活中最美好的潜质的实现等诸多问题。在《经验与自然》中,杜威固然承认一些活动或行动在纯粹功利主义的意义上是"有用的",但是他强调指出,我们在认为某些活动是"有用的"同时,往往忽略了它们对于人的生活质量的影响。在杜威看来,把某物作为"共同"东西来看待,就是要通过其发展的潜质来想象性地把握它。从这个角度,我们对杜威所倡导的"共同信仰"的理解就又多了一束亮光。

正是在这样一种思想基础上,我们可以说杜威的宗教思想和艺术思想是相通的。杜威之所以在《艺术即经验》中把思想的靶标对准了艺术,是因为在他看来,存在的质料具有在意义上变得丰富起来的潜质,他要表明平常质料、"共同"经验能够加以陶冶,以便成为内在的成全性的。"共同"经验并不标示一种对于事物现状志得意满的乐观主义,无论在宗教领域还是艺术领域,对于当下诸种可能性的把握都需要创造性的探索和奋争。

下　篇

杜威的艺术哲学思想,是他晚年学术上一个突出贡献。从 1925 年的《经验与自然》一书第九章《经验、自然和艺术》,到 1934 年的艺术哲学专著《艺术即经

---

① 参见 John Dewey, *A Common Faith*, New Haven: Yale University, 1934, p. xx.

验》,杜威的艺术观点对于传统美学思想是颠覆性的。他发扬了美洲新大陆关注现实的实践精神,抛弃了欧陆哲学的神秘直觉和抽象思辨;他引进了达尔文的自然主义进化论,挑战了康德形式主义和黑格尔绝对理念的美学立场;他强调了审美经验与日常经验的连续性,颠覆了博物馆艺术的脱离"大地"。借用美国美学家比厄斯利(Monroe C. Beardsley)的评价,杜威的艺术观点"具有一种自发性气势,有新的发现、视野新鲜、蕴含的意味极其丰富,以及一种独特的间接却稳步向前推进的杜威式雄辩"[1]。杜威以一种深刻又简单的方式,唤起我们理解审美经验及审美价值的更广泛意义,启示我们:在艺术这个领域,我们经验中的许多潜在的可能性可以被有意识地实现并指导我们智慧地生活。

美学选集中,编者全文收入了最集中体现杜威艺术观的《经验与自然》的第九章以及《作为经验的艺术》的第一、二、三、四、五、六、七、十四章。这九章的内容,以"艺术与经验""艺术与生活""表现与形式""艺术与文明"四个主题加以阐述。

一、艺术与经验

"经验"是包括杜威在内的美国古典实用主义思想的核心概念。杜威称自己的哲学为经验的自然主义,他受达尔文的影响,以"活的生物"(live creature)为基石,将经验奠定在人的生命活动基础之上。在詹姆斯"彻底的经验主义"基础上,杜威把经验看作人在世界中的生存本身。经验并不是分散孤立的、被动的感觉,而是经历和行动在生命活动中展开的连续、发展的过程;经验不只是认识,还包含实践、感受和情感等;经验也并不与理性对立,而是自然、生命、生理、心理等多种因素交织而成的有机整体,其中包含着理性因素。杜威把经验解释成一个包罗万象的唯一存在,是第一性的,是人与自然及社会环境之间持续的、长期的交互作用的过程和结果。

继而,杜威把艺术与经验相联系,提出了"艺术即经验"的主张:"在希腊人看来,经验指一堆实用的智慧,是可以用来指导生活事件的丰富的洞察力……经验

---

[1] 〔美〕门罗·C.比厄斯利:《西方美学简史》,高建平译,北京大学出版社2006年版,第304页。

就在优良木匠、领港、医师和军事长官的鉴别力和技巧中呈现出来,经验就等同于艺术。"(LW1:266)①

这里,杜威的艺术正是在"优良者"的经验中,即"鉴别力和技巧"实践中呈现出来的。这一论断是独到的,是深刻的。

首先,艺术产生于"优良者"在生存实践中主动调整以适应环境新变化的这一行动。这种行动不是随意的,而是依赖已有的经验与当下的遭遇,借助理智的选择和安排,不断利用和改进自然的材料,最终与环境达成新的平衡。可见,杜威是从人与环境的冲突与和谐这种交互作用中来探索艺术问题的。

其次,艺术实践的结果产生了具有技巧和理智的对象,使原先在较低层次上的、粗糙的自然的材料和人的已有经验得到强化、精炼、加深、持久,因此,"艺术既代表经验的最高峰,也代表自然界的顶点"(LW1:8)。杜威强调从一种人在自然中、与自然内在关联的相融性来理解艺术,而不是将艺术当作一个与自然对立或附加在自然之上的主观臆造之物。

杜威将艺术与经验相关联,就是将艺术的范围不仅仅限于绘画、雕刻、诗歌和交响乐等现代意义上的"美的艺术",而是拓宽至"任何活动,只要它能够产生对象,而对于这些对象的知觉就是一种直接为我们所享受的东西,并且这些对象的活动又是一个不断产生可为我们所享受的对于其他事物的知觉的源泉,就显现出了艺术的美"(LW1:274)。这是他的深刻洞见。

二、艺术与生活

杜威在《作为经验的艺术》一书的开篇即批评了由于现代工商社会与分区化制度的畸形发展,艺术在现代完全与生活相分离,切断了与人的其他经历的联系。而现有的美学理论进一步扩大了审美经验与生活经验的断裂。由此,杜威提出艺术哲学的任务是:"恢复作为艺术品的经验的精致与强烈的形式,与普遍承认的构成经验的日常事件、活动,以及苦难之间的连续

---

① John Dewey, "The Later Works, 1925-1953, Volume 1:1925," in *Experience and Nature*, ed. Jo Ann Boydston, Carbondale and Edwardsville:Southern Illinois University Press, 1981, p.266.

性。"(LW10：9)①

现代二元分裂的弊端，不仅导致审美经验与生活经验的断裂，还影响到人们在这个世界中感受和生活的方式。杜威反对知识论贬低感觉，他指出感觉建立起了人与意义世界之间的内在连续性。感知过程首先是一个创造性过程，它源于当下人与情境的相互关系，勾起以往的经验，并累积地感知到各部分之间对于整体的关系。其次，感知中始终渗透着想象和情感。想象和情感具有一种融合的功能，使各种成分结合成一个新的整一的经验。再次，感知与理智是有机结合的，通过对对象组成部分之间的关系的认知，赋予对象以意义。艺术的重要性在于，它体现了人能够有意识地将感觉、需要、冲动以及行动相联合。杜威引用了多位艺术家的自述，他们对遭遇的世界保持着亲切与好奇，他们敏感地感知到了世界向他们的预示，他们深刻地体验到了自己与世界互动时的愉悦。艺术家们以开放的心态接受生活与经验的各种不确定性、神秘、疑问，艺术作品以感知生命过程的方式让我们领会了世界的意义，"这是人类历史上最伟大的思维成果"（LW10：31）。

鉴于现代社会诸多的分离与断裂，杜威以独特的视角提出了"一个经验"（an experience）（LW10：42）的概念，以区分于日常生活中由于外在的干扰或内在的惰性而存在着大量的、支离破碎的、没有完成最初目的的经验片段。"一个经验"可归纳为三个特征：首先，它是具有时间上持续性、过程上累积性的一个整体，这种连续性把经验各个阶段有张力地关联在一起，相互作用并融合。其次，尽管"一个经验"的组成部分多变，其中总有一个占主导地位的性质遍及整个经验，将各部分组成一个整体，使其个性突出，与其他经验有了区别。"一个经验"的第三个特征是完满性，其结局是一个令人满足的高潮。因此，"一个经验"既是实践的，也是理智的，更具有令人满意的情感性质，因而弥漫着审美的质。

"一个经验"与审美经验之间既有相通性又有区别，后者是前者的"审美的质"的集中、强化，二者的差异是程度上的而非类型上的。杜威特别强调审美经

---

① John Dewey, "The Later Works, 1925－1953, Volume 10：1934," *Art as Experience*, ed. Jo Ann Boydston, Carbondale and Edwardsville：Southern Illinois University Press，1987，p.9.

验不仅是一个终极圆满,还起着中介的作用,能够不断启发观赏者创造他们自己的新经验,这也正是伟大艺术经久不衰的原因。杜威这一观点是具有前瞻性的,他早在20世纪70年代西方兴起的接受美学几十年前,就已指出真正的艺术作品必须深入欣赏性的接受知觉。

三、表现与形式

杜威在论述了艺术与经验、艺术与生活的连续性之后,对艺术的两个基本要素——表现与形式——分别进行了深入的考察和具有信服力的论述。20世纪前30年,西方现代美学主要盛行两大流派:直觉-表现主义和形式主义美学。尽管两派有各自的主张,但在强调审美和艺术源于艺术家的纯精神性的主观创造,进而否定艺术与客观世界的关联性的观点方面却是一致的,两派观点都以所谓的主观表现取代了传统的艺术模仿及再现原则。杜威对这两派都提出了质疑。

杜威针对直觉-表现主义美学所标榜的艺术家主观情感先行的观点,指出情感不是一开始就独立存在的,而是由具体情境所暗示的,是由表现性材料所引发并附着在表现性动作之上的。随着动作的做与受,随着过程的连续和累积,环境中的事物被赋予秩序和形式,感受与行动材料在时间中彻底而完全地相互渗透,最终发生质变,产生出情感。杜威进一步指出,由于构成艺术的材料来自客观世界,艺术就绝不只是表现"自我"主观的思想情感,而是必定具有几分再现性。但这种再现不是在外观上对自然对象的复制,而是为表现提供了坚实的客观物质基础。再者,艺术表现的不仅仅是情感,更是通过情感传达的意义。情感的表现是在感觉到后果,并领悟到意义的情况下,有意识地对情绪的保留、充实及控制,而不是情绪的瞬间发泄和排解。

杜威反对形式主义美学强调形式与质料的分离,提出了一个重要的命题——"艺术作品本身是被形式改造成审美实质的质料"(LW10:114),这一观点深刻地揭示了形式及其所表现的意义、所凸显的实质以及所彰显的质料的特性之间的内在统一性,终结了形式与意义二分、形式与质料二分的形而上学思维。形式与质料的相互融合是每个作为"一个经验"存在的经验的特征。杜威所指的"实质"与作品的主题不同。主题处于作品之外,同一个主题可以用不同的艺术形式、不同的艺术作品来表现,也可以采取非艺术的方式,例如对主题概念的理论论证。而审美实质则蕴含在作品之中,是诸多普通元素经过艺术家的个性化想象整合进完满的经验中。它是独一无二的,同其他作品相比,具有独创性。审美实质是实践、情感、理智的完美结合,不能用非艺术的形式表现。

形式是"标示出一种构思、感受与呈现所经验的材料的方式"(LW10:114)。这里的构思,是艺术家根据所经验的材料的自然属性与规律,借助熟练的技巧对诸元素进行理智的选择、组织、安排,使各部分间相互适应以构成一个关系的整体。这个过程的感受,不仅是对当下情境的感受,而且是对生存命运的深切感知和对意义的领悟,是在理智的引导下朝着一定方向的充实、发展。一个新的艺术作品的创造,开启了所经验的材料的"自然灵性",同时也创造了一个新的经验,并将深入到更多人的经验之中,指导人们智慧地生活。这就是杜威所说的形式的中介作用。形式美,因而不是指单个形式的审美趣味,这种理解误解了艺术的使命。形式美始终是同一定的社会生活内容相联系的,是时代的特征、民族的精神、历史的积淀,表达了一个民族普遍的生存体验和对真理的领悟。

四、艺术与文明

杜威指出:"审美经验是对文明生活的一种展示、记录与赞美,是促进其发展的手段,并且是对文明的性质的最终评判。"(LW10:329)

史书用文字描述每个时期的重大历史事件,无论如何精彩生动,都无法直接、内在地进入文明的内核。唯独艺术,由于它是人之经验的产物,以使人印象最深刻的感性形式,记录了生活在具体时代的人们的情感与思想。我们在米诺斯的彩陶艺术中领略到青铜时代文明曾经达到的高度,从古埃及的纸莎草纸画中揭开尼罗河古老文明的面纱,也在《荷马史诗》的英雄故事中窥见特洛伊原貌并感叹希腊文明的辉煌。这样的例子,不胜枚举。因此,艺术是文明生活的轴心,它推动了文化从一个文明到另一个文明的连续性。

对于杜威,艺术不只是一种表现,更是一种传达与交流。人类的情感在本质上是人与人在共同的社会实践中获得的相互影响、相互共鸣。艺术以其丰富的感性存在和共同的情感传达，使得社会中的个体从旁观者转为共同体的参与者，使生活的意义得以充实、巩固和加深。艺术形式借助想象力和创造力，吸收不同的生活态度和他人经验的价值，以其丰富的感性形式，以其共同的情感传达，为观众、作品、世界、艺术家之间提供了没有障碍的、比语言更为普遍的交流，使观众自身经验得以扩展，并获得有益的指导。艺术这种通过交流进行社会教化的方式，起到了道德规则强硬地教导所达不到的效果，因而杜威认为艺术比道德更具道德性，是更有效的教育方式。

> 但是艺术，绝不是一个人向另一个人讲述智慧，
> 只能是向人类表达——艺术可以说出一条真理，
> 潜移默化地，这项活动将孕育出思想。（LW10：352）

这是杜威的理想，杜威本人也以《作为经验的艺术》这本专著践行着他的理想：艺术将开拓我们的经验，创建我们的社群，指导我们享有理智的生活。这一洞见的意义，已不仅仅在于对传统思辨哲学与形而上学美学的根本颠覆，更在于为我们呈现了一个有创造性但又是批判的人类生活远景。

《中国心灵的转化——杜威论中国》编者序

顾红亮

华东师范大学哲学系

  对中国人来说,杜威是一个令人爱恨交加的美国哲学家。他培养了一批出色的中国学生,如胡适、陶行知、蒋梦麟、陈鹤琴等。他应邀来中国访问演讲,两年间,足迹遍及大半个中国,他的思想深刻影响了现代中国的教育、哲学和文化发展趋向。但在1949年后,杜威作为实用主义的大师遭到口诛笔伐,实用主义作为西方唯心主义哲学的代表被学术界拒斥,成为批判的对象。改革开放以后,被丑化了的杜威的哲学家形象逐渐得到纠正,实用主义哲学得到重新评价,恢宏巨著《杜威全集》正式出版。实用主义哲学家杜威在现当代中国的命运可谓一波三折,跌宕起伏。

  学者关心实用主义哲学对现代中国思想世界的影响,关心实用主义教育哲学对中国教育思想和教育政策的影响,但是容易忽略一个重要的内容:杜威所作的中国论述,或者杜威的中国话语。在很长一段时间里,杜威被当作一位外来的哲学家,来中国传授世界性的知识和思想。很多学者没有注意到杜威对于中国政治和文化抱有浓厚的兴趣,没有注意到杜威对于中国问题发表的真知灼见,没有注意到杜威给读者留下几十万字的中国论述。

  在中国访问的两年间,杜威写下大量与中国话题相关的文章。据不完全统计,《杜威全集》一共收录有关中国论述文章53篇,包括时论、论文、游记、书评、对来信的答复、解密报告等。这些英文文章大多发表在《新共和》(*The New Republic*)、《亚洲》(*Asia*)等杂志上。编入本选集的文章不限于《杜威全集》的53

篇作品,还包括杜威夫妇所写的部分家信和在中国所做的关于中国问题的部分演讲。

这些文章、书信和演讲的主题相对集中,都与当时中国的外交、内政、思想文化、教育等话题相关:有讨论中国政局变动的,有讨论五四运动的,有讨论中美、中日关系的,有讨论中国经济的,有讨论中国文化和教育的,有讨论中国人的生活方式和思维方式的。笔者把杜威论述中国的文章、书信和演讲大致分成四部分。第一部分"世界中的中国",讨论中国与美国、日本的外交关系和中国的外交政策。第二部分"五四运动",涉及杜威对五四运动背景、过程的描述和评论。第三部分"中国的危机与出路",讨论中国的政治、经济问题以及解决对策、发展前景。第四部分"中国人的心灵",涉及杜威对中国人的思维方式的认识,对中国文化、教育问题的看法。

在这些文章、书信和演讲中,杜威描述了当时发生的大量的中国现象、事件和运动,夹杂着他的理解、评论和对策建议,当然,也包含他对一些中国人、一些中国现象的批评。他的批评是善意的,是基于希望中国繁荣发展的美好期望。阅读杜威的这些文字,可以深切感受到他对中国怀有浓厚的兴趣、友好的态度和热烈的期待。

鉴于杜威的中国话语的内容比较丰富,本序言不准备全面介绍杜威的观点,只想与读者交流讨论一个背景性话题:杜威在五四运动中扮演怎样的角色?

美国哲学家杜威在五四运动爆发前几天来到上海,开始两年之久的中国之旅。杜威对五四运动留下了深刻的印象。

一般认为,杜威在北京、南京等地目睹了五四运动的许多场景,是五四运动的旁观者和见证者。我们认为,不仅仅如此,他还是五四运动的参与者,当然,他的参与方式是特殊的。简要地说,他以两种方式参与了五四运动。

第一种方式是演讲与交流。在五四运动期间和之后,他在全国范围内做了许多场演讲,到过11个省,参观了很多学校、工厂和城市,与当地的官员、学生和知识分子交流。他的演讲和谈话直接影响了一大批年轻学生和知识分子,所以胡适说:"我们可以说,自从中国与西洋文化接触以来,没有一个外国学者在中国思想界的影响有杜威先生这样大的。我们还可以说,在最近的将来几十年中,也未必有别个西洋学者在中国的影响可以比杜威先生还大的。"①

第二种方式是写信与写文章,参与对五四运动的报道与评论。杜威及其夫人写了不少家信,家信里有相当多的内容涉及五四运动的进展情况和他们的直观感受。例如,1919年5月23日,杜威夫妇在写于南京的家信里说:"我相信任何人都不能预测今后的政治局势;我们在此的三星期中,眼见学生们的活动已引起了一项全新且无法计数的动力因素。……中国人没有一点组织能力,更没有团结内聚的决心;而今学生团体来插手一些事务,于是一切都显现出新的吵杂与新的气象。"②

又如,1919年6月1日,杜威夫妇在家信里说:"我们正好看到几百名女学生从美国教会学校出发去求见大总统,要求他释放那些因在街上演讲而入狱的男学生。要说我们在中国的日子过得既兴奋又多彩的确是相当公平,我们正目击一个国家的诞生,但通常一个新国家的诞生并不是一件简单的事。……今天早上我们所见到的那群演讲的学生,听说后来全都被捕了,而他们的口袋里早已带好了牙刷和毛巾。有的传言则说事实上不只两百人被捕,而是一千多人,只北平一地就有十万人罢课,方才出发的那些女孩子显然是受了她们老师的鼓励,许多母亲都在那里看着她们走过。"③杜威夫妇在家信里对于学生运动的描述,大多带着同情和鼓励的笔调。

在中国访问期间和回到美国之后,杜威还撰写了不少英文评论文章,例如《中国之新文化》(New Culture in China,《亚洲》第21期,1921年7月)、《中国政治中的新催化剂》(The New Leaven in Chinese Politics,《亚洲》第20期,1920年4月)、《中国民族国家情感》(Chinese National Sentiment,《亚洲》第19期,1919年12月)、《中国思想的转变》(Transforming the Mind of China,《亚洲》第19期,1919年11月)、《学生反抗的结局》(The Sequel of the Student Revolt,《新共和》第21期,1920年2月25日)等,这些英文文章既评论中国的时政局势,向外

---

① 胡适:《杜威先生与中国》,《胡适全集》第1卷,安徽教育出版社2003年版,第360页。
② 杜威夫妇:《中国书简》,王运如译,台湾地平线出版社1970年版,第24页。
③ 杜威夫妇:《中国书简》,王运如译,台湾地平线出版社1970年版,第33—34页。

界报道五四运动及其后续的政治、文化运动,也包含着对五四运动的理性反思。这些文章是杜威运用实用主义哲学思考中国问题的尝试,是对杜威的政治哲学和社会哲学的一个应用性诠释,可以看作杜威的实践哲学的有机组成部分。同时,这些文章也应被视为五四话语的组成部分。杜威有些评论文章直接被译成或被摘译成中文,在中文的报纸上发表,例如《杜威论中国现象》(《晨报》1921年2月24日)、《广东印象记》(《晨报》1921年6月16、17、18日)、《杜威博士论中国工业》(《民国日报》1921年1月18、19日),它们直接影响了中国读者的思考方式。

对杜威关于中国事件的报道和评论,胡适有一个积极的评价,他指出:"对于国外,他(指杜威——引者注)还替我们做了两年的译人与辩护士。他在《新共和国》和《亚细亚》两个杂志上发表的几十篇文章,都是用最忠实的态度对于世界为我们作解释的。"①周策纵在《五四运动:现代中国的思想革命》一书中使用了杜威的书信和文章提供的不少史实,来描述五四运动期间的中国文化和政治变革情况。② 从杜威的书信和文章中可以看出,杜威显然被五四运动及其蕴含的精神深深吸引了。胡适说:"引起杜威夫妇那么大的兴趣以致于他们改变了原定要在夏季几个月以后就回美国的计划,并且决定在中国逗留整整一年的,就是这次学生运动以及它的成功与失败的地方。"③在这方面,杜威不是唯一的例子。当年陪同罗素访华的朵拉·布莱克(Dora Black)女士也有类似的感觉,她在致周策纵的信里说:"我自己也确感觉到那个时代和当时中国青年的精神与气氛。这种精神和气氛似乎穿透了我的皮肤……我已从中国的那一年里吸收到了我的生命哲学。"④用这段话来形容杜威对五四的感受,恐怕也不为过。

在《中国之新文化》一文中,杜威用 the student revolt、the movement of

---

① 胡适:《杜威先生与中国》,载《胡适全集》第1卷,安徽教育出版社2003年版,第362页。
② 参见〔美〕周策纵:《五四运动:现代中国的思想革命》,周子平等译,江苏人民出版社1996年版,第207、228、247、249、314—315、499页。
③ 胡适:《杜威在中国》,载袁刚、孙家祥、任丙强编:《民治主义与现代社会——杜威在华讲演集》,北京大学出版社2004年版,第745页。
④ 转引自朱学渊:《周策纵先生的才具和苦难》,《东方早报》2008年11月9日《上海书评》第18期。

May 4、the upheaval of May 4 等词语描述五四学生运动。杜威还写了一篇题为《中国的学生反抗》(The Student Revolt in China,《新共和》第 20 期,1919 年 8 月 6 日)的文章,文中还用到 the student movement 一词。revolt 有反叛、叛乱的意思,upheaval 有动乱、突变的意思,the student revolt、the upheaval of May 4 等英语用法表明学生运动带有激烈的动荡、反叛的意思,表明此运动带有剧变性和反叛性。在这些描述中,杜威有可能借用了别人的用法,我们无法确定哪个用法是借用的,哪个用法是他自己的。但是,从总体上看,杜威并用这些用法至少表明两点:第一,当时他对五四运动的认识还带有一定的模糊性;第二,多少揭示出五四运动是一场巨变,是一场触及中国现代性改造深度的巨变。

我们不否认,杜威在演讲、书信与文章中表述的对于五四运动的看法和评论可能受到了胡适、蔡元培、博晨光(Lucius Porter)等人的影响;我们同样不否认,杜威作为一个成熟的哲学家,有他自己的理解力和判断力。杜威对他所接触到的中国人和传教士所持观点的吸收是有选择的。总的看来,他基本上站在同情五四学生运动的立场上做出自己的评论,这些评论理应成为五四话语的一部分。与此同时,杜威也有理由被视为五四的参与者。①

在中国的学术界,杜威论述中国的文章、书信和演讲对于研究杜威哲学、研究现代中国以及两者的关系特别有意义。阅读这些文献,可以认识一个完整的杜威的中国话语体系,认识杜威是如何思考中国的现代化道路的,是如何正视中国面临的困局的。这些文献提供了一个观察的路径,思考杜威自身的思想是否以及如何受到中国政治、文化的影响,了解杜威关注中国问题的哪些方面或领域,了解杜威从中吸收哪些因素或观念,了解杜威思想的细微变化与中国之行的关系。这些研究不仅有助于推进中美人文对话交流,而且有助于认识一个多彩的现代中国思想世界。

---

① 相关内容的讨论可参见顾红亮:《"五四"的参与者杜威》,《文汇报》2015 年 5 月 8 日,第 16 版。

图书在版编目(CIP)数据

实用主义研究. 第二辑 / 刘放桐,陈亚军主编. —上海:华东师范大学出版社,2020
ISBN 978-7-5760-0282-9

Ⅰ.①实… Ⅱ.①刘… ②陈… Ⅲ.①实用主义-研究 Ⅳ.①B087

中国版本图书馆 CIP 数据核字(2020)第 062635 号

实用主义研究(第二辑)

主　　编　刘放桐　陈亚军
责任编辑　朱华华　王海玲
责任校对　时东明
装帧设计　卢晓红

出版发行　华东师范大学出版社
社　　址　上海市中山北路 3663 号　邮编 200062
网　　址　www.ecnupress.com.cn
电　　话　021-60821666　行政传真 021-62572105
客服电话　021-62865537　门市(邮购)电话 021-62869887
地　　址　上海市中山北路 3663 号华东师范大学校内先锋路口
网　　店　http://hdsdcbs.tmall.com/

印刷者　上海景条印刷有限公司
开　　本　787×1092　16 开
印　　张　16.75
插　　页　2
字　　数　258 千字
版　　次　2020 年 7 月第 1 版
印　　次　2020 年 7 月第 1 次
书　　号　ISBN 978-7-5760-0282-9
定　　价　52.00 元

出版人　王　焰

(如发现本版图书有印订质量问题,请寄回本社客服中心调换或电话 021-62865537 联系)